AF250035

ETUDES ÉCONOMIQUES ET SOCIALES

Publiées avec le concours du Collège libre des Sciences sociales

XIII

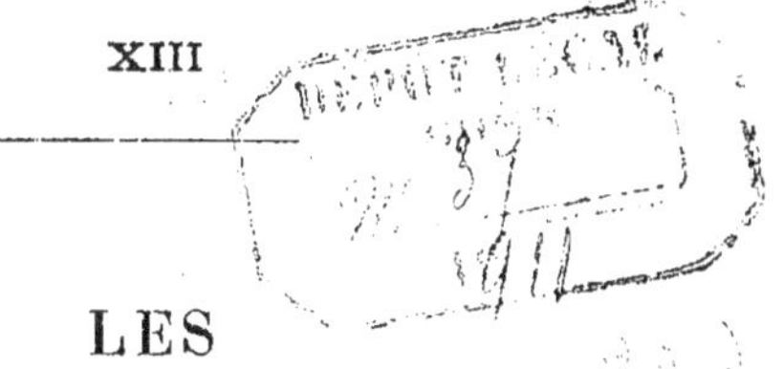

LES

MÉTHODES JURIDIQUES

Leçons faites
au Collège libre des Sciences sociales en 1910

PAR

MM. F. LARNAUDE, H. BERTHÉLEMY, A. TISSIER,
H. TRUCHY, E. THALLER, PILLET, E. GARÇON
PROFESSEURS A LA FACULTÉ DE DROIT DE L'UNIVERSITÉ DE PARIS

E. GÉNY
PROFESSEUR A LA FACULTÉ DE DROIT DE L'UNIVERSITÉ DE NANCY

PRÉFACE DE
PAUL DESCHANEL

PARIS (5ᵉ)

V. GIARD & E. BRIÈRE

LIBRAIRES-ÉDITEURS
16, RUE SOUFFLOT ET 12, RUE TOULLIER

—

1911

LES MÉTHODES JURIDIQUES

ÉTUDES ÉCONOMIQUES ET SOCIALES

Publiées avec le concours du Collège libre des Sciences sociales

XII

LES
MÉTHODES JURIDIQUES

Leçons faites
au Collège libre des Sciences sociales en 1910

PAR

MM. BERTHÉLEMY, GARÇON, LARNAUDE, PILLET,
TISSIER, THALLER, TRUCHY,

professeurs à la Faculté de Droit de Paris

et GÉNY, professeur à la Faculté de Droit de Nancy

AVEC PRÉFACE

DE

PAUL DESCHANEL

PARIS (5e)

V. GIARD & E. BRIÈRE

LIBRAIRES-ÉDITEURS

16, RUE SOUFFLOT ET 12, RUE TOULLIER

—

1911

MESDAMES ET MESSIEURS, (1)

Le cours sur les *Méthodes juridiques*, que le *Collège libre des Sciences Sociales* a organisé cette année, sur l'initiative de M. Saleilles et avec la collaboration de plusieurs de ses collègues des Facultés de Droit de Paris et de Nancy, sera, je crois, bien accueilli.

Trois faits principaux, en effet, donnent aujourd'hui de l'importance aux questions de méthode et les mettent au premier plan.

Ce sont :

1° L'ancienneté de nos codes, et principalement de notre code civil, vieux aujourd'hui de plus d'un siècle. La méthode d'interprétation littérale, qui était si facile, ne peut plus suffire. Une foule de questions nouvelles se posent devant les tribunaux, que le code n'avait pas prévues : assurances, risques du travail, etc. Il faut donc

(1) Allocution prononcée le 17 janvier 1910, avant la conférence de M. Berthélemy.

les résoudre en dehors des textes. Or, si nous n'avons pas, pour nous guider, une méthode rigoureuse, nous risquons de tomber dans l'arbitraire.

2° Le caractère particulier de notre législation administrative. N'ayant pas été codifiée, elle n'a jamais eu ce lien d'unité qui est le propre de notre droit civil. Et cependant cette unité entre les dispositions diverses d'un même système juridique paraît indispensable. Elle a trouvé son organe dans le Conseil d'Etat. C'est la jurisprudence de cette assemblée qui, là où les lois étaient muettes, a introduit des principes, des constructions juridiques. C'est elle qui a créé des liens entre toutes les lois fragmentaires constituant l'ensemble de notre droit public. Œuvre admirable et qu'on ne saurait assez louer! Encore fallait-il une méthode pour créer cette prodigieuse construction juridique, sans verser dans l'arbitraire. Laquelle?

Avec son autorité universellement reconnue, M. Berthélemy va nous donner la réponse. En vous parlant de *la Méthode applicable à l'étude du droit administratif*, il vous exposera comment la conciliation peut se faire entre l'action des services publics, qui doit être efficace, et les libertés individuelles, qui doivent être respectées, et pourquoi le recours contre les actes des autorités administratives est le corollaire indispensable des mesures de décentralisation qui s'imposent. Si l'Etat, sollicité sans cesse d'assurer de nouveaux services, ne veut pas succomber sous le faix, force lui sera de ne pas intervenir dans les moindres conflits de la vie locale. Le meilleur système de gouvernement n'est pas celui qui prétend tout régler ; c'est celui qui stimule les initiatives, éveille les énergies et fait des hommes.

3° L'introduction des sciences sociales et économiques dans l'ensemble des études juridiques. Elles en ont renouvelé toute la technique. Non seulement l'inspiration législative, mais l'interprétation des lois par la doctrine et la jurisprudence ne pouvaient rester hors des courants profonds de la vie sociale. Il n'est pas un juriste, aujourd'hui, qui ne se préoccupe de mettre son interprétation en harmonie avec les besoins actuels et les idées ambiantes.

Mais ici, de même que dans le domaine du droit civil ou du droit administratif, comment procéder, si l'on n'a pas une méthode à sa disposition ?

On peut donc dire que la question des méthodes juridiques domine aujourd'hui toute la vie sociale. Aucune n'est plus importante. Mais, nécessairement, les méthodes varient suivant les diverses branches du domaine juridique. Cette différence se

traduit déjà pratiquement par le caractère de nos
jurisprudences civiles et administratives. L'esprit
du Conseil d'Etat n'est pas le même que celui de
la Cour de Cassation. Nos tribunaux de commerce
ne jugent pas comme nos tribunaux civils. L'esprit du droit pénal n'est pas le même que celui
du droit civil.

Il appartient donc aux hommes de science et de
doctrine, et principalement à ceux qui sont chargés
de l'enseignement, de préciser les différences, et,
dans la mesure où la chose est possible, de les
ramener à l'unité.

De là, l'inspiration qui a poussé notre éminent
collaborateur, M. Saleilles, à organiser au *Collège
Libre des Sciences Sociales* cette série de conférences sur les *Méthodes juridiques.*

Elles se sont ouvertes par une conférence sur
la *Méthode dans le domaine du droit public.* On
peut dire que c'est une bonne fortune, car le professeur éminent qui enseigne le droit public à la
Faculté de Droit de Paris, M. Larnaude, a concouru
plus que personne, sur ce point, à fonder une
méthode ; et mieux que personne, il a su, tout en
maintenant les droits supérieurs de l'Etat, faire de
ces droits la garantie des libertés individuelles.

Après M. Larnaude, M. Truchy a exposé, avec
son autorité incontestée, *les Méthodes en Economie*

politique. Sans méconnaître la méthode inductive, l'école classique a employé surtout la méthode déductive. L'école historique a critiqué « l'emploi proprement dit du procédé déductif, la prétention de tirer d'une ou de quelques tendances générales de l'être humain l'explication de faits économiques et la formule des lois » ; elle a estimé qu'il convenait d'envisager « l'homme réel dans son milieu, obéissant aux mobiles les plus divers ». Avec l'Ecole psychologique et l'Ecole mathématique, nous assistons à une renaissance de la méthode déductive. Il faut tenir compte enfin des méthodes employées par l'École monographique et l'École sociologique. Sous ses aspects variés, l'économie politique comporte donc, ainsi que M. Truchy en a apporté ici la démonstration, l'application de méthodes diverses.

Cette conférence a été suivie de celles de MM. Garçon, Tissier et Massigli, professeurs à la Faculté de Droit de Paris, et Gény, professeur à la Faculté de Droit de Nancy.

Après avoir exposé avec précision *les Méthodes employées en droit pénal*, suivant qu'on l'envisage comme droit positif ou comme science sociale, M. Garçon a conclu en affirmant que, pour combattre le crime, il ne suffit pas de punir les criminels et de les envoyer à l'échafaud, dans les

bagnes et les prisons, mais qu'il convient surtout
de s'attacher à détruire les causes du mal.

En assurant la reconnaissance et le respect du
droit, la procédure contribue à maintenir la paix
sociale. Son rôle économique est donc très appréciable ; mais elle ne réalise son objet qu'autant
qu'elle est simple, rapide et peu coûteuse. En
étudiant le *Rôle social et économique des règles de
la procédure*, M. Tissier a montré que notre procédure était loin de répondre à ces desiderata. Il
faut la réformer en donnant au juge un pouvoir
de direction plus grand dans la marche des litiges,
et en s'inspirant, dans l'élaboration de la législation, de cette idée que la procédure, qui n'éveille
chez certaines personnes que l'idée de grimoires
interminables, n'a en vérité d'autre objet que le
triomphe du droit et de la vérité.

Deux magistrales leçons de M. Massigli sur
l'interprétation du droit civil et de M. Gény sur
les procédés d'élaboration du droit civil, ont suc-
cédé à celle de M. Tissier.

Les leçons de MM. Thaller et Pillet suivront
celle de M. Berthélemy et termineront la série.

M. Thaller, qui fut pour le Collège un ami de la
première heure et dont le précieux dévouement
n'a cessé de servir cette noble maison, vous parlera de *la Méthode en droit commercial*. Il exami-

nera la méthode qui le guide pour analyser l'effet
de commerce, pour comprendre le fonctionnement
de la propriété collective dans le contrat de société,
pour décomposer la nature du consortium que la
faillite établit entre les créanciers, même pour saisir les confins où s'arrêtent les professions commerciales au regard des autres professions.

M. Pillet, que le Collège s'honore de compter au
nombre de ses plus anciens collaborateurs (1),
vous exposera *la méthode en droit international
privé*. Pour éviter les conflits, on ne peut songer à
unifier des législations. Cette perspective apparaît,
du premier coup, comme une chimère. Pour établir un droit international privé et pour que les
intéressés possèdent des droits indépendants du
lieu où ils seront peut-être obligés de les exercer,
il faut une doctrine internationale qui s'impose
dans les mêmes termes aux juges de tous les pays.
Comment arriver à ce résultat? Il n'y a qu'un
moyen : c'est la définition et l'application de principes communs touchant la condition juridique des
étrangers. Il importe donc, avant tout, qu'une
doctrine cohérente et commune plane en quelque
sorte au-dessus des diverses législations.

(1) M. Pillet a fait au *Collège libre des Sciences Sociales*, pendant l'année scolaire 1898-1899, un cours sur la philosophie du
droit de la guerre.

Ainsi, Messieurs, au cours de cette année scolaire, des maîtres éminents, que je suis heureux de remercier et de féliciter au nom du Comité de Direction, auront exposé devant vous les méthodes employées à notre époque, suivant les diverses branches du domaine juridique. Ces conférences, qui attirent autour de cette chaire un public si nombreux et si attentif, ne jettent pas seulement un vif éclat sur l'enseignement du *Collège Libre des Sciences Sociales*, elles créent entre la Faculté de Droit et notre Collège des liens qui, je l'espère, ne cesseront de se fortifier.

Paul Deschanel.

MÉTHODES JURIDIQUES

Mesdames, Messieurs (1),

Je vous apporte, et vous m'en voyez désolé, une très grosse déception.

Cette séance d'inauguration devait être présidée par l'éminent président du Collège libre des sciences sociales, M. Paul Deschanel, ancien président de la Chambre des Députés. Il vous aurait exposé, avec sa haute compétence et l'éclat de son talent, le but que nous avons eu en vue lorsque nous avons institué cette série de conférences sur les méthodes juridiques.

Au dernier moment, M. Paul Deschanel m'a fait prévenir qu'il était retenu à la Chambre par la discussion sur le Maroc. Il me chargeait de le remplacer et de vous exposer ses excuses et ses regrets.

Le remplacer, je n'en ai pas la prétention. M. Paul Deschanel est de ceux qu'on ne remplace pas. Je ne me sens d'ailleurs aucun titre pour présider cette séance, à prendre tout au moins le mot « présider » dans son sens exact, séance dans laquelle doit parler mon éminent maître, M. Larnaude. Ce serait intervertir les rôles.

Mais il s'est trouvé que j'avais, dans l'organisation de ces conférences, assumé certaines responsabilités ; aussi

(1) Allocution prononcée le 22 novembre 1909 par M. Saleilles avant la leçon de M. Larnaude.

m'était-il devenu difficile de me dérober. C'est un peu sur mon initiative que le Collège a bien voulu instituer cette sorte d'enquête sur la méthode dans son application aux différentes branches de la science du droit.

Et alors, lorsque M. Paul Deschanel me demande aujourd'hui d'expliquer à sa place l'objet que nous avions en vue, il me serait bien impossible de m'y refuser.

Et, d'ailleurs, que pourrais-je vous dire qui ne soit devenu aujourd'hui comme l'évidence même ? Et les motifs que je pourrais avoir à vous donner, quiconque ayant un peu réfléchi, je ne parle pas d'un homme du métier, mais un profane, le premier venu, pourrait s'en rendre compte aussi bien que moi. C'est qu'il n'est personne qui ne comprenne l'importance prise depuis quelque temps par ces questions de méthode. Il y a un quart de siècle, on en parlait à peine. Cela paraissait, en effet, si simple ! Pour appliquer une loi, il n'y avait qu'à la lire. Et si elle présentait quelques lacunes ou quelques points douteux, avec un peu de grammaire et de logique, il était si facile de tout expliquer. Heureux furent les juges qui vécurent jusque vers le dernier quart du xix⁰ siècle ! Ils pouvaient remplir leurs fonctions sans trop de troubles de conscience. Je n'en dirai pas autant de leurs successeurs.

D'où est venu, demanderez-vous, pareil changement de front ?

Ou plutôt vous vous garderez bien de poser pareille question. Il vous suffirait de deux dates pour vous répondre, 1804, 1909 ! Nos codes sont si vieux ! Ils ont plus d'un siècle d'existence ; et quel siècle ! Celui qui a vu s'opérer la plus grosse transformation économique et industrielle qu'ait connue l'histoire. Tout s'est modifié, dans l'assiette des fortunes, dans les conceptions sociales. Nous avions un code civil fait pour une société essentiellement individualiste ; et nous allons de plus en plus vers une organisation des droits collectifs.

Puis, au début, quand un code est tout neuf, on l'interprète forcément, je vous le disais il y a un instant, d'une façon étroite et littérale. Il a tout prévu. Il ne peut surgir, à si brève échéance, aucune situation nouvelle. Mais, à un siècle de distance, tout est nouveau au contraire. Nos tribunaux ont vu se poser des questions d'assurances, de risques du travail, de transformation de la fortune mobilière, que nos textes ignoraient totalement. Ces questions, il a fallu les résoudre, et pour cela trancher dans le vif. Et comment le faire sans tomber dans l'arbitraire ? C'est là une question de méthode au premier chef. Donc voilà une première cause, particulière à notre droit privé.

Elle n'est pas la seule. Notre droit public, ou, pour mieux dire peut-être notre droit administratif, est devenu un champ d'expériences, où les bons ouvriers qui avaient à l'explorer ont fait des merveilles. C'est ce que M. Larvaude va vous dire tout à l'heure.

Mais ce qu'il ne vous dira peut-être pas, c'est le profit que nous en avons tiré nous-mêmes, je veux dire nous qui sommes des civilistes, des interprètes du droit privé, pour l'amélioration de nos propres méthodes.

Nous avons eu la chance, et nous l'avons encore, d'avoir une branche du droit qui n'est pas codifiée, tout comme en Angleterre. Eh bien, oui ! tout comme en Angleterre. Nous avons des lois administratives qui se présentent un peu à l'état dispersé. Chacune est, à l'apparence, indépendante de l'autre. Il semble donc qu'elle va pouvoir s'interpréter comme si elle était seule, sans référence aux autres. Entre elles, il n'y a pas d'unité, de communauté de principes. Je ne parle encore que des apparences extérieures. La jurisprudence administrative ne pouvait s'attarder longtemps à cette méthode fragmentaire. Nos cerveaux français sont trop bien bâtis pour pouvoir se passer d'unité logique.

Je ne saurais dire assez le rôle considérable qui revint à notre Conseil d'Etat et, avec lui, celui qui revient aujourd'hui à toute notre jeune école de droit administratif, dans cette œuvre noble et hardie de construction doctrinale.

La codification extérieure faisait défaut. On est en voie de nous en faire une purement interne, dont les soudures ne soient ni des articles de lois, ni des titres et des chapitres divisionnaires, mais des idées, des conceptions rationnelles, des principes de droit ; et à travers cette construction, à la fois très ferme et très souple, solide et cependant mouvante comme tout ce qui confine à l'évolution des mœurs, à travers cette construction, dis-je, passe un souffle de liberté et de haute équité, auquel nous rendons tous le plus parfait hommage.

Je parlais tout à l'heure de l'Angleterre ; qu'il me soit

permis de remonter plus haut, jusqu'aux ancêtres, aux
Romains. Juges anglais et Préteurs romains, eh bien ! il
y a un peu des uns et des autres dans la façon dont nos
juges du Conseil d'Etat comprirent leur rôle. Tout d'abord,
ils se laissèrent guider, pour essayer de mettre un peu
d'ordre dans tout ce chaos de lois administratives, par
un vague sentiment d'équité. Nous avions l'impression
de ces nobles hardiesses prétoriennes dans lesquelles
l'équité jouait les tout premiers rôles, avec ce que l'on
appelait en droit romain l'exception de dol.

Mais nous sommes de trop profonds juristes pour nous
contenter de vagues sentiments d'équité, susceptibles le
plus souvent de toutes les appréciations arbitraires. Il
nous faut des précisions. Il faut que l'équité se formule
en conceptions rationnelles, fermes et solides, où l'arbitraire ait aussi peu de prise que possible.

Le Conseil d'Etat et, avec lui, nos hardis pionniers du
droit administratif — je ne veux citer aucun nom, je
m'y trouverais un peu trop gêné — tous, en se prêtant
assistance réciproque, sont sortis de cette première étape,
pour passer de la méthode d'équité à la méthode constructive. Dans un domaine où nous n'avions que des lois,
des *leges*, ils ont créé un droit véritable, un *Jus*, au sens
le plus complet du mot.

Et permettez-moi de le dire à notre honneur à nous
civilistes, cette ferme méthode, c'est au droit civil qu'on
l'a tout d'abord empruntée. Ces services que nous ren-
dions ainsi au droit public, il nous les a bien rendus depuis. Cela est vrai.

Mais je ne puis m'empêcher aussi, si j'évoquais tout à l'heure la haute figure du préteur romain, de faire allusion à un autre précédent historique, celui de ces grandes Cours d'équité d'Angleterre, de la Cour de Chancellerie en particulier, dont le rôle fut de créer tout un droit nouveau en face du vieux *Common Law*.

Qu'est-ce donc que tout cela, sinon une question de méthode ?

Et, si j'ai parlé aussi des intérêts, presque usuraires, que le droit civil perçoit aujourd'hui pour ses bons offices en cette matière, il faut bien que je précise un peu mieux les bénéfices qu'il en a retirés.

Il avait fourni au droit public et administratif ses habitudes de construction doctrinale et le droit public et administratif allait lui communiquer, par contre, un peu de sa souplesse et de son indépendance. Un droit non codifié se meut toujours avec plus d'aisance que celui que l'on a enserré dans l'armature un peu rigide d'une construction inextensible. On a beau le rattacher à tout un appareil de principes, ce ne sera jamais qu'un toit à jours. Les principes qu'un état de culture juridique a fournis à une époque feront place, à la suivante, à d'autres principes un peu différents, peut-être encore plus près de l'équité et de la justice. Le toit reste le même, on change la couverture. Mais tout cela, c'est de la souplesse, c'est de la facilité à se mouvoir au contact de l'histoire. Nos codes de droit privé, en attendant qu'on les réforme, sentaient aussi le besoin parfois de remplacer leur toit par un autre. On ne savait pas comment s’y prendre. La haute juridiction administrative est en voie de nous l’apprendre. Quel service à nous rendre ! Mais ce service-là, c’est par la méthode et la technique qu’on nous le rendra. Vous voyez l’importance croissante de nos questions de méthode.

Mais, après avoir parlé de droit civil et de droit public, vais-je donc vous laisser croire que j’oublie, de tous les facteurs du mouvement juridique actuel, le plus important peut-être, le plus bruyant à coup sûr, celui qui vient des transformations économiques et sociales, et qui monte jusqu’à notre tour d’ivoire des profondeurs de la mine ou des bruissements de l’usine et de l’atelier ?

Les sciences économiques et sociales, comme vous le savez, ont depuis longtemps franchi les portes de nos Facultés de droit et pénétré dans nos programmes.

Il y a un quart de siècle, c’est à peine s’il y avait, en première année de licence, un cours d’économie politique réduit à la portion congrue. Depuis, on a créé le doctorat politique et économique, et l’enseignement de l’économie politique s’est peu à peu étendu aux trois années de licence, parallèlement à l’enseignement du droit civil. Et l’on voudrait que le droit civil, dans son interprétation, dans ses méthodes d’exposition, ne se ressentît pas de ce voisinage !

Il y a forcément répercussion de l’un sur l’autre. Les changements économiques et sociaux sont le fond et la raison d’être de toute l’évolution juridique ; et le droit est fait pour traduire en dispositions positives et impératives toute l’évolution sociale. Comment donc se refuser à interpréter le droit lui-même dans le sens des conceptions sociales qui tendent à se généraliser et à s'imposer?

C'est là aujourd'hui le problème le plus aigu, mais aussi le plus urgent, qui se pose et qui exige une solution.

Vous voyez, en effet, le danger considérable dont nous sommes menacés, celui du juge prenant sur lui de réformer la loi par des faux fuyants, au gré de ses opinions économiques ou sociales ! C'est le terrain, jusqu'ici solide, qui menace de trembler sous nos pas. Et cependant il nous faut trouver un instrument de précision, que nous cherchons tous avec anxiété. Il nous faut une règle pour nous guider dans cette voie de tâtonnements. Nous ne voulons pas de l'arbitraire du juge. Nous n'en voulons à aucun prix. Et cependant nous voulons, lorsque la loi ne commande pas avec une certitude impérative, que le juge puisse marcher avec son temps, qu'il puisse tenir compte des coutumes et des usages qui se créent, des idées qui évoluent, des besoins qui sollicitent une solution de justice. Contradiction angoissante et terrible, au premier abord ! Comment la résoudre ? C'est pour vous le dire que nous avons demandé à M. Massigli et à M. Gény de venir vous donner la réponse. Je me garderai donc bien d'empiéter sur leur rôle. Mais j'ai voulu sur ce point encore, et plus que sur tous les autres, vous montrer l'importance des questions de méthode.

Et si j'osais, je vous dirais encore, pour être très moderne, ultra-moderne, demandez aux socialistes, demandez aux féministes, de quelle arme ils comptent se servir pour faire pénétrer sans trop de secousses leurs revendications dans votre état social. De la méthode juridique, vous répondront-ils. Il y avait autrefois un socialisme révolutionnaire. Je ne veux pas dire, hélas! qu'il n'y en ait plus. Mais il y a, en plus, aujourd'hui, un socialisme juridique. Nous avons connu un féminisme sentimental; nous connaissons maintenant un féminisme juridique.

Le droit, cette chose que l'on jugeait jadis aride et ennuyeuse, pénètre partout. Il me revient qu'on l'enseigne jusque dans les cours supérieurs de jeunes filles. Quel honneur pour nous! Mais aussi quelle responsabilité! Si donc nous pénétrons aujourd'hui un peu partout, pénétrons-y avec nos méthodes, c'est-à-dire avec ce sentiment de la précision et de la solidité, qui est une condition, sans doute, de progrès et de liberté, mais une condition, avant tout, de garantie sociale, d'ordre et de stabilité.

Vous comprenez maintenant pourquoi nous avons voulu ouvrir comme une vaste enquête sur cette question des méthodes dans leur application aux diverses branches de la science du droit.

Aussi nous félicitons-nous que la conférence d'ouverture porte précisément sur cette branche du droit public, dans laquelle, comme je le disais tout à l'heure, s'est réalisé, au premier chef, le progrès des méthodes et de l'interprétation vraiment scientifique.

Nous avons surtout à nous féliciter de voir cette question exposée par un maître tel que M. Larnaude.

Car nul plus que lui n'a contribué à fonder vraiment en cette matière une solide méthode d'exposition et d'interprétation.

M. Larnaude est le fondateur de la *Revue du droit public*. Il a été investi de la première chaire de droit public fondée à la Faculté de droit de Paris. L'un des premiers il a cherché, conformément à la méthode anglaise, à faire tomber les barrières qui séparent le droit public et le droit privé ; non pas, à coup sûr, pour entamer au profit des droits de l'Etat le domaine, jadis réservé, du droit individuel, mais beaucoup plutôt pour soumettre l'action de l'Etat aux principes de respect du droit individuel qui dominent tout le droit privé, pour restreindre partou l'arbitraire des pouvoirs publics et les lier, en quelque sorte, à des catégories légales qui fussent une sauvegarde pour les individus.

Tel fut le rôle de toute notre école universitaire de droit public et administratif, et celui, en particulier, de M. Larnaude, en qui nous pouvons saluer vraiment l'un des premiers initiateurs de ce large progrès juridique.

Il me reste maintenant, non pas à lui donner la parole — car je vous rappelle que je ne préside pas — mais à lui laisser la parole, en m'excusant d'avoir retardé trop longtemps le plaisir que nous en attendons.

R. SALEILLES

LES MÉTHODES JURIDIQUES

LE DROIT PUBLIC. SA CONCEPTION.
SA MÉTHODE (1)

SOMMAIRE. — 1. Leçons sur les méthodes juridiques. — 2. La conception du droit public. — 3. Les méthodes applicables au droit public. — 4. La méthode juridique et le droit public. — 5. La méthode historique et comparative et le droit public. — 6. La méthode *a priori* et le droit public.

1. — Leçons sur les méthodes juridiques

Mesdames, Messieurs,

Dans la série des leçons que j'inaugure aujourd'hui, — et qui, à coup sûr, ne feront point pâlir le nom de Descartes, bien qu'elles portent sur le même sujet que son immortel *Discours*, — je dois, avec quelques-uns de mes collègues de la Faculté de Droit, traiter des « méthodes juridiques ». Et à la même heure, aujourd'hui, d'après les indications du *Temps,* que je lis — comme la plupart des Français de mon âge ! — une conférence va être

(1) Leçon au Collège libre des sciences sociales le lundi 22 novembre 1909.

faite sur la *Lysistrata* de Donnay, une autre sur les peintres de l'élégance au xviiie siècle ! Ce sont là des voisinages bien dangereux pour nous ! Comment hésiter, quand on veut employer ses loisirs, entre des sujets dont l'agrément est aussi dissemblable ! Cependant vous êtes venus nombreux, et je veux, tout d'abord, vous en remercier. M. Saleilles, l'initiateur de ces nouveaux *Discours sur la méthode*, vient de vous montrer, d'ailleurs, de la meilleure manière, que les questions de droit, elles aussi, sont intéressantes. En tout cas elles sont au premier rang de celles dont chacun de nous doit se préoccuper, puisqu'il s'agit de nos biens, de notre honneur, de notre sécurité, et enfin du gouvernement et de l'administration de l'Etat !

D'un autre côté, il importe que ce ne soit pas seulement dans les Facultés de droit que l'on traite des sujets juridiques et que les professeurs de droit se fassent entendre. L'ésotérisme ne nous vaut rien ! On nous soupçonne assez volontiers d'être des coupeurs de cheveux en quatre, des abstracteurs de quintessence ! Un homme politique considérable nous représentait un jour, à la Chambre, courbés et pâlissants sur un énorme et vieux bouquin qu'on appelle, d'un nom bizarre et moyennageux, le *Corpus juris civilis*, et prenant, à déchiffrer les énigmes dont il fourmille, une certaine courbature intellectuelle ! Ce sont ses propres expressions. Elles ne sont pas aimables. Eh bien ! il faut que nous nous défendions, et que nous montrions ce que nous sommes ! Et quand vous nous aurez entendus, j'espère que vous ne nous prendrez plus pour des... courbaturés ! J'espère aussi que vous ne vous représenterez plus les professeurs des Facultés de droit, comme ils sont figurés dans certaines gravures... ou caricatures, en tortionnaires, prenant plaisir à martyriser les malheureux candidats, les menaçant de boules noires qui ressemblent à des balles explosibles dont nous nous préparons à les foudroyer !

Non, nous ne sommes rien de tout cela. Nous travaillons de notre mieux, nous cherchons à faire notre métier, à accomplir notre tâche. Et quand on songe que ce métier consiste à former les futurs magistrats, les futurs avocats, les administrateurs, et même les hommes politiques, vous avouerez que c'est un fardeau très lourd qui pèse sur nos épaules, et que nous encourons une très grave responsabilité devant le pays !

Eh ! bien, la meilleure manière de mettre le public à même de juger si nous accomplissons bien cette tâche délicate, c'est de montrer comment nous nous y prenons, d'indiquer en un mot notre méthode.

Non pas, et ceci je tiens à le déclarer tout de suite, que les Facultés de droit soient des Ecoles professionnelles, comme on le croit à tort dans certains milieux. Nous protestons depuis longtemps contre une qualification pareille. Nous n'enseignons ni le métier d'avocat, ni celui de magistrat, encore moins celui d'homme politique ! Nous savons, suivant l'ancien adage, toujours vrai, que *jura in scholis deglutiuntur, in palatiis digeruntur*. On peut avaler le droit, à la Faculté, on ne le digère qu'au Palais ! Le métier ne s'apprend que par son exercice. C'est en forgeant qu'on devient forgeron !

Mais si nous n'enseignons pas au futur avocat comment il doit interroger son client, dépouiller un dossier, ordonner sa plaidoirie, si le futur juge d'instruction ou président d'assises ne peut espérer trouver chez nous le secret qui lui permettra de découvrir la vérité, ni le futur député l'art de devenir ministre, il n'en est pas moins vrai que nous les préparons à exercer leurs redoutables fonctions. Et nous les y préparons, justement, en essayant de leur inculquer les principes et la méthode qui leur permettent de se rendre maîtres des règles essentielles qu'ils doivent appliquer aux faits dont ils ont à débrouiller l'écheveau souvent compliqué.

Pour tout dire, les Facultés de droit sont et veulent rester des établissements d'enseignement supérieur. Et pour tâcher de mériter ce beau nom, nous recherchons librement, patiemment, scientifiquement, la vérité, toute la vérité ! Peu nous importe que cette vérité soit ceci, ou cela ! Qu'elle soit favorable à tel ou tel parti, favorable ou défavorable à telle ou telle cause, nous n'en avons cure ! Nous ne recevons pas de directions. Et nous n'en imposons pas non plus. Nous adressant à des intelligences déjà mûres, nous tâchons beaucoup plus de les convaincre que de leur dicter des préceptes infaillibles et définitifs.

Voilà ce que je devais dire, je le crois tout au moins, au début de ces leçons, en mon nom, sans doute avant tout, mais bien persuadé que je ne serai contredit par aucun de ceux qui sont ici avec moi, ni par aucun des membres des Facultés de droit, depuis la plus grande jusqu'à la plus petite !

J'arrive maintenant à l'objet même de cette leçon. Vous avez pu voir, à la lecture même du programme, qu'elle doit être consacrée à rechercher la conception et la méthode du droit public.

2. — La conception du droit public

Le droit public ! c'est un sujet immense, d'aucuns le trouveront même démesuré, car cela comprend la plus grande partie de nos Codes et de nos lois. Lois constitutionnelles, dont nous avons une si riche collection, lois administratives, si nombreuses, si détaillées, si confuses parfois, Code d'instruction criminelle, Code pénal, Code de procédure civile, déjà bien vieux, tout cela constitue du droit public, ou touche de très près au droit public. Le Code civil (1) lui-même en renferme, bien qu'il soit avant tout le Code du droit privé, de la famille et des affaires.

Il est bien certain que si le cours de droit public comprenait cet ensemble encyclopédique, il ne mériterait guère le titre d'enseignement supérieur. Ce ne serait pas

---

(1) Un ancien professeur de la Faculté de Droit de Paris, qui fut aussi un historien et un homme d'Etat, M. Charles Giraud, n'a pas craint de dire du Code civil qu'il est la « véritable constitution politique de la France » (CH. GIRAUD, *Précis de l'ancien droit coutumier français*, 2ᵉ édition, 1875, avertissement, p. v).

même de l'enseignement professionnel, à peine de l'enseignement primaire !

Or, ce n'est pas ainsi que les professeurs des Facultés de droit chargés de cet enseignement le comprennent certainement. Ce n'est pas ainsi non plus que l'envisageait M. Léon Bourgeois, alors ministre de l'Instruction publique, quand il me proposa, en 1890, d'inaugurer cet enseignement, qui n'existait encore nulle part, à la Faculté de Droit de Paris (1).

Le droit public est enseigné aujourd'hui dans toutes les Facultés. Il est sanctionné aux examens de doctorat depuis 1893 et à ceux de licence depuis 1905. Des travaux intéressants sont déjà sortis et sortiront encore de cette étude jusque-là presque sans précédent dans la science française. Je ne veux empiéter sur le domaine de personne. Chacun des professeurs qui ont la charge de cet enseignement est libre de le concevoir comme il lui convient, car il n'y a pas de programme. Mais on me permettra de dire ici comment le ministre de 1890 et le premier titulaire de cet enseignement l'ont envisagé. Ce qu'on

(1) L'inauguration du cours de droit public a eu lieu à la Faculté de Droit de Paris pendant l'année scolaire 1890-1891. Il est resté jusqu'en 1893 purement facultatif. Le décret du 30 avril 1893 l'a introduit dans les épreuves du doctorat politique comme matière obligatoire sous le titre de principes du droit public, plus tard, en 1898, comme matière d'option. Enfin le décret du 1er août 1905 le fait figurer dans le programme de 3e année des examens de licence sous la première dénomination de droit public. La chaire créée en 1893 à la Faculté de Droit de Paris porte le titre de Droit public général.

a voulu, ce qu'on a institué, ce n'est pas une généralisation superficielle et sans portée, mais une synthèse véritablement scientifique de tous ces fragments épars du droit public, *disjecti membra poetœ*, c'est un groupement, un raccourci aussi précis que possible, des principes essentiels qui en forment le substratum, qui en constituent les assises.

Comme le dit excellemment Mommsen (1), l'architecte dresse le plan général de l'édifice qu'il a à construire, ce qui ne le dispense pas d'en dessiner aussi la coupe et l'élévation.

Permettez-moi d'autres comparaisons. On dit quelquefois que les arbres empêchent de voir la forêt. Eh! bien, ne peut-on pas dire aussi que le droit public disparaissait dans tous les Codes, dans toutes les lois où il se trouvait, à des doses tantôt massives, tantôt infinitésimales! Il était difficile de le voir dans son ensemble!

Enfin je rappellerai aussi que la manière de dessiner ou de peindre une figure ou un paysage n'est pas la même chez les primitifs et chez les peintres d'aujour-

(1) Mommsen, *Le droit public romain*, trad. P. F. Girard, t. I, préface de la 2e édition, p. XXVI. « Si l'Etat est un tout organique il nous faut, pour le comprendre, connaître, d'une part, chaque organe pris isolément et, d'autre part, connaître les fonctions résultant de l'action commune de plusieurs organes. Le second résultat est atteint par l'exposition par ordre de matières ; mais le premier est l'objet du droit public ».

C'est dans un autre sens que nous prenons le droit public. L'étude des fonctions, en tant qu'elles touchent aux droits et aux intérêts de l'individu et des groupes, nous apparaît comme en formant une partie essentielle.

d'hui, qui donnent beaucoup moins d'importance aux détails et qui surtout observent mieux les règles de la perspective. C'est peut-être beaucoup de prétention, mais j'estime que le droit public doit, lui aussi, laisser de côté les détails et faire ainsi mieux apparaître les traits généraux, essentiels, et en particulier modeler d'une touche un peu large cet être énorme, qu'on appelle l'Etat, soit dans son organisation, soit dans ses fonctions, ainsi que les contacts, souvent douloureux, qui s'établissent entre lui et l'individu. Une théorie générale de l'Etat, voilà ce qu'on a voulu instituer surtout en 1890, en créant à la Faculté de droit de Paris la première chaire de *Droit public général* (1).

Mais la date même où cet enseignement nouveau pénètre dans nos Facultés indique bien qu'un autre motif a provoqué cette création.

L'Etat, déjà depuis un certain nombre d'années, mais principalement dans ces derniers temps, développe singulièrement le nombre de ses services. Sous la poussée

(1) Et, en effet, de théorie de l'Etat il n'en apparaissait pas jusque dans ces dernières années dans les traités de droit constitutionnel ou de droit administratif, publiés en France. Il y était parlé de la Charte ou de la constitution, des droits publics des Français, de matières administratives, de séparation des pouvoirs surtout... Mais, sauf dans le *Cours de droit constitutionnel* de Rossi, et dans son fragment sur l'Etat, publié dans le tome II des *Mélanges d'économie politique, d'histoire et de philosophie*, pp. 24 à 89, une théorie générale de l'Etat, de ses organes, de ses fonctions, n'était même pas esquissée. Les cours et les traités de droit international seuls renfermaient quelques brèves indications.

irrésistible des faits, plus forts que toutes les théories et que tous les systèmes, l'économie individualiste des sociétés modernes se voit peu à peu refoulée par une économie socialiste, dans le sens scientifique du mot. Il est un autre mot qui est plus souvent employé, je le sais, pour exprimer cette idée, le mot solidarité. Mais je crois qu'il y a là un euphémisme destiné à rassurer ceux que le mot socialisme effraye. Moi il ne m'effraye pas, et je le préfère parce qu'il est plus exact (1).

Or, ceci réagit naturellement et par la force des choses sur l'organisme étatique — un mot dont on se moquait quand je l'ai employé timidement en 1890, et qui appartient maintenant au langage courant, bien qu'il n'ait pas encore les honneurs du dictionnaire de l'Académie. — En présence de cette transformation de l'économie nationale, que va devenir l'Etat ? Est-ce qu'avec les organes traditionnels, qui se sont créés et organisés dans un milieu tout différent, il va pouvoir suffire aux nouvelles tâches qui s'offrent ou s'imposent à lui ? Est-ce que ces organes anciens, avec leurs buts limités, vont pouvoir s'adapter aux fonctions complexes, difficiles, qui l'attendent ?

(1) Nulle part, à ma connaissance, le mot et l'idée de socialisme d'Etat, n'ont été expliqués et justifiés avec autant d'ampleur et de vérité que dans les observations présentées par M. Paul Janet dans la discussion ouverte, devant l'*Académie des Sciences morales et politiques*, à propos du rapport de M. Léon Say sur l'ouvrage de M. Lujo Brentano, intitulé : *La question ouvrière*. Voir compte rendu de l'Académie des sciences morales et politiques, t. CXXV, année 1886, premier semestre.

D'un autre côté, ces transformations économiques atteignent l'individu lui-même, ont leur répercussion sur lui. Et cette répercussion est double.

Il y a certains des droits de l'individu, de ces droits que l'on a proclamés solennellement en 1789, auxquels on a attaché cette épithète de « naturels » avec laquelle on croyait résoudre hélas ! tous les problèmes, qui se trouvent mis en question par cette transformation économique et sociale (1).

Par contre, il y a de nouveaux droits qui, dans cette

(1) Voir sur ce point ma préface de la traduction par M. Fardis de la *Déclaration des droits de l'homme et du citoyen*, de M. Georges Jellineck, page 6. « Parmi les principes de 1789, il en est qui su- « bissent en ce moment une crise redoutable. La déclaration des « droits est toute imprégnée d'individualisme. L'Etat y apparaît à « peine, l'individu

    ... couvre tout de son ombre, horizons et chemin...

« Sur ce point la déclaration a un peu vieilli, et [les faits lui « donnent quelquefois des démentis un peu brutaux.

« L'Etat a prodigieusement accru son rôle, et tend à l'accroître « encore ; le principe de l'obligation se glisse tous les jours dans « des rapports sociaux où on n'aurait pas soupçonné, il y a cent « ans, qu'il pût même en être question. Ce n'est pas seulement « l'école et le service militaire qui sont devenus obligatoires, c'est « encore l'épargne, la prévoyance qui, de devoirs moraux, se « transforment en devoirs juridiques.

« Il faut reconnaître que la Déclaration des droits n'a pas prévu « ces transformations. Mais ses auteurs sont bien excusables de n'y « avoir point songé. Pouvaient-ils deviner par avance le machi- « nisme, l'industrialisme, la vapeur, l'électricité, qui ont si complè- « tement bouleversé non seulement la production et le commerce, « mais les conditions de la vie matérielle, et par suite, les rapports économie sociale nouvelle, surgissent, font leur apparition dans nos lois : le droit à la vie, sous la forme de l'assistance obligatoire, le droit au repos hebdomadaire, le droit à la retraite… d'autres encore.

Voilà des droits qui ne figurent pas dans les anciennes déclarations. Ils pénètrent cependant dans les législations modernes, sous des formes d'ailleurs très variées, qui dissimulent quelquefois leur réelle portée. Leur réalisation ne va pas, en tout cas, sans de profonds contrecoups sur l'Etat lui-même. Au point que, pour certains publicistes, l'ancien droit public — et par là ces Messieurs entendent celui sous lequel nous vivons — ne pourrait pas les supporter et serait en train de sombrer !

Et c'est ainsi que je lis dans un ouvrage tout récent (1) que « l'ère politique, selon Montesquieu et Rousseau, est virtuellement close », c'est ainsi encore que mon ancien élève et collègue M. Duguit (2) annonce la « mort de l'Etat souverain » et l'avènement dans la Société française d'un « régime politique duquel sera complètement éliminée la notion de puissance publique (3) ». Un autre publiciste, un syndicaliste révolutionnaire, M. Edouard Berth, tout imbu de réminiscences classiques, comme Bossuet,

« économiques des hommes entre eux, et, par suite encore le droit, « qui n'est, en somme, que la forme que prennent ces rapports ? »

(1) MAXIME LEROY, *Syndicats et services publics*, 1909, préface, p. XI.

(2) LÉON DUGUIT, *Le droit social, le droit individuel et la transformation de l'Etat*, 1908, p. 150. « L'Etat personnel et souverain est mort *ou sur le point de mourir* ».

(3) *Eod. loc.*, p. 20.

dans sa célèbre oraison funèbre d'Henriette d'Angleterre, jetait un éloquent « Madame se meurt, Madame est morte », s'écrie lui aussi : « Cette chose énorme, cet événement de portée incalculable, la mort de cet être fantastique, prodigieux, qui a tenu dans l'histoire une place si colossale : l'Etat est mort (4) ».

C'est le « Crépuscule des Dieux », le crépuscule de l'Etat, qu'un nouveau Wagner viendra bientôt sans doute mettre à la scène !

Heureusement pour nous et pour ceux qui font ces nouvelles prophéties, que « Petit bonhomme vit encore » !

Non, l'Etat n'est pas mort, et nous ne voulons pas qu'il meure ! Non, l'Etat ne se laissera pas dépouiller comme un simple « roi fainéant ». Toutes ces prédictions ne doivent pas nous émouvoir, on en a fait bien d'autres, et les Nostradamus politiques ne datent pas d'aujourd'hui. Laissons donc les amants de l'irréel et de l'utopie à leurs rêves et, comme le dit un publiciste moderne (1), faisons des observations plutôt que des prophéties. C'est plus sûr !

Or, l'observation ne nous montre pas l'Etat disparaissant purement et simplement. Mais, à des époques de barbarie, auxquelles on ne veut sans doute pas nous ramener, bien que à ce point de vue les déclarations de

(1) *Mouvement socialiste*, octobre 1907, 3ᵉ série, I, p. 314 (cité par M. Duguit, *Droit social*, p. 38.

(2) A. Lawrence Lowell, *Le gouvernement de l'Angleterre*, traduction A. Nérinck, t. I, préface de l'édition américaine revue, p. 9.

certains adversaires de l'Etat soient assez inquiétantes (1), des éclipses de l'Etat se sont produites sous l'influence d'événements et de forces que rien d'ailleurs ne rappelle aujourd'hui. Seulement l'Etat n'a fait que semblant de mourir et, comme le phénix, on l'a vu bientôt renaître de ses cendres plus vigoureux et plus jeune que jamais !

Il est donc toujours utile d'étudier l'Etat, car c'est lui qui est le sujet principal, de premier plan, du tableau que forme le droit public. Mais n'oublions pas qu'il y a dans ce tableau d'autres personnages qu'on ne saurait négli-

(1) Je vise en particulier ici l'étonnante déclaration de M. Duguit qui, dans son livre, *Le droit social, le droit individuel et la transformation de l'Etat*, p. 120, semble considérer comme un idéal auquel le syndicalisme nous conduira « le régime des castes « de l'Inde et de l'ancienne Egypte... et la période féodale du « xiiie siècle qui nous offre, dit-il, l'exemple d'une société, *d'ailleurs* « *très cosmopolite*, dont les classes hiérarchisées et coordonnées « étaient unies entre elles par un système de conventions, qui leur « reconnaissaient une série de droits et de devoirs réciproques sous « le contrôle du roi, suzerain supérieur, chargé suivant la belle « expression de l'époque de faire régner l'ordre et la paix par la « justice, c'est-à-dire d'assurer l'accomplissement par chaque « groupe des devoirs que lui imposait sa place dans l'arrangement « social. » M. Duguit, qui se montre ici historien généralisateur un peu simpliste, me permettra de lui rappeler, sans remonter aux parias ou aux fellahs, qu'il y avait dans quelques-uns des groupes du Moyen Age Européen des taillables et corvéables à merci dont la « place dans l'arrangement social » ne conviendrait pas à beaucoup aujourd'hui !

M. Duguit n'est pas non plus, comme on le voit, effrayé du « cosmopolitisme » de cette organisation, conséquence d'ailleurs forcée du régime des classes ; je doute que la plupart de ses collègues veuillent le suivre dans cette voie !

ger. Nous ne saurions laisser de côté, en particulier, les autres groupements politiques territoriaux, satellites de l'Etat, la commune surtout, dont les rapports avec l'Etat et avec les individus qui en forment la population sont si importants. Mais ce qui doit principalement attirer l'attention, c'est l'ensemble de ces formations collectives, que, faute d'un meilleur terme, j'ai proposé depuis longtemps d'appeler les *groupements sociaux*, dont certains viennent de faire irruption sur la scène politique, où ils parlent déjà en maîtres, j'ai nommé les syndicats professionnels, dont d'autres plus anciens, l'Eglise en particulier, restent les rivaux de l'Etat, auquel ils ont enlevé autrefois quelques-unes de ses plus belles prérogatives.

Il y a là toute une catégorie d'*êtres collectifs* qui peuvent être pour l'Etat soit des auxiliaires, soit des rivaux. Et l'étude de leur structure, de leurs conditions d'existence, de leurs droits, même de leurs prétentions, soit dans leurs rapports avec l'Etat, soit dans leurs rapports avec l'individu, m'a paru, dès le début de mon cours, une partie essentielle du droit public. Droit public nouveau, peut-être, droit public en voie de formation, sans doute, mais qu'il importe d'autant plus d'observer avec soin, qu'il y faut éviter les mesures législatives irréfléchies, imprudentes, aussi bien qu'en faire disparaître les restrictions surannées et caduques.

Ces groupements l'Etat doit-il les laisser se constituer librement, doit-il les surveiller, et quelle est la forme juridique que doit prendre ce contrôle supérieur ?

Et l'individu ? Que devient-il ballotté entre l'Etat et ces

groupements? Quelle liberté lui reste? Comment sera-t-elle garantie?

Voilà le schéma général des trois principales questions que le droit public doit étudier, dans leurs grandes lignes, dans leurs principes essentiels, laissant aux autres disciplines juridiques le soin d'en creuser certaines applications.

Pendant longtemps, et encore aujourd'hui beaucoup d'auteurs en sont restés, malgré les faits, à poser ainsi la question : Quels sont, quels doivent être les rapports de l'individu et de l'Etat? C'est le titre même d'ouvrages célèbres de philosophie politique, de sociologie (1).

A mon avis, la question doit être élargie et posée autrement. Elle est plus complexe. L'individu ne se trouve pas seulement en face de l'Etat et des autres groupements territoriaux, il est impliqué aussi dans une série plus ou moins grande de groupements d'une autre nature, contractuels ou artificiels, et c'est de ses rapports avec eux qu'il doit aussi être question.

Voilà le bloc que le droit public a à étudier. Mais cette étude, comment la faire? Ce bloc, comment le sculpter, qu'en faire?

<blockquote>Sera-t-il Dieu, table ou cuvette ?</blockquote>

Ce n'est pas la première fois que ces questions sont

(1) DUPONT-WHITE, *L'individu et l'Etat*, 2ᵉ édition, 1858 ; — HERBERT SPENCER, *L'individu contre l'Etat*, trad. Gerschell, Paris, 1885. Malgré son titre, l'article de M. E. BOUTMY, *L'Etat et l'individu en Angleterre* (*Annales de l'Ecole libre des sciences politiques*, 1887, p. 485) pose admirablement le problème.

étudiées, elles datent presque du commencement du monde ! Et les philosophes, les sociologues, la science politique s'y sont attaqués !

Vous pensez bien que je n'ai jamais eu la prétention de refaire l'œuvre d'un Kant ou d'un Hegel. Je n'ai pas davantage cherché à m'inspirer d'Auguste Comte ou d'Herbert Spencer. Le droit public n'est ni de la philosophie, ni de la sociologie.

La discipline dont il se rapproche le plus est la politique ou science politique où brillent les noms d'Aristote, de Montesquieu, et dans des temps plus modernes ceux de John Stuart Mill, de Tocqueville, Dupont-White (un précurseur trop peu connu), Prévost-Paradol, de Laveleye, Bryce... Toutefois, le droit public, tel que je l'ai conçu, présente avec la politique ou science politique cette différence essentielle qu'il donne une importance plus grande qu'elle, une importance capitale, essentielle, au phénomène juridique, c'est-à-dire aux règles sociales qui s'appliquent au besoin par la contrainte. Or, la contrainte, bien que ce soit là un point aujourd'hui très contesté, c'est une des caractéristiques essentielles du Droit. Et le Droit public veut être une discipline juridique. Il ne peut être que cela !

Dès lors, comme tout ce qui est juridique, — M. Saleilles vous le rappelait tout à l'heure — il faudra qu'il ait cette netteté, cette précision dans les contours et dans les formes qui sont la véritable pierre de touche du Droit, et qui n'existent pas et ne peuvent pas exister dans la philosophie, dans la sociologie, pas plus que dans la science politique. Quand il s'agit de transporter des idées ou des maximes dans des articles de loi ou de règlement, il faut que ces idées ou maximes ne restent pas dans l'indétermination et dans le flou. Il faut encore plus de netteté, de précision quand on veut transporter ces idées ou maximes dans un jugement. Si vous me permettez cette comparaison, on doit en quelque sorte pouvoir toucher ce corps juridique qui va ainsi transformer des règles sociales, économiques, morales, religieuses et leur donner cette rigidité, cette forme précise qui font une si grande partie de leur force.

Il faut cependant reconnaître que l'application judiciaire fait défaut dans un trop grand nombre de matières du droit public. Ce n'est pas à coup d'arrêts qu'on interprète la constitution, sauf aux Etats-Unis. Et, même pour le droit administratif, cette partie si vivante et si renouvelée du droit public, si l'application judiciaire s'y est introduite, ce n'est pas sans peine et c'est avec beaucoup de tempéraments. Suivant une vieille conception, qui disparaît, il est vrai, et je m'en applaudis, les tribunaux administratifs constituent encore de l'administration (1). C'est l'administration contentieuse, que les anciens auteurs opposaient à l'ad-

(1) Il faut lire, sur cette question des tribunaux administratifs, les articles profonds et lumineux, dont nous souhaitons tous l'achèvement, de M. E. ARTUR, publiés dans la *Revue du droit public*, à propos du livre de M. R. JACQUELIN, *Les principes dominants du contentieux administratif*, et qui ont été réunis en volume sous ce titre : *De la séparation des pouvoirs et de la séparation des fonctions de juger et d'administrer*, Paris, 1905.

ministration délibérante et à l'administration active.
Mais c'est un énorme progrès que cette introduction de
l'application judiciaire dans les rapports de l'Etat et de
l'individu, dans la vie de l'Etat, même avec les restrictions qui y subsistent encore et qui finiront bien par
disparaître. Le règne de la légalité, l'Etat de droit,
l'Etat consentant à être jugé, c'est un des progrès
les plus considérables qui se soient introduits dans
le Droit depuis qu'il existe. Et c'est ce qui fait vraiment la caractéristique du droit public moderne. C'est
peut-être difficile à concilier avec certaines conceptions abstraites de la Souveraineté. Comment le souverain peut-il être jugé sans cesser d'être souverain (1) ?

Mais la vie, dont le droit ne fait que refléter les
exigences, la vie ne se préoccupe pas de ces abstractions
et de cette logique rigide. Elle suit sa voie, l'Etat est
jugé parce qu'il est nécessaire pour la protection des
droits de l'individu, même de ses simples intérêts, que
l'Etat soit lui aussi jugé, quand il viole la légalité.

(1) Je trouve rapportée dans l'excellent *First book of jurisprudence* de Sir FRÉDÉRICK POLLOCK une vieille anecdote judiciaire du
temps d'Henri VI qui précise très bien l'objection : « Jeo vous di-
« rai un fable (c'est-à-dire une histoire) : En ascun temps fuit un
« pape, et avoit fait un grand offence, et le cardinals vindrent à luy
« et disoyent à luy, *Peccasti*, et il dit, *Judica me ;* et ils disoyent,
« *non possumus quia caput es Ecclesiæ, judica te ipsum.* Et l'Apos-
« tol (*apostolicus*, synonyme ordinaire de pape) dit : *judica me
« cremari : et fuit combustus :* et en cest cas il fuit son juge

Il y a là un très grand progrès, et il faut que ce progrès continue.

On vous disait tout à l'heure les quelques services que j'ai rendus au droit public, et on a parlé d'une *Revue* que j'ai créée et dirigée en effet pendant dix ans et qui a contribué et contribue encore, sous l'habile direction du successeur que je me suis donné, M. Jèze, à faire pénétrer la règle juridique dans l'organisation et les fonctions de l'Etat. Vous me permettrez de rappeler ce que j'écrivais dans son premier numéro, en 1894. « Il est à sou-
« haiter que l'idée du droit, que la forme du droit, que
« les procédés du droit pénètrent tous les jours davantage
« les matières constitutionnelles, administratives, inter-

« demesne, et après fuict un sainct... (p. 273 de la 2ᵉ édition).
Stahl se place au même point de vue quand il écrit : « Il est de la
« nature de l'Etat en tant que souveraineté d'ordre moral, dont les
« particuliers relèvent et sont les membres, que lui seul, ou son
« pouvoir propre et souverain, autrement dit le gouvernement,
« puisse prononcer sur le point de savoir si ses fonctions sont loya-
« lement exercées ; si on pouvait concevoir une organisation où les
« tribunaux auraient le droit de juger entre la puissance publique
« et les sujets, lorsque ceux-ci allègueraient que leurs droits ont été
« lésés, l'Etat cesserait d'être Etat, et perdrait sa souveraineté mo-
« rale sur les individus ; ses actes ne seraient plus les actes de l'au-
« torité supérieure ; il n'aurait plus la situation de souverain sur ses
« sujets, mais de créancier au regard de son débiteur, tandis que
« les sujets cesseraient de faire partie intégrante de cet ensemble
« moral qui s'appelle l'Etat, pour n'être plus que des sujets de droits,
« indépendants et sans lien entre eux, en face d'un autre sujet de
« droit de même nature qu'eux... » STAHL, *Rechts und Staatslehre*,
« 2ᵉ édition, 1856, p. 607-608.

« nationales. Ce n'est qu'à cette condition qu'une insti-
« tution acquiert une force de résistance qui lui permet
« de braver et d'affronter les tempêtes. Là où le droit
« n'existe pas, là où la forte ossature qu'il constitue ne
« peut pas se former, il n'y a que des institutions flot-
« tantes et sans consistance. Il faut que l'Etat, que l'in-
« dividu, que les groupes, dans leurs rapports respectifs,
« aient leurs prérogatives, leurs attributions, on dirait
« ailleurs « leurs droits subjectifs » nettement constitués
« et définis. Et, pour obtenir ce résultat, il n'y a pas
« deux moyens. Il faut que dans la constitution, dans
« l'administration, dans les rapport internationaux le
« droit s'introduise... (1) »

Je n'ai rien à renier de ces déclarations et depuis
l'époque où j'ai écrit ces lignes, je n'ai fait que m'y con-
former dans mon enseignement.

Il faut donc qu'une théorie de l'Etat, de son organisation et de ses fonctions, de ses rapports avec les individus et avec les groupes, soit construite juridiquement,
avec des matériaux juridiques.

C'est donc avant tout une discipline juridique que le
droit public.

3. — Les méthodes applicables au droit public

Et ceci m'amène à la question de méthode. Mais elle
est déjà à moitié résolue.

(1) F. LARNAUDE, Notre programme (*Revue du droit public et de
la science politique en France et à l'étranger*, 1894, tome I, p. 3).

Si le droit public est une discipline juridique, il faut
lui appliquer, soit pour l'interpréter, ce qui est le rôle du
gouvernement, de l'administration, de la justice, soit pour
en construire le système, et c'est la tâche de l'enseignement et de la doctrine, il faut, dis-je, lui appliquer, avant
tout, la méthode des jurisconsultes, la méthode juridique proprement dite. Cette méthode composée à la fois
d'induction et de déduction, consiste essentiellement à
rechercher dans les constitutions, dans les Codes, dans
les lois, et aussi dans les décisions judiciaires, et encore
dans la pratique, qui sait si bien créer ce que j'appellerais
volontiers le *droit à côté* (1), en un mot dans toutes les
manifestations de la vie juridique, dans tous les phénomènes juridiques, les règles essentielles que toutes ces manifestations supposent, ce que nous aimons, nous juristes,
à appeler des principes. C'est le rôle de l'induction.

Et une fois ces principes trouvés, dégagés, pour les
cas innombrables qui n'ont pas été prévus, qui n'ont
même pas pu l'être, pour les hypothèses sans cesse di-
versifiées qui surgissent de la vie, cette grande créatrice,
on en tire les conséquences, en leur appliquant la règle
contenue dans le principe. Voilà la déduction.

____

(1) Voir sur l'importance de la pratique dans l'élaboration du
droit, F. LARNAUDE, *Le code civil et la nécessité de sa revision*, dans
le *livre du Centenaire*, publié par la Société d'études législatives,
tome second, p. 920 et suiv. Cfr. l'ouvrage si original d'un jeune
juriste trop tôt enlevé à la science, M. JEAN CRUET, *La vie du droit
et l'impuissance des lois*, livre II, *La législation expérimentale*,
p. 295 et suiv.

Mais celui qui enseigne le droit public ne saurait se borner à cette méthode strictement juridique. Il est obligé aussi de questionner l'histoire, d'interroger les législations étrangères, s'il veut faire œuvre scientifique. Ici nous nous trouvons en présence d'une méthode qui met sans doute en œuvre les mêmes procédés que la méthode dogmatique, l'induction et la déduction, mais avec un tout autre but. Ici, la méthode *a posteriori* pourra sans doute être quelquefois une simple auxiliaire dans l'étude du droit national. Si nous trouvons dans le droit étranger les mêmes règles que dans le nôtre, le principe ainsi consacré ici et là n'en acquerra qu'un plus haut degré de certitude et d'autorité. Mais ce n'est pas là le résultat essentiel que poursuit la méthode d'observation comparative ; elle arrivera rarement à des identifications et à des similitudes aussi absolues. Bien plus souvent elle nous fera découvrir, au contraire. des types nationaux ou autochtones d'institutions, c'est-à-dire des manières proprement nationales, des procédés juridiques ou législatifs exclusivement et proprement nationaux, d'atteindre certains buts que dans d'autres pays on poursuit par d'autres moyens.

De plus, la méthode d'observation appliquée aux législations étrangères, combinée avec l'étude de l'histoire, permettra peut-être quelquefois de dégager de véritables lois, des lois dans le sens scientifique du mot, s'appliquant aux institutions juridiques.

Je ne crois pas enfin qu'il soit possible de mettre complètement de côté, quand il s'agit surtout de l'enseignement, de la doctrine et même de la législation, une méthode cependant bien décriée, la méthode *a priori*. Que n'a-t-on pas dit contre elle, surtout dans ces derniers temps ! Elle se défend toute seule et prouve sa vitalité par la persistance de son emploi, soit par ceux qui avouent qu'ils y ont recours, soit par ceux-là même qui la bafouent et qui la nient, publicistes et sociologues, prétendant ne s'attacher qu'aux faits, et qui lui rendent le plus flatteur des hommages en l'utilisant, comme M. Jourdain faisait de la prose, sans le savoir ! Je vais successivement reprendre ces différents points de vue et entrer dans quelques détails, choisir quelques applications, pour me faire mieux comprendre.

4. — La méthode juridique et le droit public

La *méthode juridique* doit la première attirer notre attention. En quoi consiste-t-elle exactement ?

J'ai dit que la première opération qu'elle comporte, c'est de rechercher les principes. Or, les principes, dans le langage de la logique, c'est ce qui est premier, soit absolument, soit relativement (1). Plus spécialement le principe est une proposition d'où on tire d'autres propositions qui en sont les conséquences.

Mais ces principes comment les découvrirons-nous ? C'est là la tâche essentielle du juriste. Les principes (2),

(1) EDMOND GOBLOT, *Le vocabulaire philosophique*, V° Principes.
(2) Voir sur l'importance des principes dans l'enseignement du

il va les rechercher en analysant les diverses manifestations de la vie juridique sous toutes ses formes, non seulement les textes proprement dits, constitutions, codes, lois, règlements administratifs, mais encore les décisions judiciaires, les monuments de la pratique. Les principes seront les idées générales qui sont supposées par l'ensemble des décisions positives que l'on rencontrera dans ces documents d'origine si variée (1). En droit public, en particulier, où les textes généraux sont loin d'être aussi nombreux que les textes spéciaux qui se réfèrent à des cas concrets, (2) ce travail d'induction est particulièrement important et délicat. Mais il est de première nécessité, car cette analyse fait découvrir quelquefois des principes qui ne correspondent à aucune règle générale formulée par le législateur. Ce qui est plus grave, ils contredisent quelquefois des règles générales posées dans certains documents constitutionnels. Ces règles générales peuvent sans doute constituer des conceptions abstraites, politiques, mais on ne peut les appeler des principes, dans le sens juridique du mot tant qu'elles ne se manifestent pas par des règles de droit positif, tant qu'elles ne sont pas organisées, en un mot, et dotées des attributs

droit, en général, Ch. Beudant, *Cours de droit civil français*, publié par son fils Robert Beudant, tome I, préface, p. 6 et suiv.

(1 Paul Boncour, *Des rapports de l'individu et des groupements professionnels* (thèse de doctorat, Paris, 1900 ; publiée en seconde édition sous le titre suivant : *Le Fédéralisme économique*, p. 27, 28.)

(2) Michoud, *La théorie de la personnalité morale et son application au droit français*, tome II, p. 270.

juridiques qui permettent à l'individu de les faire valoir.

Il y a eu sur ce point, à certaines époques, un contraste éclatant entre certaines constitutions et la législation positive (1).

Voilà donc la première opération que comporte la méthode juridique. Tant qu'on en reste là on fait de l'induction, de l'*a posteriorisme*. Ce n'est pas à la raison... ou à l'imagination qu'on demande les principes, c'est aux faits, les faits pour nous juristes étant représentés par les documents juridiques dont j'ai déjà donné l'énumération.

Je prends un exemple, celui de la liberté individuelle. Comment trouverons-nous le principe essentiel qui régit son organisation ? En consultant les textes du droit positif relatifs aux mandats, au vagabondage, à la mendicité, à l'aliénation mentale, à l'expulsion des étrangers, à la prostitution, et au milieu des décisions quelquefois en apparence contradictoires, nous trouverons une idée qui revient à chaque instant, c'est que le pouvoir judiciaire est le gardien de la liberté individuelle. Le principe, c'est que nous ne pouvons être privés de notre liberté individuelle que par une décision de justice (2). Cela sans

---

(1) Voir sur ce point dans les *Essais de politique et de littérature* de Prévost-Paradol, au tome I, l'article consacré à *la liberté des cultes en France* où l'éminent écrivain raconte ce qu'il appelle spirituellement la guerre de l'article 291 du Code pénal contre l'article 5 de la charte, et qui se termina par la défaite de la liberté des cultes, proclamée par la charte dans son article 5, mais obligée de céder le pas à la règle de l'interdiction de l'association.

(2) La *Société générale des prisons* a envoyé à ses divers corres-

doute ne va pas sans atténuations, sans restrictions amenées par des considérations d'ordre varié. Mais le principe est bien celui que proclamait Odilon Barrot dans la discussion de la loi sur les aliénés quand il disait : « S'il y a un pré-« jugé fondamental dans notre droit public et dans notre « droit civil, c'est qu'on ne peut toucher à la personne et à « la propriété des citoyens que par des actes de justice, « par des actes de juridiction régulière ». Cela est tellement vrai que dans cette loi du 30 juin 1838, dont la réforme est actuellement sur le chantier, malgré le rôle énorme, prépondérant, que joue l'administration dans le placement et dans la sortie, nous trouvons un article 29 qui permet au tribunal, sur la demande de la personne placée ou retenue, sur celle de ses parents, de ses représentants légaux, même sur la demande d'un ami, d' « ordonner, s'il y a lieu, la sortie immédiate ». Et cependant le placement a été fait par l'autorité administrative, c'est un acte administratif. Que devient donc la séparation des pouvoirs ? Elle fléchit devant le principe de la compétence judiciaire en matière de liberté individuelle !

Il est difficile de mieux établir un principe. Ces décisions nous y conduisent comme par la main ! Et nous

pondants à l'étranger, en 1900, un questionnaire qu'elle m'avait prié de rédiger sur *les garanties de la liberté individuelle*, pour préparer la discussion qu'elle se proposait d'instituer sur cette question. Sur les 26 législations pour lesquelles des réponses sont parvenues à la Société, et sous réserve de quelques nuances, il n'en est pas une seule qui n'ait consacré le principe que nous indiquons au texte (Voir *Revue pénitentiaire*, année 1900, p. 1542, année 1901, p. 185, 239, 429, 633, 1133).

pourrions presque nous dispenser (mais nous ne serions pas dès lors dans la mentalité française) d'aller chercher le principe dans la loi française, des XII tables dans la déclaration des droits de 1789 (1).

La seconde opération va nous obliger à employer la méthode déductive, puisque le principe une fois trouvé il va falloir lui faire produire toutes ses conséquences. C'est justement là la grande utilité de la méthode juridique. A quoi bon chercher le principe si nous ne devions pas en arriver là ? Les décisions consacrées par les textes sont connues. Elles n'ont pas besoin au fond d'autre justification que leur existence même ! Mais c'est pour les cas imprévus, c'est pour les hypothèses nouvelles, surgissant de la vie, que dégager un principe est utile, car il va permettre de les résoudre. C'est là le travail principal de la jurisprudence pour laquelle les principes sont en quelque sorte les instruments de travail, les outils indispensables !

J'ajoute même, en me plaçant à un point de vue plus général, que le rôle de la déduction a une importance

(1) *Déclaration des droits de l'homme et du citoyen*, art. 7. « Nul homme ne peut être accusé, arrêté ni détenu que dans les « cas déterminés par la loi et selon les formes qu'elle a prescrites. » Voir aussi le titre I des dispositions fondamentales garanties par la constitution du 3 septembre 1791. « La constitution garantit « pareillement comme droits naturels et civils. . la liberté à tout « homme d'aller, de rester, de partir sans pouvoir être arrêté ni dé-« tenu que selon les formes déterminées par la constitution »... et surtout les articles 10 à 16 du titre II, chap. v (constitution française du 3 septembre 1791).

capitale en cet autre sens qu'elle permet d'apprécier la valeur du principe. De même qu'on juge l'arbre à ses fruits, de même l'on jugera le principe à ses conséquences !

Et si, parmi elles, il s'en trouve d'inacceptables, de choquantes, il faudra y regarder à deux fois avant de le proclamer et de l'admettre au nombre des élus !

Ceci m'amène d'ailleurs à exprimer sur cette méthode juridique une réserve toute naturelle. C'est un instrument qu'il faut manier avec la plus extrême prudence. Je ne suis pas le premier qui le dise, mais nous devons le répéter sans cesse. La logique *abstraite*, dont le rôle est cependant si important dans l'élaboration du droit, peut être quelquefois une très mauvaise conseillère (1). Il ne faut pas nous en défendre, nous autres juristes, rien n'égale notre joie, quand nous tenons ou croyons tenir un principe ! Le juriste en possession d'un principe a en mains l'instrument rêvé, l'instrument idéal qui va lui permettre de résoudre toutes les questions qu'il rencontrera sur sa route. Il a la clef qui ouvre toutes les portes, le talisman qui abat tous les obstacles !

Seulement qu'il se rappelle bien que le droit n'est pas

____

(1) Les admirables développements que le grand Romaniste IHERING a consacrés à cette idée dans son *Esprit du droit romain* ont amené une véritable rénovation dans l'esprit de la méthode juridique. Cpr. GÉNY, *Méthode d'interprétation et sources en droit privé positif* et la préface de M. SALEILLES ; — MEYNIAL, *Du rôle de la logique dans la formation scientifique du Droit. Leçons faites en mai 1907 aux étudiants en philosophie de l'Université de Montpellier* (*Revue de métaphysique et de morale*, 1907).

une donnée mathématique et qu'à vouloir raisonner trop logiquement il arrivera souvent à des résultats inacceptables !

Il faut donc corriger l'emploi de cette méthode, la modérer dans l'application. Mais comment ?

Il ne faut d'abord jamais oublier que lorsqu'on trouve une règle dans un texte, ce qu'il faut rechercher avant tout c'est le motif pratique qui a inspiré la règle, le but poursuivi. C'est sur ce but qu'il faut avoir les yeux constamment fixés. La règle n'a de sens que si elle sert à atteindre ce but. Si, dans l'interprétation, même logique, qu'on lui donne, elle s'en écarte, il faut s'arrêter.

Le *dura lex, sed lex* doit intervenir aussi rarement que possible dans l'interprétation. C'est un avertissement qui doit provoquer chez le juriste une salutaire défiance !

Le juriste doit songer aussi, quoi qu'il puisse lui en coûter, que le droit n'est rien par lui-même (1). Le droit

---

(1) Voir sur ce point la préface que j'ai écrite pour le beau livre de M. Maurice DESLANDRES, *La crise de la science politique*, où les questions de méthode dans leur application à la science politique, sont envisagées sous toutes leurs faces et étudiées à fond. J'écrivais en 1902 dans la préface du livre de M. Deslandres les lignes suivantes... « Personne ne soutient plus aujourd'hui « qu'il (le droit, le privé aussi bien que le public) ait un dévelop- « pement propre indépendant des autres manifestations de l'évo- « lution sociale. Son évolution est concomitante à celle des phé- « nomènes moraux, économiques, politiques, religieux. J'irai « même plus loin, je dirai que le droit n'est rien sans ces der- « niers. Il n'est qu'une forme, une enveloppe, puissante, il est « vrai, d'autant plus parfaite qu'elle se moule mieux sur l'ensemble

n'est qu'une forme. Et c'est une forme vide quand on le détache des rapports économiques, familiaux, religieux, des phénomènes sociaux en un mot sur lesquels il doit en quelque sorte se mouler, auxquels il vient simplement servir de vêtement protecteur, de cuirasse, si l'on veut! Mais le vêtement, qui est évidemment chose utile, peut se démoder. La cuirasse peut emprisonner un corps jeune et souple, plus que souple, vivant, et l'empêcher de se développer. Voudra-t-on quand même les garder au risque d'encourir le ridicule, au risque de subir des arrêts de développement, des déviations de struc-

« de ces phénomènes sociaux. Mais ces phénomènes changeant, il doit
« changer aussi. Il faut même dire que souvent il est une forme
« vide, et que, son adaptation aux faits ayant cessé, les faits le
« laissent de côté. »

Et plus loin... « N'oublions pas de mettre constamment nos
« institutions juridiques et politiques en regard des faits, en regard
« des faits de tout ordre, économiques, moraux, religieux dont elles
« ne sont que le reflet. Car, comme le dit encore Ihering, et je veux
« terminer par cette citation, ce n'est pas aux faits de suivre le droit,
« c'est au droit de suivre les faits. Le droit n'a pas en effet de force
« créatrice, bien qu'il réagisse profondément sur les phénomènes
« qu'il régit. Lorsque le divorce devient trop grand entre eux et lui,
« il faut que l'un des deux cède à l'autre, et c'est un grand malheur
« si le droit l'emporte sur le fait ; sans doute le triomphe ne durera
« pas longtemps, mais il pourra, quelque courte que soit sa durée,
« accumuler les ruines... »

« C'est aux concepts de s'adapter à la vie, et non à la vie de cé-
« der la place aux concepts », écrit, dans un sens encore plus large,
l'éminent philosophe français M. Boutroux, dans un article sur
l'*Avenir de l'esprit religieux*, publié dans les *Documents du Progrès*, n° d'avril 1907, p. 310-315.

ture peut-être mortels ? Personne ne le soutiendra. Si le vêtement est démodé, si la cuirasse nous étouffe, il faut les changer ! Je veux dire qu'il ne faut pas avoir, et je crois que dans les Facultés de Droit personne n'a plus, comme on nous en accuse quelquefois, le respect en quelque sorte superstitieux des codes et des lois en vigueur. Il faut constamment mettre les codes et les lois en regard des faits sociaux, voir si leur adaptation à ces faits n'a pas cessé. Il ne faut pas, en un mot, avoir pour le droit existant le respect qu'ont les sauvages pour leurs fétiches. Ce respect, nous ne l'avons plus et nous ne devons pas l'avoir. Car, comme le dit encore Ihering, ce n'est pas aux faits de suivre le Droit, c'est au Droit de suivre les faits, c'est-à-dire la vie.

Seulement ceci complique singulièrement le problème de la méthode ! Comment va se faire cette adaptation, que nous déclarons indispensable, du droit aux faits, dans la pratique judiciaire et extrajudiciaire ? dans l'interprétation ?

Comment, à l'aide de la méthode dogmatique, instrument rigide, procédant par raisonnements quasi géométriques, comment suivre la vie dans ses incessantes transformations ?

La question a peu d'importance pour le législateur, dont l'action est libre. Mais en attendant son intervention, qui peut se faire attendre, comment l'administration moins libre que le législateur, comment surtout le juge et l'interprète mettront-ils d'accord le droit et les faits ?

C'est là un très difficile problème. Il se pose dans

toutes les branches de la Science juridique. Il a été spécialement étudié dans ces derniers temps quant à son application au droit civil (1), et on vous en entretiendra bientôt, mais il n'est pas sans préoccuper aussi les théoriciens du droit public, et avec eux les administrateurs, les juges administratifs en France, les juges ordinaires en Angleterre et aux Etats-Unis !

Sans traiter ici à fond cette question d'une importance si capitale, je remarque d'abord que la méthode juridique a, de tout temps, fait grand usage d'un instrument précieux qui s'appelle l'exception. Bienheureuse exception, quels services elle a rendus ! Il est bien rare que le principe ne comporte quelque exception, et cet

---

(1) L'ouvrage capital sur ce point est celui de notre collègue de la Faculté de droit de Nancy, M. FRANÇOIS GÉNY, *Méthode d'interprétation et sources en droit privé positif*. Paris, 1899, Chevalier Marescq et Cie, in-8, 806 pages. Voir l'importante préface de M. R. SALEILLES (XIII pages). Un des documents les plus précieux sur cette importante question est le discours prononcé, à la célébration du centenaire du Code civil en 1904, par M. Ballot-Beaupré, premier président de la Cour de cassation. L'éminent magistrat y montre admirablement comment les juges français, sans empiéter sur les prérogatives du législateur, ont su, « non pas « seulement appliquer la loi quand elle était obscure, mais la « compléter quand elle était insuffisante et la suppléer quand elle « leur paraissait muette », et « adapter libéralement, humainement, « le texte aux réalités et aux exigences de la vie moderne », sans « s'attarder à rechercher obstinément quelle a été, il y a cent ans, « la pensée des auteurs du Code en rédigeant tel ou tel article ». Les quelques pages de ce discours sont parmi les plus fortes qui aient été écrites sur notre sujet.

accroc à la logique pure permettra le plus souvent par son application, par son développement, en devenant lui-même un nouveau principe, de résoudre bien des difficultés ! Sans doute il semble que l'adage : (1) *Exceptiones strictissimæ interpretationis, — Exceptiones non sunt extendendæ*, vienne raréfier l'usage qu'on en peut faire. Mais il faut se garder de donner à cet adage un sens absolu. Bien souvent ce qu'on appelle *exception* n'est pas autre chose qu'un autre principe, un petit principe, si vous voulez, moins important que le grand, mais susceptible lui aussi d'une application étendue, pouvant se combiner avec d'autres, formant une catégorie juridique nouvelle dans laquelle peuvent trouver place un certain nombre de ces *casus omissi a lege* dont parle Bacon (2).

---

(1) Voir sur ce point l'intéressante observation de M. Deschamps dans son ouvrage sur le *Rapport des dettes* et mon compte rendu dans la *Revue critique de législation et de jurisprudence*, 1890, p. 158. Voici ce que j'écrivais dans mon compte rendu : « M. Deschamps fait finement observer que ce qui paraît à « première vue une dérogation exorbitante au droit commun du « payement; le fait de se payer en nature, n'est pas autre chose « qu'un « droit commun particulier » établi par la loi dans un « but de simplification. Il y a là une observation bien juste et « dont on pourrait faire son profit dans bien d'autres matières. « L'antithèse de la règle et de l'exception a été exagérée d'une « façon singulière par la plupart des interprètes du Code Civil, et « nous sommes restés encore, au point de vue de l'interprétation, « des Scolastiques bien étroits. La logique des mots, la logique « formelle nous abuse bien souvent aux dépens de la logique des « choses et des institutions... »

(2) Francisci Baconis, *Tractatus de justitia universali sive de fon-*

Mais dans certaines branches spéciales du droit public, où l'interprétation judiciaire a une si grande importance, comme le droit administratif, il y a heureusement moins de raideur, de rigidité que dans d'autres parties du droit. Là se trouvent, en effet, ces juridictions, dont parle Bacon (1), *quæ statuunt ex arbitrio boni viri, et secundum discretionem sanam.* Et ces juridictions, spécialement dans notre pays, peu gênées par les règles générales, très rares dans les textes, qui contiennent surtout des décisions d'espèces (2), ont pu tirer du néant en quelque sorte un droit administratif dont on peut bien dire qu'il est le plus complet et le mieux construit qui existe à l'heure actuelle, celui qui combine de la manière la plus harmonieuse les droits de l'État et ceux de l'individu, et où la logique abstraite, inséparable sans doute de la méthode juridique, est tempérée et corrigée par des principes supérieurs empruntés tantôt à l'équité, favorable à l'individu, tantôt aux exigences qu'entraîne avec soi l'idée même d'autorité et de gouvernement, inséparable de toute théorie de l'Etat.

Il faudrait beaucoup d'exemples pour faire comprendre ces règles générales, ces maximes un peu abstraites. Je ne vais en prendre que quelques-uns.

tibus juris in uno titulo per aphorismos. Ticini Regii typis Petri Bizzonii. MDCCCXXVII (De casibus omissis a lege. Aphorism X-XLVI).

(1) Aphorismus X.

(2) Cpr. sur ce point Michoud, *La théorie de la personnalité morale*, t. II, p. 270.

Je reprends la *théorie de la liberté individuelle.* Et j'envisage spécialement celle de l'aliéné. Que demande-rait la logique abstraite du principe que j'ai dégagé et d'après lequel la liberté individuelle est sous la protec-tion de l'autorité judiciaire? Il faudrait, puisqu'il s'agit d'empêcher cet individu « d'aller, de rester, de par-tir » (1) où il veut et comme il lui plaît, il faudrait que toutes les formalités du placement de l'aliéné, de son internement, fussent des formalités de justice !

Et j'ai le regret de constater que les chambres sem-blent se diriger dans cette voie (2).

Elles oublient, ce que n'avait pas fait le législateur bien avisé et très compétent de 1838, que les principes com-portent souvent des exceptions. Ils oublient qu'à côté du principe abstrait de la liberté individuelle, qui ne vise que les normaux et les équilibrés, il y a, je ne dirai pas même une exception, mais un autre principe, celui des soins que réclament ces malheureux déséquilibrés et que ce nouveau principe doit faire reculer tous les autres. Il y a ici un malade, un malade d'une espèce particulière. Or, les malades, il faut avant tout les soigner. Et ceux-ci demandent même à être soignés de suite, le plus promp-tement possible. Si donc vous leur appliquez les lenteurs

(1) Constitution du 3 septembre 1791, t. I (Dispositions fonda-mentales garanties par la constitution).

(2) Voir la discussion de la proposition de loi relative au régime des aliénés (Chambre des députés, Débats, 14 janvier 1907, p. 19 et s., 17 janvier 1907, p. 52 et s., 21 janvier 1907, p. 99 et s., 22 janvier 1907, p. 122 et s.).

de la procédure judiciaire, à quoi aboutirez-vous ? Tous
les médecins aliénistes, tous, sans exception, vous le ré-
péteront à l'envie : souvent vous tuerez le malade, dans
le plus grand nombre de cas vous rendrez sa guérison
impossible ! Si c'est à ce résultat que doit aboutir le
principe abstrait et la liberté individuelle, écartons-le,
car le résultat est inhumain !

Aussi devons-nous espérer que les Chambres, même
si elles s'en tiennent à la règle stricte de l'intervention
judiciaire, la tempéreront par l'admission de certaines
exceptions : urgence, mesures provisoires. Mais mieux
vaudrait encore écarter la règle elle-même ou, tout au
moins, l'organiser autrement (1).

Autre exemple, je prends la *théorie des droits de
l'État*. Je l'ai dit tout à l'heure, il est indispensable que
les rapports de l'Etat avec l'individu et avec les groupements soient nettement fixés et déterminés. Il faut que
chacun sache jusqu'où il peut aller. Or, la meilleure manière de tracer cette limite, cette sphère dans laquelle
j'ai le droit de me tenir et d'où j'ai le droit de repousser
tous ceux qui voudraient y pénétrer contre mon gré,
n'est-ce pas de transporter ici la théorie des droits de
l'individu par rapport aux autres individus ? S'agissant
des droits de l'Etat, allons-nous observer pour eux la

(1) Voir sur ce point le système adopté par la *Société d'études
législatives* et qui se trouve exposé dans le rapport que j'ai présenté à la séance du 17 décembre 1903 (*Bulletin de la Société
d'études législatives*, 3ᵉ année, 1904, p. 25) et la discussion (Eod.
loc. p. 83, 129).

même technique qui a si bien servi pour le droit individuel privé ?

L'Etat, en somme, a des droits réels, comme l'individu. L'individu est propriétaire, l'Etat aussi. C'est même
un gros propriétaire ! Il a un domaine public, un domaine privé, un domaine industriel qui croît d'une manière formidable.

L'Etat est notre créancier à tous, par l'impôt, exception faite pour les nouveaux privilégiés qui ne le paie-
ront pas.

Mais l'Etat n'a pas seulement prise sur notre patrimoine, il a prise aussi sur notre personne, par les services
personnels qu'il peut exiger de nous. Service militaire,
service de juré, service de témoin, réquisitions civiles ou
militaires, etc.

Faut-il donc construire ces droits qui appartiennent à
l'Etat sur le modèle des droits privés ?

Je touche ici, je le remarque tout de suite, à une grosse
question ; l'application des principes du Droit privé au
Droit public. Je crois, sans vouloir traiter à fond une
question qui est quelque peu ésotérique et doit rester à
la Faculté de Droit, qu'il faut ici procéder avec une
grande réserve. Il ne faut jamais oublier, quand on veut
faire du droit public, qu'on soit législateur, administra-
teur ou juge, de lire et de relire les vingt-cinq admirables petits chapitres du livre XXVI de l'*Esprit des Lois*
qui traite « des lois dans le rapport qu'elles doivent avoir
avec l'ordre des choses sur lesquelles elles statuent ». Il
faut surtout apprendre par cœur le chapitre XVI « qu'il

« ne faut point décider par les règles du droit civil quand
« il s'agit de décider par celles du droit politique » où se
trouve la maxime suivante : « Il est ridicule de prétendre
« décider des droits des royaumes, des nations et de l'uni-
« vers, par les mêmes maximes sur lesquelles on décide
« entre particuliers d'un droit pour une gouttière... (1) »

On n'a jamais mieux dit. Et bien que je sois par-
tisan, en principe, d'appliquer les méthodes juridiques
du droit privé même au droit public, je crois cependant
qu'il ne faut jamais perdre de vue la remarque de Montesquieu. Sans doute le droit public doit avoir lui aussi,
sous peine, comme le dit si fortement Laband (2), « de
« tomber au niveau de la phraséologie politique du journal », ses principes et sa dogmatique juridique. Sans
doute, dans le domaine du droit public, « de nombreux
« principes reviennent qui ont été scientifiquement établis
« et développés dans le domaine du droit privé, mais qui
« de leur nature ne sont pas des principes de droit privé
« mais des principes généraux du Droit ». Mais, comme
l'ajoute Laband, « il faut les dépouiller de ce qui les
« rattache spécifiquement au droit privé ». Et cette réserve
atténue singulièrement la portée de la règle. En réalité,
comme je l'ai écrit il y a déjà longtemps (3), « je crois

(1) *Œuvres complètes* de Montesquieu, édition E. Laboulaye,
t. V, *De l'Esprit des lois*, p. 240.

(1) LABAND, *Le droit public de l'Empire allemand*, t. I, de la traduction française, p. 5 de la première édition allemande.

(3) F. LARNAUDE, Préface de la traduction du *Droit public de
l'Empire allemand*, de LABAND, t. I, p. 7 à 8 (Bibliothèque internationale de droit public).

« qu'il est possible d'introduire dans le droit public la
« dogmatique juridique sans copier servilement le droit
« privé. Le droit public a lui aussi ses principes, ses
« théories juridiques ; toute la difficulté consiste à les
« dégager ou à les construire. Mais je ne crois pas qu'il
« soit impossible de trouver sur des questions qui
« semblent analogues à celles du droit privé des règles
« spécifiquement propres au droit public, et très différentes
« de celles par lesquelles se trouvent dominées ces ques-
« tions dans le droit privé. C'est des entrailles mêmes du
« droit public qu'il faut faire surgir les grandes théories
« qui expliquent les décisions du droit constitutionnel ou
« du droit administratif, sans vouloir de force les expli-
« quer par des considérations de dogmatique juridique
« privée... Autrement entendue, la méthode purement ju-
« ridique, qu'on le sache bien, serait un embarras et non
« un progrès ».

Spécialement, dans notre théorie des droits de l'Etat,
le transport pur et simple de la technique juridique dans
le droit privé produirait les conséquences les plus fâ-
cheuses, les plus inacceptables. Elle désarmerait quelquefois l'Etat, en le réduisant à l'attitude souvent humi-
liée de l'individu qui, aujourd'hui, ne peut jamais réaliser
son droit lui-même, quelque bien établi qu'il soit. Et,
plus souvent, elle lui donnerait des pouvoirs exorbitants
qui rendraient son rôle odieux, sans gain apparent pour
l'intérêt public.

Autre exemple de cette difficulté, disons mieux, de
cette impossibilité qu'il y a à transporter ainsi purement

et simplement la dogmatique juridique privée aux rapports de l'individu avec l'Etat. Je le prends dans la question de la responsabilité de l'Etat.

La responsabilité juridique ! Immense et inextricable labyrinthe, comme aurait dit notre grand Dumoulin ! Pour ma part, je crois très fermement que les jurisconsultes français — et on me permettra d'ajouter les programmes de nos Facultés de Droit et leurs enseignements, — n'accordent pas à cette catégorie juridique l'importance qui lui revient dans une théorie générale du Droit. Les Anglais ne l'ont jamais négligée comme nous, et leur théorie des *Torts* forme une partie considérable et bien mise en évidence de leur droit positif. Chez nous, il faut aller la chercher dans un petit article du Code civil, l'article 1382, article sans doute très net, très logique, très précis, écrit dans cette belle langue qui faisait l'admiration de Stendhal, mais trop court cependant pour répondre aux mille et mille questions que l'idée de responsabilité fait naître, questions sans cesse renouvelées, et surgissant de chaque invention ou de chaque application industrielle nouvelle !

Quoi qu'il en soit, si on voulait transporter telle quelle dans le droit public celte théorie de la faute individuelle — qui a été, je le remarque en passant, un énorme progrès à la fois sur la responsabilité solidaire et familiale ou du groupe et sur la responsabilité fragmentaire et non générale qui l'ont précédée — on ferait fausse route. En constante évolution d'ailleurs, elle subit en ce moment dans le droit privé lui-même de véritables transformations, consécutives aux modifications parallèles qui se sont produites dans la condition du travail industriel. Le risque professionnel vient bouleverser des théories juridiques qu'on croyait intangibles et définitives. Mais ce qu'on ne remarque pas assez, c'est que, dans le droit public français tout au moins, la théorie du risque que j'ai proposé d'appeler le risque étatique (1), sensiblement analogue au risque professionnel, a fait depuis longtemps son apparition. Il a été de bonne heure consacré dans la matière des dommages causés aux particuliers par l'exécution des travaux publics. Et la nouvelle responsabilité de l'Etat pour les erreurs judiciaires en matière pénale n'est qu'une autre application de la même idée, qui s'étend avec une rapidité sans pareille à tous les domaines où pénètre l'action de l'Etat.

Comment pourrait-il d'ailleurs en être autrement ? Comment pourrait-on comparer l'Etat, ce géant, ce Faf-ner, qui fait trembler le sol quand il marche, cet être colossal et qui grandit toujours, à nous !... à ce pygmée qu'est l'individu ! Comment pourrait-on traiter comme rapports entre individu les rapports qui s'établissent entre nous et Lui ? A chaque pas qu'il fait l'Etat peut écraser quelqu'un sans commettre aucune faute ! Faut-il que cet

____

(1) Voir les observations que j'ai présentées à la *Société générale des prisons*, le 18 décembre 1895, à propos de la loi du 8 juin 1895, sur la révision des procès criminels et correctionnels et les indemnités aux victimes d'erreurs judiciaires, dans la discussion du rapport de M. A. Le Poittevin sur cette loi (*Bulletin de la Société générale des prisons*, 1896, p. 9 et suiv.).

écrasement resle sans conséquences ? Oui, si on appli-
quait l'article 1382. Le bon sens de nos juges administratifs, l'humanité de nos législateurs nous ont préservés
de cette extrémité inhumaine et qui aurait été trop conforme au *summum jus summa injuria,* comme ils ont
écarté, dans des circonstances tout opposées, une responsabilité de l'Etat trop rigoureusement conforme au principe même de l'article 1382. Car si l'Etat est un géant,
dont il est quelquefois dangereux d'être le voisin, c'est
aussi un bon géant qu'il serait injuste et dangereux de
traiter comme un ennemi ou même comme un égal.

Je n'ai pas pris d'exemples de l'application de la méthode juridique dans le *droit constitutionnel* proprement
dit. Là son emploi doit être surveillé avec plus de soin encore. Sans doute les Américains des Etats-Unis l'appliquent
avec le plus grand succès dans leur interprétation de la
constitution par les Cours de justice. Mais ils ont pour le
développement de leurs institutions politiques d'autres
instruments à leur portée, les Conventions, les votations
populaires, la coutume. Et je ne veux pour preuve du
danger de l'appliquer rigoureusement à cette partie du
droit public que les constructions singulières auxquelles
ont abouti certains auteurs allemands, outranciers de la
méthode juridique, qui continuent à soutenir qu'en Angleterre le roi est le véritable dépositaire de la puissance de l'Etat (1). Cela est juridiquement exact puisqu'il
n'y a pas de loi sans la sanction royale. Mais comme ce

(1) Cpr. les observations de FAHLBÉCK, *La constitution suédoise
et le parlementarisme moderne,* p. 150.

consentement est acquis par avance et que le roi ne pourrait refuser sa signature à sa propre sentence de mort, ne
voit-on pas combien il est puéril de ne pas tenir compte
d'autres points de vue que le point de vue juridique (1)?

5. — La méthode historique et comparative et le droit public.

2° Les méthodes *historique et comparative*, qui se ramènent toutes deux à la méthode *a posteriori* ou d'observation, d'induction, demanderaient que je m'y arrête
longtemps car elles jouent dans le droit public un rôle capital, à ce point qu'on peut dire que seuls sont vraiment
scientifiques les ouvrages qui les utilisent. Malheureusement, il ne me sera possible d'y consacrer que de trop
courts développements (2).

(1) Consulter sur les précautions qu'il faut prendre à l'égard de
la méthode juridique dans le droit constitutionnel : M. SARIPOLOS,
Système de droit constitutionnel et de droit public général (en grec),
et le rapport fait sur cet ouvrage à l'Académie de législation de
Toulouse, par M. ACHILLE MESTRE, agrégé à la Faculté de Droit.

(2) Voir F. LARNAUDE, *Législation comparée et droit public*, Rapport présenté au Congrès international de droit comparé tenu à
Paris du 31 juillet au 4 août 1900, dans *Procès-verbaux des séances
et documents*, t. I, p. 364-380 : et dans *Revue du Droit public*, 1902,
t. I, p. 5-21. Consulter aussi les rapports de M. SALEILLES, *Conception et objet du droit comparé* (t. I, p. 167); — ZITELMAN, *Des
différents rôles et de la portée à attribuer au droit comparé* (t. I,
p. 189); — DE LA GRASSERIE, *Concept général et définition de la science
du droit comparé* (t. I, p. 198); — KOHLER, *De la méthode du droit
comparé* (t. I, p. 264); — JOSSERAND, *Conception générale du droit
comparé* (t. I, p. 237); — Sir FRÉDÉRICK POLLOCK, *Le droit comparé*.

J'ai déjà dit que la méthode *a posteriori* peut être employée même dans l'interprétation du droit public positif d'un pays. L'histoire d'une constitution, sa pratique dans des pays auxquels on l'a peut-être empruntée, peuvent en effet être d'un puissant secours dans les difficultés d'application qu'elle soulève pour l'auteur, pour le juge, même pour les chambres représentatives ! Ne fait-on pas constamment appel, partout où on a établi le régime parlementaire, aux pratiques et aux règles suivies dans le pays qui l'a inventé ?

Mais c'est surtout pour l'auteur ou le professeur de droit public que la méthode est indispensable. Sans elle il ne peut prétendre faire œuvre sérieuse.

Elle lui servira d'abord, et c'est peut-être son utilité principale, à découvrir ce que j'appelle des *types d'institutions*.

Vous connaissez tous la célèbre pensée de Pascal « ... On ne voit presque rien d'injuste ou de juste qui ne « change de qualité en changeant de climat. Trois degrés « d'élévation du pôle renversent toute la jurisprudence. « Un méridien décide de la vérité... Plaisante justice « qu'une rivière borne ! Vérité au deçà des Pyrénées, er- « reur au delà (1) ».

Prolégomènes de son histoire (t. I, p. 248). — M. Deslandres, *Observations sur la fonction de la Science du droit comparé par rapport au droit public* (t. I, p. 355) ; — Kovalewsky, *La Sociologie et l'Histoire comparée du droit* (t. I, p. 455) ; — G. Tarde, *Le droit comparé et la Sociologie* (t. I, p. 437). — Esmein, *Le droit comparé et l'enseignement du droit* (t. I, p. 445).

(1) *Pensées de Pascal* (édition Ernest Havet), t. I, fragment V,

Ne peut-on donc pas expliquer ce qui paraît choquer si fort Pascal après avoir excité la verve railleuse de Montaigne, que Pascal ne fait ici que démarquer, comme le remarque justement M. Havet ?

Au moins pour beaucoup de lois on peut dire que souvent ces différences ne sont que des différences de procédés, de technique en quelque sorte, pour arriver à atteindre le même but et pour satisfaire le même besoin. S'agissant du même but à atteindre, du même besoin à satisfaire, — et combien les hommes et les peuples en ont de pareils ! — telle ou telle législation emploieront des procédés différents. Pourquoi ? L'Histoire seule peut l'indiquer. Suivant le passé d'un peuple, suivant ses traditions, sa race, son tempérament national, son milieu géographique, ses institutions prendront souvent, pour arriver au même résultat, des routes très différentes (1).

Je prends ici encore quelques exemples, et d'abord celui de l'organisation dans les différents pays du *régime de la légalité*. Le but poursuivi c'est d'assurer le respect par l'Etat de la législation. La légalité c'est ce que vous me permettrez d'appeler le règne du droit même vis-à-vis de l'Etat, le protocole étatique. Il faut que l'Etat procède d'une certaine manière pour manifester et im-

p. 38. Cpr. Montaigne, *Apologie*, Tome III, p. 282 et suiv. « Quelle « vérité est-ce que ces montagnes bornent, mensonge au monde « qui se tient au-delà ? » *L'apologie* forme le chapitre xii du second livre des *Essais*. La citation est faite d'après l'édition de M. J. V. Le Clerc, Paris, 1826, 5 vol. in-8°.

(1) Bryce (traduction Müller), *La République Américaine*, t. I, Préface de l'édition française, p. xv à xvi.

poser sa volonté, et cette manière est minutieusement réglée à l'avance.

Ainsi autrefois le souverain avait son temps et ses actes minutieusement réglés. Sans remonter aux lois de Manou et aux renseignements que nous donne Diodore de Sicile sur les rois égyptiens (1), tout le monde connaît l'accoutrement baroque que devait avoir le roi d'Espagne quand il se rendait, par le long couloir qui l'en séparait, dans la chambre de la reine située à l'autre extrémité du palais (2) ! On se rappelle aussi la lamentable histoire de cette reine espagnole dont l'observation d'un protocole implacable causa la mort. Ce protocole déterminait minutieusement les dames de la Cour qui pouvaient l'habiller ou la déshabiller. Un jour, le feu

(1) LERMINIER, *De la méthode dans l'enseignement des législations comparées*, dans *Etudes d'histoire et de philosophie*, t. II, p. 332 et suiv. « Diodore de Sicile nous raconte que le roi, en Egypte, devait « au point du jour lire les lettres qui lui étaient adressées ; qu'après « avoir pris le bain, il sacrifiait aux Dieux. Au milieu du sacrifice « le grand prêtre faisait un discours où il énumérait les vertus né-« cessaires à la royauté. Puis, on lisait quelques pages des livres sa-« crés, et non seulement le temps de donner des audiences et de « rendre des jugements était marqué, mais le roi ne pouvait se pro-« mener, prendre le bain, visiter sa femme, ni faire quoi que ce soit « qu'à certaines heures. Il ne devait se nourrir que de viandes simples ; « il n'y avait que la chair de veau et de canard qui lui fussent per-« mises, et on lui donnait une mesure de vin qui ne pouvait l'éni-« vrer, ni même affaiblir tant soit peu son jugement... »

(2) *Relation du voyage en Espagne de Madame d'Aulnoy*, contenant la description exacte des pays, des mœurs, des coutumes... A La Haye, chez Jacob von Ellinkhuysen, 1735, 3 volumes. T. III, Lettre XVe, p. 221.

prit à ses vêtements, et la dame chargée de lui enlever son costume n'étant pas là, personne n'osa la toucher : on la laissa brûler !

Eh ! bien, ce protocole, moins gênant sans doute aujourd'hui pour les souverains qui y sont encore soumis, et pour ceux qui les imitent ou les singent, il existe pour l'Etat, on l'a transporté à ses différents organes, et c'est un des progrès les plus appréciables du droit public moderne. Ce protocole, c'est la légalité, c'est le respect du droit s'imposant à l'Etat lui-même, qui ne peut vouloir et agir que d'une certaine manière !

Cette légalité, garantie suprême d'un bon fonctionnement des organes de l'Etat, cette protection indispensable des droits des citoyens, comment l'organiser ?

C'est ici que le droit comparé, c'est-à-dire la méthode d'observation, nous permet de constater les moyens très différents imaginés par le génie des différents peuples pour obtenir ce résultat (1).

En Angleterre, c'est par l'action de l'individu lui-même que l'administration est rappelée à l'*exécution de la loi*, qu'elle néglige ou qu'elle viole, et cette action pourra mettre en mouvement les tribunaux qui adresseront aux différents membres de l'administration les injonctions nécessaires !

(1) Voir les observations que j'ai présentées à la *Société générale des prisons* dans la discussion du rapport de M. Lacoin sur la *Procédure à organiser pour rendre efficace la responsabilité des magistrats et des fonctionnaires à raison de leurs fautes personnelles*, séance du 25 avril 1906 (*Revue pénitentiaire*, mai 1906, p. 656 et suiv.).

En France, pays classique de la séparation des pouvoirs judiciaire et administratif, un système d'injonctions semblable ne peut trouver place. Et c'est par l'institution d'un réseau hiérarchique extrêmement serré, où le mouvement part d'en haut et se transmet aux extrémités, que se trouve assurée l'observation de la loi par les diverses autorités administratives. La hiérarchie administrative remplace le contrôle judiciaire.

Il est vrai que ces deux systèmes sont en train de se modifier, qu'en particulier le recours pour excès de pouvoir, en France, soumet l'administration, même la plus élevée, à un contrôle semi-juridictionnel, mais l'idée essentielle qui est à la base de l'un et de l'autre, reste la même.

Voici maintenant deux règles absolument opposées, qui caractérisent les deux législations. Quand on va au fond des choses on s'aperçoit que, dans la réalité, par ces deux règles antithétiques, les deux législations française et anglaise poursuivent le même résultat. Je veux parler de la responsabilité des fonctionnaires et de la responsabilité de l'Etat.

Le but poursuivi, chez nous comme de l'autre côté du détroit, c'est d'empêcher l'individu de souffrir des fautes, des erreurs commises par les fonctionnaires. Comment arriver à ce résultat?

La France, qui est le pays classique de la séparation des pouvoirs judiciaire et administratif, comme je viens de le dire, est aussi le pays classique de l'irresponsabilité des fonctionnaires. Les deux principes sont d'ailleurs intimement unis.

Jusqu'en 1870 le fameux article 75 de la constitution de l'an VIII et, depuis l'abolition de cet article, sa résurrection sous la forme de la séparation des pouvoirs et du conflit montrent que le fameux anathème : *Noli tangere Christos meos* est passé indéracinable dans notre législation. Le célèbre arrêt du tribunal des conflits du 26 juillet 1873 (Pelletier) a eu facilement raison de la volonté cependant bien certaine des auteurs du décret du 12 septembre 1870.

Quel contraste avec l'Angleterre ! Là c'est la règle inverse qui prévaut. On peut poursuivre devant les tribunaux aussi bien le premier ministre que le policeman, s'ils vous ont causé un *tort*. Le premier geste d'un Anglais à qui un fonctionnaire marche sur le pied c'est de se retourner immédiatement et de lui demander des dommages-intérêts devant les tribunaux !

Mais comment ai-je pu dire tout à l'heure que les deux législations poursuivent toutes deux le même résultat ? N'est-ce pas un criant paradoxe ? Non, et jusqu'à présent nous n'avons vu que la moitié de la question.

C'est qu'en France, à côté de cette irresponsabilité du fonctionnaire (sauf s'il s'agit d'un fait personnel) s'applique largement la responsabilité de l'Etat.

En Angleterre, à l'inverse, cette responsabilité du fonctionnaire s'accompagne du principe de l'irresponsabilité à peu près absolue de l'Etat.

Ainsi dans les deux pays on a poursuivi par des moyens différents la réparation du dommage causé à l'individu par l'action de l'Etat, en Angleterre par la responsabilité

du fonctionnaire combinée avec l'irresponsabilité de l'Etat,
en France par la responsabilité de l'Etat ayant pour corollaire l'irresponsabilité du fonctionnaire.

Quel est le système qui vaut le mieux ? Nous n'avons
pas à le rechercher, bien qu'on puisse dire que le système
français assure plus exactement l'indemnisation, l'Etat
étant toujours solvable et le fonctionnaire, suivant la
pittoresque expression d'un écrivain anglais, « ne valant
pas toujours le coup de feu » (1). Ce qui importe, c'est
de montrer le génie des deux peuples poursuivant, par
des types nationaux d'institutions tout à fait différentes,
le même résultat !

Je pourrais multiplier les exemples. La théorie de la
personne morale si ingénieusement remplacée par l'institution des *trustees* en Angleterre, la théorie de la *corporation sole*, nous en offriraient d'autres bien intéressants.
Je suis obligé de me borner.

Je veux cependant signaler, pour son originalité, un
autre type de ces contrastes entre les institutions nationales, d'une nature un peu différente.

Quelquefois, en effet, que nous révèle la méthode comparative ? Deux institutions portant le même nom, em-
pruntées, semble-t-il, à la même source et ayant une
signification tout à fait différente ! Je veux parler de la
séparation des pouvoirs.

Qu'on l'examine en France et aux Etats-Unis et on l'y

(1) HARRISON MOORE, *La Responsabilité légale du Pouvoir exécutif*,
dans le *Journal of the society of comparative legislation*, année 1904
(traduction Müller, conférence de droit public de M. Larnaude).

verra produire les conséquences les plus opposées, empêchant en France les tribunaux d'apprécier la constitu-
tionnalité des lois et amenant aux Etats-Unis un résultat
absolument inverse ! créant ainsi plus que deux types
d'institutions nationales différentes, mais plutôt deux
types tout à fait inverses de gouvernement, sortant
d'ailleurs toutes deux des entrailles même de l'histoire de
chacun des pays comparés (1).

Je crois en avoir assez dit pour montrer l'aide tout à
fait indispensable que l'histoire et la législation comparée apportent au théoricien du droit public. En lui permettant de dégager les types nationaux d'institutions,
elles lui permettent vraiment de faire œuvre scientifique.
Et j'ajoute qu'elles mettent aussi le législateur à même
de faire œuvre pratique, en l'empêchant de faire des em-
prunts irréfléchis à des pays voisins. « En dehors des traits
« communs que la démocratie implique par elle-même,
« écrit M. Bryce, chaque pays a été tellement modelé par
« des influences de race, de religion, de milieu ambiant
« physique, de relations politiques avec d'autres Etats, de

(1) Voir ma communication à la *Société de législation comparée*
sur « les garanties judiciaires » qui existent dans certains pays au
profit des particuliers contre les actes du Pouvoir législatif (*Bulletin de la Société de législation comparée*, séance du 27 février 1902,
année 1901-1902, pp. 175 à 229 et pp. 240 à 257) et mon rapport
au Congrès de droit constitutionnel de Saint-Louis de 1904 (Etats-
Unis) : *Separation of the powers and the Judiciary in France and
the United States*. Congress of arts and science universal, exposition Saint-Louis 1904 in eight volumes. Volume VII (Social
sciences), p. 602, et dans la *Revue des Idées*, n° du 15 mai 1905.

« traditions constitutionnelles, que chacun a suivi, pour
« ses institutions publiques et ses coutumes, sa propre
« voie. On ne peut pas se hasarder à argumenter légère-
« ment et hâtivement de l'un à l'autre (1) ». Notre grand
Montesquieu (2) avait déjà dit cela presque sous la même
forme. « Plusieurs choses gouvernent les hommes : le
climat, la religion, les lois, les maximes de gouvernement,
les exemples des choses passées, les mœurs, les manières ;
d'où il se forme un esprit général qui en résulte... » (3).

La méthode historique et comparative peut avoir pour
l'étude du droit public un résultat plus précieux encore.
Elle nous permettra peut-être de découvrir des lois véritables, dans le sens scientifique du mot, des lois de développement des institutions. Je dois ici sans doute marcher
avec une grande prudence, avancer avec une circonspection extrême. Néanmoins je crois qu'on peut affirmer
qu'il existe ici des lois, comme dans la nature et aussi
inéluctables que les siennes.

M. Alfred Croiset (4) ne craint pas d'écrire, et je l'ap-
prouve pleinement, que « la loi des transformations politiques est une loi aussi rigoureuse et aussi certaine que

(1) Bryce, *La République américaine*, I, p. 16.

(2) Montesquieu, *Esprit des lois*, livre XIX, chap. iv (ce que c'est
que l'esprit général).

(3) On me permettra de renvoyer encore une fois, pour le développement de la même idée à mon rapport au Congrès international de droit comparé de Paris de 1900, sur la législation comparée et le droit public (Procès-verbaux des séances et documents,
tome I, p. 375-377).

(4) Alfred Croiset, *Les démocraties antiques*, p. 330.

la loi de la croissance et du déclin pour un être vivant ».
Ce qu'il a vu en étudiant les démocraties antiques on
peut l'observer aujourd'hui en Europe par l'étude comparée des formes de gouvernement. De même qu'il a constaté l'enchaînement des transformations successives de la
cité, enchaînement fatal et qu'il est impossible d'écarter,
de même nous pouvons constater en Europe l'enchaînement inéluctable, dans les grands États, de l'*absolutisme*,
de la *monarchie constitutionnelle*, et de la *démocratie*
avec ses types si variés de gouvernement, chaque forme
étant d'ailleurs organisée suivant le génie propre à
chaque peuple, le plus souvent avec les débris de ses
institutions passées (1).

Et pour prendre des sujets moins livrés à la controverse purement politique, on me permettra de citer quelques applications de la même idée plus évidentes encore,
bien qu'elles apparaissent peut-être avec moins de netteté et de relief.

C'est d'abord ce que j'appelle la *loi de la permanence
des organes et des services de l'Etat* (2).

Ce qui frappe quand on étudie l'Etat, principalement
quand on recherche ses origines, c'est le caractère en
quelque sorte sporadique de l'Etat primitif. Qu'y voit-
on, en effet ? La nécessité de la guerre fait créer une

(1) Cpr. FAHLBECK, *La constitution suédoise et le parlementarisme
moderne*, p. 123.

(2) Il faut lire sur ce point les pages magistrales de la *Grund-
legung der politischen OEkonomie* d'ADOLPHE WAGNER, 3e édition,
2e demi-volume, § 371 et suivants.

armée et une marine, qui disparaissent le plus souvent aussitôt la guerre terminée. Une négociation diplomatique importante nécessitera l'envoi d'un ou de plusieurs ambassadeurs pour la mener à bonne fin, mais leur mission ne survivra pas à l'accomplissement de leur tâche. Il n'est pas jusqu'aux impôts qui, autrefois — heureuse époque ! — n'étaient levés que pendant un certain temps. L'administration monarchique dans notre pays n'a pas débuté autrement et les intendants, ces ancêtres de nos préfets, ont commencé par être jusque sous Richelieu ou peut-être seulement sous Colbert, des administrateurs temporaires (1).

Aujourd'hui armée, marine, administration, tribunaux, impôts sont devenus permanents.

Mais cette évolution fatale n'est-elle pas la manifestation de la loi du passage de la forme sporadique à la forme permanente ?

Et je remarque, en passant, combien cette transformation des services d'Etat a d'importance et réagit sur leur organisation. Que deviennent, en présence de cette constatation, les prétentions à la grève dans les services publics et quasi-publics, les assimilations proposées des

---

(1) Cpr. d'AVENEL, *Richelieu et la monarchie absolue*, t. III, p. 160. « Entretenir une marine permanente était une idée qui pendant « longtemps n'était pas venue aux gouvernements d'Europe, pas « plus que celle de solder une armée permanente. On levait une « flotte comme un régiment pour une entreprise passagère, et l'on « empruntait des canons pour une campagne, comme un particulier « emprunte une paire de pistolets en vue d'un duel. »

ouvriers industriels aux travailleurs étatiques, et les misérables querelles byzantino-juridiques sur les fonctionnaires d'autorité et les fonctionnaires de gestion ?

Une autre loi que je crois apercevoir dans la fonction publique, c'est la *loi de sa professionnalisation.*

Quels sont les caractères que présente la fonction publique telle que nous la voyons organisée dans tous les Etats civilisés ? Nous en relevons trois principaux. La fonction publique exige avant tout la compétence nécessaire pour en bien remplir les attributions. Il y faut des connaissances spéciales, techniques, comme il en faut pour diriger des opérations industrielles ou commerciales, comme il est indispensable d'en avoir aussi pour tenir le volant d'une automobile ou les leviers d'un aéroplane !

Et de là vont découler les autres caractères constitutifs de la fonction publique : l'exclusion, pour celui qui la remplit, de toute autre occupation, car le service de l'Etat, pour être bien accompli, demande l'homme tout entier et pendant la période de sa vie la plus agissante et la plus productive. Et par voie de conséquence la rémunération par l'Etat, troisième caractère essentiel, se rattachant encore étroitement aux précédents, impliqué en particulier dans le dernier !

Comment arrivons-nous à constater cette loi de la professionnalisation ? En observant que dans beaucoup d'Etats anciens, et même dans quelques-uns qui ne sont pas bien loin de nous, les fonctionnaires professionnels actuels ont été précédés par des non-professionnels, par du self-government ! Dans les Etats aristocratiques, ceux qui servent l'Etat, bien qu'ils y consacrent une grande partie de leur vie, n'en font cependant pas une profession proprement dite. Ils servent l'Etat gratuitement, payés d'autre part de leurs services par des privilèges variés et une situation prépondérante dans la société.

Et ce n'est pas un des problèmes les moins angoissants de l'époque actuelle que de voir les démocraties prétendre faire du self-government sans en avoir les éléments, et mélanger deux idées qui devraient rester distinctes.

Non pas qu'il faille souhaiter une bureaucratie universelle, un mandarinat tout puissant !

Il n'y a pas de pire danger et les pays qui s'y sont abandonnés ont eu de cruels lendemains. Mais si une combinaison entre les deux éléments est indispensable, je n'en maintiens pas moins l'idée que le pouvoir technique est appelé à jouer un rôle capital. Il ne faut pas trop séparer le pouvoir et la compétence !

Si d'ailleurs cette loi de la tendance à la professionnalisation de la fonction publique peut être contestée, en voici une qui ne saurait guère l'être, c'est la *loi de l'accroissement des fonctions de l'Etat*. Il ne serait même pas nécessaire de sortir de notre pays pour la constater. Mais si on la retrouve partout, si partout où ont disparu, où se sont affaiblis certains organes de la vie collective, si partout où la législation se préoccupe de la protection des petits et des humbles, on voit grandir le rôle de l'Etat, se compliquer ses tâches, n'est-on pas fondé à voir dans ce processus universel l'application d'une loi véritable (1)?

Que l'on compare les tâches des Etats antiques ou anciens et ceux des Etats modernes, que l'on compare les budgets d'hier et d'aujourd'hui, et la démonstration de cette loi ressortira éclatante de cet ensemble de circonstances et de faits.

Je ne veux en citer qu'une dernière, qui se dissimule encore, mais que je vois émerger aussi de l'étude comparée des législations. Je l'appelle la *loi de la différenciation juridique* ou *de la spécialité législative*.

On a cru à un certain moment, beaucoup pensent encore, qu'on pourrait résoudre toutes les questions que fait naître la vie sociale et politique par l'application de ce qu'on appelle le droit commun, la loi égale et la même pour tous. Eh! bien, nous assistons à la faillite éclatante de cette idée ! Les lois spéciales se multiplient, on en trouve partout, dans l'impôt, dans la législation des accidents, dans celle des retraites ouvrières, dans la matière des associations et même des sociétés, où les différenciations se multiplient. Qu'est-ce à dire, sinon qu'à toute situation un peu particulière il faut un traitement particulier? Que c'est une condition essentielle de la parfaite adaptation du droit aux faits, multiples et variés, que c'est surtout une condition essentielle de justice sociale ! Comme le disait avec esprit un philosophe français, M. P. Janet, rappelant un mot d'Aristote à Platon

(1) Cpr. Dupont-White, *L'individu et l'Etat*, où se trouve admirablement faite la démonstration.

dans une discussion soulevée à l'Académie des Sciences morales et politiques (1), pourrait-on donc composer un air de musique avec une seule note !

Ici encore les faits, c'est-à-dire les législations viennent corroborer cette idée de bon sens que plus il y a de complexité dans la vie sociale et politique, plus il doit y en avoir dans la législation !

6. — La méthode « a priori » et le droit public (2)

J'arrive enfin, en terminant cette trop longue leçon, à la *méthode a priori*. Faut-il bannir complètement de l'étude et de la pratique du droit public, cet a priorisme moral et politique qui est la caractéristique essentielle des philosophes du xviii° siècle ? Faut-il condamner l'idéal auquel aboutit tout a priorisme, comme touchant de trop près au rêve, à l'irréel ? Faut-il approuver Pascal

(1) Séances et Travaux de l'Académie des Sciences morales et politiques, — 46ᵉ année nouvelle série. Tome XXV (125ᵉ de la collection), 1886 premier semestre, p. 537.

(2) L'ouvrage si considérable du regretté Henry Michel, *L'idée de l'Etat*, est tout entier consacré à la réfutation de l'idée après laquelle la pensée abstraite n'aurait rien à voir avec les mouvements des Sociétés humaines et les vicissitudes des institutions qu'elles adoptent. « A cette thèse, dit-il dans son *avant-propos*, il n'est « nulle part, dans ce livre, opposé de réfutation directe : on s'aper- « cevra, en le lisant, qu'elle y est, à toutes les pages, indirectement « réfutée. » Le compte rendu qui a été fait du livre par M. Albert Sorel, dans le *Temps* du 5 avril 1896, renferme sur la comparaison de la méthode expérimentale et de l'a priorisme un des morceaux les plus solides et les plus brillants qui aient été écrits sur cette question.

— que je cite encore — s'écriant dans sa langue rude et colorée : « Ces titres si ordinaires, des principes des choses, « des principes de la philosophie et titres semblables, aussi « fastueux en effet, quoique non en apparence, que cet « autre qui crève les yeux, *De omni re scibili...* »

Les hommes de ma génération ont eu pendant long-temps un terrible dédain pour tout ce qui n'était pas mé-thode positive, partant des faits et ne s'élevant pas au-dessus d'eux, ne voulant pas les dépasser ! Auguste Comte et Spencer étaient nos Dieux, aussi utopiques d'ailleurs que les plus grands a prioristes !

Nous n'avions pas assez de sarcasmes pour l'a prio-risme absolu, « créant la Société en soi, l'État en soi, les créant à l'état de concepts purs, c'est-à-dire indépen-damment de la nature des choses, qui auraient existé avant la création du concept et de la nature des choses dans laquelle ce concept pourrait se réaliser (1) ».

Et cependant quel rôle énorme n'a pas joué cet à prio-risme si dédaigné ! Quelle explosion formidable n'y en a-t-il pas eu en 1789 ! A ce point de vue là déjà l'étude de l'a priorisme semblerait s'imposer.

Et en effet est-ce que cette idée a priorique de Kant « l'homme fin en soi » n'a pas prodigieusement influé sur la formation du droit de l'individu ? Est-ce que la déification de l'État par Hegel n'a pas merveilleusement servi les progrès de l'Étatisme ?

____

(1) Albert Sorel, *Lectures historiques*, Compte-Rendu de Henry Michel, *L'idée de l'État* (*Temps* du 5 avril 1896).

Il serait vraiment tout à fait injuste et aussi tout à fait faux de bannir l'a priorisme de l'étude du droit public dans la formation duquel il joue un rôle capital par les *idées forces* !

Il n'y a d'ailleurs jamais eu d'a priorisme absolument pur, même en matière d'Etat, « et les plus grands « spéculatifs, comme le dit éloquemment M. Albert Sorel « dans l'étude que j'ai déjà·citée, n'eussent pas été ce « qu'ils sont, Kant et Hegel, en dehors de l'Allemagne « et de l'Allemagne de leur temps, Platon sans Athènes, « Rousseau sans Genève ! » Leur a priorisme baigne largement dans le milieu et dans les faits qui les entouraient.

Quand on observe d'un peu près on s'aperçoit que ce sont ces grands spéculatifs, ces grands idéalistes qui ont influé le plus puissamment sur la civilisation et le plus favorisé l'amélioration de la condition des hommes.

Et d'ailleurs le droit n'est-il pas, dans une large mesure, une réaction, une lutte de tous les jours contre certaines lois naturelles, comme celle de l'écrasement du faible par le fort? N'est-ce pas là une grande partie de sa gloire et de son honneur?

Il ne faut pas prétendre mesurer l'excellence des doctrines à leur application prochaine.

Et s'il est vrai, comme l'écrivait récemment un historien contemporain (1), que « tout gouvernement soit

____

(1) HANOTAUX, *Histoire de la France contemporaine*, tome IV.

un délégué à l'idéal », le professeur de droit doit, lui aussi, essayer de se hausser à cette dignité.

En exposant le présent, il ne doit pas, s'il aperçoit l'avenir, l'avenir toujours meilleur, toujours plus doux à la créature humaine, le laisser ignorer, tout en marquant, s'il le faut, les étapes nécessaires à sa réalisation. S'il voit l'étoile, comme les bergers dans la nuit sainte, il doit marcher à elle !

F. LARNAUDE.

Professeur de droit public général à la Faculté
de droit de l'Université de Paris.

LA MÉTHODE APPLICABLE A L'ÉTUDE
DU DROIT ADMINISTRATIF

L'institution de l'État, nécessité primordiale de toute civilisation, implique l'existence, au-dessus de la nation, d'autorités constituées.

On peut controverser sur l'origine, sur la forme possible, sur le rôle qu'il convient d'assigner à l'autorité. Il n'y a pas de controverse sérieuse sur la nécessité même de l'autorité. L'anarchie peut être un moyen de révolution ; ce n'est pas une forme de gouvernement.

La question de l'origine de l'autorité est un problème d'ordre philosophique. La question des formes possibles de l'autorité est un problème de droit constitutionnel. La question du rôle préférable de l'autorité est un problème d'économie politique ou d'économie sociale, suivant qu'il s'agit de rechercher ce que l'on peut attendre de l'autorité pour obtenir une exploitation plus avantageuse du globe, ou de dire ce que peut faire l'autorité pour procurer à la nation un développement plus rapide vers une civilisation plus avancée.

Tous ces problèmes sont au-dessus ou à côté de ceux que le droit administratif discute et résout.

D'où que vienne l'autorité, quelle que soit la forme que la constitution lui donne, quelles que soient les attributions que les lois lui assignent, elle s'acquitte de sa tâche par le fonctionnement des services publics. Or, la composition et l'activité de ces services obéissent à des principes supérieurs et doivent être soumis à des règles positives. Ces principes de logique et ces règles de pratique sont la substance même du droit administratif.

L'objet de cette conférence est l'exposé de la méthode qui peut le plus sûrement nous conduire à la découverte et à l'intelligence des principes, ainsi qu'à l'élaboration et à la critique des règles dont il est question.

*
* *

Le droit administratif, dès que nous pénétrons dans le détail et que nous cherchons à en préciser le contenu, se présente à nous avec trois caractères particuliers qui rendent impossible son assimilation aux autres disciplines juridiques.

Ces trois caractères sont l'extrême diversité de son objet, la grande mobilité des dispositions qui le mettent en œuvre, l'absence de codification.

Ces constatations sont les facteurs principaux du problème que nous avons à résoudre.

*
* *

L'objet du droit administratif est extrêmement complexe parce que les services que nous attendons de l'organisation étatique sont infiniment variés.

Si nous suivions le sentiment des individualistes de l'école orthodoxe, l'État, producteur nécessaire de justice et de sécurité, serait bien près d'avoir rempli sa tâche lorsqu'il aurait créé des tribunaux, armé des gendarmes et recruté des soldats.

C'est tout ce que lui demande Herbert Spencer, comme le faisaient avant lui Guillaume de Humboldt à la fin du xviiie siècle, et plus tard J.-B. Say, Dunoyer, Bastiat, et beaucoup d'autres penseurs.

Pour eux, l'État est un mal nécessaire. Un minimum d'administration, déployant un minimum d'activité, imposant un minimum de règles par crainte d'entraver le libre développement des initiatives individuelles, tel est l'idéal des économistes du dernier siècle. Ils reconnaissent sans doute que l'intervention administrative ne se peut pas toujours éviter. Ils la réduisent autant qu'ils le peuvent parce qu'ils en craignent les abus : le bien que fait l'administration, disent-ils, elle le fait mal, mais le mal qu'elle fait, elle le fait bien.

Les nations modernes sont rebelles à ces idées. En tout

pays, sans doute, et surtout en France, on censure, on critique, on raille volontiers les lenteurs, les complications, les paperasseries des services administratifs. On déplore le développement excessif du fonctionnarisme et l'accroissement inquiétant des budgets publics. Et par une contradiction où ne s'arrêtent ni les électeurs, ni les élus, il n'y a pas d'année où l'on n'assigne aux administrations publiques des tâches nouvelles, exigeant des fonctionnaires nouveaux, suscitant de nouveaux crédits en vue de rendre de nouveaux services dont, jusqu'alors, personne n'avait ressenti le besoin.

Le rôle de l'État ne se borne plus à ces tâches obligatoires, la police, la justice, l'armée, la voirie, la perception des impôts nécessaires.

L'État nous rend des services d'ordre industriel par l'organisation des transports, des postes, des télégraphes, par la surveillance des mines ; il nous rend des services d'ordre commercial par l'institution des chambres de commerce, par le régime douanier, par l'organisation des expositions ; il nous rend des services d'ordre agricole par l'exploitation des forêts domaniales, par le régime de l'hydraulique agricole, par l'institution des comices et des chambres consultatives, par l'entretien des haras nationaux ; il nous rend des services d'ordre intellectuel par l'organisation de l'enseignement public ; des services d'ordre artistique par l'entretien des musées et des conservatoires ; des services d'ordre moral par le développement des institutions d'assistance et de prévoyance.

« On trouve tout dans votre livre », me disait un ami

à qui j'offrais mon *Traité de droit administratif*. « Non, lui répondis-je, mais on y trouve de tout ». Il ne manque pas de gens qui vont plus loin et qui rêvent sérieusement du tout à l'État.

Si l'objet de l'activité administrative est ainsi varié, ce n'est pas d'une méthode qu'il peut être question, pour en étudier les règles. C'est de plusieurs méthodes très variées aussi et qui peut-être vont se contredire, puisqu'elles doivent s'adapter à chacune des physionomies que peut revêtir ce Protée aux cent aspects divers.

La méthode par laquelle nous dégagerons des faits les principes dominants du régime fiscal peut-elle avoir quelques points communs avec la méthode applicable à l'élaboration des règlements de police ou à la construction de la législation universitaire ?

*   *

La complication évidente qui résulte pour nous de la variété de l'objet, c'est-à-dire de la multiplication des services publics et de la différence de leurs fins, va s'augmenter encore par le second fait signalé : c'est la mobilité non seulement des règles pratiques, mais encore des principes même qui les dominent.

Les relations privées changent assurément dans le cours du siècle, et le droit civil lui-même se transforme avec les mœurs et avec l'état social.

Au moins les principes directeurs restent-ils à peu

près stables. Les relations matrimoniales, les rapports de famille entre parents et enfants, entre tuteurs et pupilles, les lois de succession, le régime de la propriété, les conditions de formation des contrats reposent à peu près sur les mêmes bases qu'au temps de la promulgation du Code civil.

Le droit administratif donne au contraire l'impression d'une science en perpétuel mouvement. Ses principes, et par voie de conséquence ses règles positives vont ressentir le contre-coup de toutes les variations de la politique, de toutes les transformations économiques, de tous les progrès scientifiques.

Est-il besoin d'insister, et ne suffit-il pas de constater les réformes constantes qui viennent d'année en année transformer les services dans leur manière d'être ou dans leur fonctionnement? Lois militaires, lois sur les cultes, loi sur les associations, lois sur les syndicats professionnels, loi sur le régime des eaux, lois sur le fonctionnement des chemins de fer, des postes, des téléphones, loi sur les transports d'énergie, lois sur les Chambres de commerce, sur les mutualités, loi sur l'hygiène publique, loi sur l'assistance médicale gratuite; — et je cite au hasard, et j'omets les règlements !

Sur vingt lois nouvelles, il y en a dix-neuf qui modifient quelque pratique administrative.

Nous avons peine à trouver un fil conducteur pour nous guider dans le labyrinthe des dispositions établies ; si nous tenions un tel fil, nous serions exposés chaque jour à le voir brisé par les bonds, par les sauts, par les écarts de cette réglementation instable et comme agitée d'une espèce de danse de Saint-Guy.

*
 * *

Encore si nous avions un Code ! — Mais nous n'en pouvons guère avoir en cette matière, et c'est la troisième particularité du droit administratif.

Un code est un ensemble de préceptes généraux d'où, par un travail de déduction, l'on peut tirer sans trop de peine les solutions que la pratique réclame. Évidemment il y a bien de tels principes en droit administratif; non pas sans doute des règles de droit naturel, éternelles et universelles, — je ne crois pas que cela existe — mais à tout le moins des constatations scientifiques apparaissant, en un temps et en un lieu donnés, comme les conditions évidentes d'une organisation administrative raisonnable. De telles constatations pourraient se collectionner et se mettre en ordre; mais à quoi bon? La part qu'il faudrait laisser, au delà de ces énoncés de principe, à la technique juridique, c'est-à-dire à la réglementation positive, est infiniment trop vaste pour que le résultat à rechercher justifie l'effort à accomplir.

L'absence de codification a du moins ici un avantage que je signale au passage. C'est l'exclusion, pour l'étude du droit administratif, de toute méthode exégétique. Il n'est pas sans intérêt d'en faire la remarque. C'est pour ne s'en être pas aperçus que des maîtres, cependant fort érudits, n'ont donné sur le droit administratif qu'un enseignement sans vie et sans intérêt.

*
* *

Les trois caractères que j'ai signalés ne nous conduisent — sur la question de la méthode — qu'à des conclusions négatives. Ils nous ont cependant permis d'apercevoir les conditions spéciales dans lesquelles se pose notre problème.

Leur constatation a justifié ce que j'avançais au début de cet exposé : savoir, l'impossibilité de toute assimilation entre le droit administratif et les autres disciplines juridiques.

Mis en garde par ces observations, serrons le problème de plus près. Demandons-nous ce qu'il y a lieu de faire pour arriver, dans cette branche de la science juridique, à la connaissance exacte et à la claire intelligence des vérités nécessaires.

Nous trouvons en face de nous, d'une part, des textes très variés, très changeants, et sans cohésion apparente ; d'autre part, des principes généraux ou spéciaux non codifiés, auxquels doivent se rattacher toutes les manifestations de l'activité administrative, y compris celles qui sont déterminées par les textes.

En ce qui touche les textes, je n'hésite pas à condamner d'avance, comme stérile et sans avantage, tout effort que nous tenterions en vue d'en retenir autre chose que l'existence et le sens général. Je les considère comme des catalogues de pratiques ; on n'apprend pas les catalogues. Seuls, les praticiens doivent être soucieux d'en retenir les détails. Ils le peuvent sans effort, parce qu'il ne s'agit pour eux que de connaître ceux des règlements qu'ils appliquent ou qu'ils subissent. Un recteur, par exemple, doit savoir les règlements sur l'enseignement ; un général doit connaître les règlements sur l'armée, un ingénieur, les règlements sur les mines ou les chemins de fer. Personne n'a besoin d'étudier l'ensemble infini des détails législatifs ou réglementaires qui déterminent l'objet et les formes de l'activité administrative.

Remarquez au surplus, en ce qui concerne ces textes, une particularité qu'ils présentent et qui en rend l'étude plus rébarbative. C'est qu'il n'est pas seulement indispensable qu'on les rédige avec clarté et précision. Il convient qu'ils soient complets et touffus.

Moins il y a de prescriptions dans une loi civile, moins notre liberté se trouve réduite, puisque les lois civiles sont des limitations à notre libre activité. Plus il y a de prescriptions au contraire, et plus ces prescriptions sont précises dans une loi ou dans un règlement d'ordre administratif, mieux notre liberté se trouve garantie, — puisque ces règles ont pour objet principal de définir et de limiter les pouvoirs des administrateurs dont l'activité constitue une entrave à notre liberté.

Laissons donc le détail des textes pour concentrer, non pas toute, mais la plus grosse part de notre attention sur les principes qui gouvernent, dans son ensemble et dans ses détails, la vie administrative du pays.

De la manière, en effet, dont ces principes seront compris, expliqués et appliqués, dépendra l'élaboration du droit administratif.

Une idée générale domine l'édifice tout entier : c'est la notion même de l'État.

Pour un certain nombre de publicistes très modernes, imprégnés sciemment ou non de théories allemandes, l'État doit se définir : LA PERSONNIFICATION DE LA NATION SOUVERAINE.

Le propre de la souveraineté, c'est de ne point connaître de bornes. L'État est donc un être fictif omnipotent, ce qu'on exprime en disant : il a tous les droits.

Il n'est pas seulement sujet de droits patrimoniaux : sans doute, il peut être comme chacun de nous propriétaire, débiteur, créancier, plaideur, contractant, etc... A ces droits dits « de personne privée », l'État réunit des droits dits « de puissance publique ». Les autorités qui nous donnent des ordres au nom de l'État exercent ces droits-là. La science administrative a pour tâche de les définir d'abord, puis de les restreindre ensuite. Car ce personnage tout puissant qu'est l'État renferme en soi la capacité de se limiter; il en doit user pour le plus grand profit des individus. C'est la théorie de l'autolimitation de l'État, si habilement mise en valeur par le professeur Jellinek.

Pour les partisans de ces idées, le droit public, dont le droit administratif n'est qu'un chapitre, est l'étude *des droits de l'État et des restrictions qu'il convient d'y apporter.* Les droits de l'État peuvent se déduire en logique des fins qu'on lui assigne. Les restrictions à la puissance de l'État doivent être le résultat d'une élaboration technique où l'on aura pour guide l'opinion publique et les besoins économiques et sociaux des administrés.

Je condamne, Messieurs, cette manière de raisonner. Je la considère comme inutilement compliquée, comme infiniment dangereuse et peu libérale.

Observons les faits. Ne nous payons pas de formules. Ne faisons appel aux fictions juridiques qu'autant qu'il est impossible de s'en passer pour voir clair. Que voyons-nous ?

La majorité des électeurs français, dont les votes expriment censément la volonté générale, ont, conformément à une constitution acceptée par la nation, désigné quelques centaines d'entre eux pour faire des lois.

Ceux-ci, se conformant à la même règle constitutionnelle, ont choisi le chef de l'État ; le président choisit les ministres ; président et ministres choisissent enfin, directement ou par l'organe de leurs subordonnés, quelque sept cent mille fonctionnaires.

Parmi ces derniers, il y en a dont la tâche est de nous rendre des services précisés dans les lois mêmes qui créent leurs fonctions. Il en est d'autres que les lois investissent du pouvoir de nous donner des ordres. Pour expliquer l'autorité de ces derniers, à quoi sert-il de dire : ce sont les droits de l'État qu'ils exercent ? Quelle clarté supplémentaire nous donne cette fiction? Je ne le vois vraiment pas. Nous disons plus simplement : l'État, c'est la nation pourvue d'organes de gouvernement ; le gouvernement, c'est l'ensemble des citoyens qui tiennent de la loi non pas le droit, mais la fonction de commander aux autres.

Quand un juge d'instruction décerne un mandat d'amener, ce n'est pas un droit de l'État qu'il exerce ; c'est une fonction dont il s'acquitte. Les gouvernants n'ont pas des droits ; ils ont des fonctions. La puissance publique n'est pas le droit d'une personne fictive. Son exercice est la fonction d'un certain nombre de personnes réelles, désignées conformément à la constitution et aux lois.

Question de mots, dira-t-on ? — Non, certes ! car il n'est pas seulement plus simple de raisonner comme je le fais ; c'est en outre beaucoup moins dangereux.

Le danger de la théorie que je combats et qui voit dans les fonctions publiques l'exercice des droits de l'État souverain, c'est qu'elle prédispose l'esprit à sacrifier aux droits problématiques de la personne fictive les droits certains des personnes réelles.

Ce n'est pas nous qui sommes faits pour l'État ; c'est l'État qui est fait par nous et pour nous. Oh ! j'entends bien qu'on se récrie : les hommes ne vivent que par groupes ; l'existence pacifique du groupe y suppose une organisation embryonnaire qui en fait un État primitif, de telle sorte que le groupe État apparaît comme une forme sociale naturelle. Qu'est-ce que cela fait ? Est-ce au bonheur du « groupe État », est-ce à son bien-être, à sa puissance, à son développement que songent les hommes lorsqu'ils travaillent en commun, lorsqu'ils échangent des services mutuels, lorsqu'ils fondent et élèvent des familles ; ou bien n'est-ce pas à leur propre bonheur, à leur propre bien-être, à l'éducation et à la prospérité de leurs enfants, à l'acquisition de plus en plus fructueuse des biens de la terre, au développement de leurs forces physiques ou de leur valeur intellectuelle, qui sont pour eux, les hommes, une source de progrès ? L'État, mais ce n'est pour eux qu'une entité, qu'une forme d'existence, qu'un moyen de défense, qu'une manière de vivre !

Alors, si le vœu naturel et général des hommes est non de travailler au bonheur de l'État, mais de réaliser leur bonheur par l'État et dans l'État, convenons qu'il est plus logique de dire que l'État tient ses attributs de la bonne volonté de ses membres que de prétendre que les hommes tiennent leurs droits de la bienveillance de l'État.

Mes contradicteurs ont le tort grave de faire de l'État un monstre de puissance ; comme ils en redoutent les atteintes, ils s'évertuent à lui rogner les griffes et à lui limer les dents. Il est moins dangereux de ne faire de l'État qu'une machine ayant tout juste ce qu'il faut de griffes pour nous défendre et de dents pour travailler à notre profit.

Gardons-nous de dire : l'État peut tout sauf ce qu'il s'interdit ; — disons plutôt : l'État n'est qu'une manière de parler. Les gouvernants seuls sont des réalités vivantes.

Or, les gouvernants ne peuvent rien, sauf ce qu'ils sont chargés de faire.

*
* *

Si cela est admis, le droit administratif change de physionomie. Il n'y a plus à discuter sur les droits naturels de l'État. Il s'agit — et cela est tout aussi scientifique — de rechercher quelles vérités il convient de retenir, et quelles précautions il convient de prendre d'une part pour agencer et mettre en branle la machine administrative, d'autre part pour nous défendre contre les dangers que son fonctionnement peut présenter.

Ces vérités et ces précautions nous sont révélées par la connaissance de l'état politique et économique de la nation, par l'observation de l'évolution historique des institutions, par les expériences du passé et les exemples du voisinage, par l'étude minutieuse, surtout, des besoins dont la satisfaction, en un temps donné, semble exigée par la volonté générale.

Nous réclamons des gouvernants la justice, la sécurité, les commodités ordinaires de la vie auxquelles l'initiative privée est incapable de pourvoir ; nous leur demandons en outre de travailler au progrès matériel, intellectuel et moral, et nous voulons qu'ils s'acquittent de cette énorme tâche en n'exigeant de notre liberté qu'un minimum de sacrifices.

C'est à cette conciliation entre l'action efficace des services publics et le respect nécessaire des libertés individuelles que se sont appliqués avec un succès très appréciable tous ceux qui, en doctrine ou en jurisprudence, ont collaboré au développement du droit administratif.

Chacun des services publics est naturellement constitué selon des principes qui varient avec la fin qui lui est assignée. On ne conçoit pas, disais-je tout à l'heure, que la même méthode préside à l'élaboration et à la critique de la législation financière, de la législation scolaire, de la législation minière, de la législation forestière, de la législation militaire.

Ce qui est commun, cependant, à tous les rameaux de la législation administrative, c'est ce que j'appellerai les instruments de défense des administrés. Ce sont les dispositions d'ordre général qui tendent à nous protéger contre les excès et les négligences d'une administration insuffisamment soucieuse de ses devoirs, et trop facilement disposée à abuser de ses pouvoirs.

Je signale en ce sens, et à titre d'exemples, quatre grandes théories qui tiennent, dans le droit administratif, une place prépondérante. C'est le principe de la séparation des pouvoirs et des fonctions ; c'est la règle de la spécialité des services publics ; c'est l'organisation de recours efficaces contre tous les actes de l'administration ; c'est enfin la nécessité de la distinction entre les services nationaux et les services décentralisés.

*
* *

En rappelant ici le principe de la séparation des pouvoirs et des fonctions, je ne fais pas seulement allusion à ces sages précautions politiques que recommande Montesquieu ; il veut que le pouvoir législatif soit distinct du pouvoir exécutif, que les autorités administratives soient distinctes des autorités judiciaires. Il convient de rappeler encore l'intérêt que présente, dans chaque hiérarchie, la séparation des fonctions actives et des fonctions juridictionnelles ; et de même encore, dans chaque ordre de services, la division du travail et la distinction des responsabilités ; par exemple dans l'ordre de la défense nationale la séparation de l'autorité civile et de l'autorité militaire, dans l'ordre financier, la séparation des fonctions d'ordonnateur et de comptable ; d'une manière générale, la séparation des services d'autorité et des services de gestion.

Dans un livre récemment publié, un de nos plus éminents collègues, à qui le droit administratif doit une forte part de ses progrès, M. le professeur Hauriou, met en relief l'intérêt qui s'attache à ces distinctions fondamentales et les ramène à une idée commune sous le nom de théorie des équilibres sociaux. Cette notion est parfaitement claire et repose sur un sentiment exact de l'utilité des classifications, des séparations et des distinctions entre les pouvoirs qu'on accordera et les attributions qu'on assignera aux fonctionnaires publics.

C'est bien ici de méthode qu'il s'agit ; la méthode qui consiste à classer et à qualifier les institutions et les actes, les manières d'être et les manières de faire des autorités constituées ne saurait être sans influence sur le développement et la marche des services dans lesquels évoluent ces autorités.

*
* *

La règle de la spécialité des services publics est celle qui veut qu'aucun fonctionnaire ne sorte de la compétence qui lui est rigoureusement assignée par les textes.

Il n'y a pas, en France, de service ayant des attributions générales. Plus et mieux les spécialités sont définies, plus et mieux nos droits sont protégés contre les empiètements possibles des autorités administratives sur notre liberté. C'est jadis en s'appuyant sur ce principe de la spécialité qu'on refusait aux fabriques paroissiales le droit de recevoir des legs pour les pauvres ou pour l'enseignement. Les legs pour les pauvres doivent être recueillis par les bureaux de bienfaisance, les legs pour l'enseignement doivent être recueillis par les écoles.

C'est le même principe qui défend encore aux communes d'entreprendre sur la liberté du commerce et de l'industrie en se chargeant de fonctions qui ne sauraient leur convenir et dont elles ne peuvent utilement s'acquitter ; c'est ainsi qu'on a pu prohiber la création des boulangeries, des pharmacies, des blanchisseries municipales, etc...

*
* *

L'organisation nécessaire des recours contre les actes des autorités administratives s'est merveilleusement constituée au cours du xixe siècle par les progrès législatifs et par l'admirable jurisprudence du Conseil d'État. L'histoire en est pleine d'intérêt.

On sait comment la législation révolutionnaire, en défendant aux tribunaux de connaître des opérations administratives, se trouve priver les administrés de toute autre garantie que le recours aux autorités supérieures ; comment l'institution du Conseil d'État permet cependant au premier consul, — plus tard à l'Empereur, — d'examiner les requêtes en la forme administrative ; comment peu à peu, à cette forme administrative de l'examen du Conseil est substituée la forme juridictionnelle, avec contradiction, publicité, débat oral ; comment enfin, en 1872, le Conseil d'État, par l'adoption définitive du système de la justice déléguée, devient une cour souveraine chargée de dire le droit en dernier ressort, dans tout litige motivé par les actes de l'administration.

On sait également de quelle manière, parallèlement au recours contentieux de pleine juridiction qui permettait de faire réparer les violations du droit, la jurisprudence du Conseil d'État a permis le développement du recours en annulation, — timidement d'abord pour simple excès de pouvoir et pour incompétence, puis pour violation des formes, pour violation des lois et des droits acquis, puis pour détournement de pouvoir ; puis enfin, et ceci couronne le système, voici qu'on vient d'ajouter à ces garanties, par un texte inaperçu de la loi de finances du 13 avril 1900, une sorte de recours contre le *déni d'administration*. Désormais, il est permis d'en appeler au Conseil d'État de l'inaction administrative ! Le Conseil apparaît comme la véritable tête de l'administration, puisqu'il dépend de nous, les administrés, de faire appel à ses décisions pour constater et pour faire cesser toute illégalité commise à notre préjudice par action ou par omission.

Cet ensemble de règles positives, édifiées savamment et patiemment dans le cours du XIXe siècle, a fini par triompher de toutes les critiques, et la juridiction administrative mieux connue, mieux appréciée, est considérée de nos jours comme l'une des plus sérieuses garanties des libertés publiques par le contrôle supérieur de la légalité des actes administratifs.

*
* *

Il m'est particulièrement agréable de m'arrêter au dernier des principes que j'ai rappelés ; c'est un terrain où j'aime à me rencontrer avec notre éminent Président. Il n'est personne, en effet, parmi les hommes d'État du gouvernement actuel, qui ait agi, qui ait écrit plus et mieux que M. Deschanel en faveur du principe de la décentralisation.

J'estime avec lui, Messieurs, qu'on ne saurait attacher trop d'importance aux aspirations régionalistes.

L'histoire de la décentralisation se confond presque, au XIXe siècle, avec l'histoire de la liberté.

La décentralisation est d'autant plus indispensable que nous réclamons plus de services des pouvoirs publics.

Lorsqu'on légifère à propos de tout, comme font aujourd'hui nos chambres, il est impossible qu'on ne heurte pas à toute occasion, sans raison et sans profit pour personne, les convictions et les libertés les plus respectables.

Réclamons de la République, qui doit et veut être un gouvernement de liberté vraie, plus de tolérance pour les minorités opposantes lorsque le domaine dans lequel ces oppositions se manifestent n'est pas de ceux où l'uniformité de législation s'impose. Donnons aux représentants des régions et des villes plus d'indépendance, plus d'attributions, plus de pouvoirs. Laissons-les s'administrer eux-mêmes, comme il leur convient, toutes les fois qu'il n'y a pas d'intérêt à ce que tout le monde soit administré de la même manière.

Malheureusement, je constate, non sans quelque mélancolie, que les régimes politiques ne se montrent vraiment favorables à la décentralisation qu'au début de leur carrière.

Cela s'explique facilement en pratique sans se justifier en raison.

Cela s'explique parce que les gouvernements naissants sont constitués par les opposants de la veille. Il faut bien qu'ils réalisent aujourd'hui ce qu'ils préconisaient hier. Demain, c'est-à-dire quand ils seront installés, ils n'auront plus que le souci de conserver les attributions et les pouvoirs dont ils ne se seront pas dépouillés aux premiers jours.

Cela ne se justifie pas cependant. Nous voudrions faire

entendre aux gouvernants que loin de compromettre
leur puissance par des mesures de décentralisation, ils
ne peuvent que la fortifier. Elle doit gagner en profondeur, en solidité, en stabilité plus qu'elle ne peut perdre
en étendue.

Est-il vraiment intéressant, pour ceux qui président
aux destinées d'un grands pays, d'intervenir dans les détails infimes de l'administration des villes ou des départé-
ments? N'ont-ils pas tout profit à laisser aux administrateurs régionaux et locaux le fardeau et la responsabilité de ces détails? N'ont-ils pas plus de chance de
s'imposer à l'affection populaire et d'assurer à leur autorité le respect de leurs concitoyens si les dispositions
prises en tous lieux sont acceptées par le plus grand
nombre sans répugnance? Et n'acceptera-t-on pas avec
moins de répugnance des règlements qui seront faits seulement par ceux et pour ceux qui auront à les subir?

*
* *

Je termine sur cette observation, Messieurs, et je veux
conclure en revenant avec plus de précision à cette idée
de méthode que je n'ai d'ailleurs jamais perdue de vue.

Mon but en effet a été de vous faire comprendre que
la meilleure méthode applicable à l'étude du droit administratif est celle qui met en relief les principes les plus
sûrs, les plus clairs et les plus simples, qui prend leur
application pour critérium de la valeur des institutions,

qui nous permet de tenir les lois pour bonnes ou mauvaises selon qu'elles les respectent ou les méconnaissent.

Puissent la vulgarisation de cette méthode et l'observation de ces principes supérieurs nous conduire à ce double résultat que doit rechercher toute administration juste et raisonnable : pour les administrateurs, une autorité plus forte et mieux respectée ; pour les administrés, des libertés plus larges et mieux garanties.

H. BERTHÉLEMY.

Professeur de droit administratif
à la Faculté de droit de l'Université de Paris.

LES MÉTHODES EN ÉCONOMIE POLITIQUE

Il y a eu parmi les économistes, à certains moments, de vives querelles de méthodes. Elles sont aujourd'hui assoupies, peut-être apaisées. Je me propose de rappeler l'histoire de ces querelles et de chercher les conclusions qui s'en dégagent.

Lors de sa constitution comme science et pendant une assez grande partie de son développement, l'économie politique n'a pas connu les discussions sur la méthode. Sans remonter à la période préphysiocratique, on ne trouve de telles discussions ni chez les physiocrates, ni dans Adam Smith, ni dans Ricardo. Il y a de brèves considérations sur la nature des vérités économiques dans l'Introduction aux *Principes d'économie politique* de Malthus. J.-B. Say traite assez longuement de la méthode dans les Considérations générales par où s'ouvre le *Cours complet d'économie politique*, et il en avait déjà plus brièvement parlé dans son *Traité d'économie politique*. Mais la question de méthode n'est pas alors posée comme question de doctrine. Elle ne devait l'être que plus tard, quand des écoles nouvelles se seront élevées contre l'école libérale classique. Les économistes de la seconde moitié du xviiiᵉ siècle et des trente ou quarante premières années du xixᵉ avaient sans doute une méthode ; mais, sans prétendre qu'ils en avaient une sans le savoir, tout au moins ils n'en discouraient pas, ou fort peu.

Avaient-ils même une méthode, j'entends une méthode homogène, pratiquée par tous, qui puisse être considérée comme un des traits distinctifs de l'école libérale classique? Si l'on ne connaît cette école que par les critiques de ses adversaires — et peut-être est-ce le cas de quelques-uns de ceux qui en parlent — on en demeurera convaincu. Les économistes de l'école classique, on sait bien que ce sont des gens qui n'ont pas observé la vie réelle, qui ont raisonné sur un être économique abstrait, ce fameux *homo economicus* qu'on leur a tant reproché : voilà du moins l'opinion qu'ont formée d'eux les critiques de l'école historique.

La vérité est beaucoup moins simple. Il est exact qu'à partir d'un certain moment, au cours de son développement, l'école classique a cessé de garder le contact avec la vie, qu'elle a laissé croître démesurément le rôle du raisonnement abstrait, de l'hypothèse et de la déduction. Mais il n'en a pas toujours été ainsi ; il y a eu à partir d'un certain moment une rupture d'équilibre, de l'équilibre que dans sa belle époque l'école classique avait gardé entre les deux types de méthode auxquels peuvent se ramener tous les procédés de la recherche économique.

L'organisation économique nous enveloppe et façonne notre vie quotidienne ; elle est un des aspects essentiels du milieu social ; elle nous apparaît à cet égard comme quelque chose d'extérieur à nous, mais quelque chose par quoi nos intérêts immédiats, notre bien-être, en partie le bonheur ou le malheur de notre vie, sont si étroitement conditionnés que nous sommes nécessairement amenés à l'étudier. Et ayant commencé d'étudier ce milieu économique nous serons nécessairement aussi amenés à y chercher, dans le déroulement des faits, des régularités, des rapports, quelque chose qui permette d'ordonner ce chaos. Nous le ferons parce que cela est un besoin de notre nature, et aussi parce que la conduite des affaires, privées ou publiques, l'exige : l'homme d'affaires ou l'homme d'État a besoin de prévoir les conséquences des faits ou de ses propres actes ; le succès dépend dans une large mesure de l'exactitude de ces prévisions. Observer les faits, les classer, en dégager les rapports, c'est faire de l'économie politique selon la méthode inductive. Cette méthode nous est imposée par la nature des choses ; elle est une des formes nécessaires de la recherche économique. Il ne faudrait pas croire que l'école classique l'a ignorée. Le livre d'Adam Smith est un trésor d'observations précises, fines et nuancées, et aucun homme n'a jamais mieux connu son temps que celui-là. Malthus, dans l'Introduction à ses *Principes d'économie politique,* nous met en garde contre l'inconvénient qu'il y aurait à vouloir assimiler l'économie politique aux sciences exactes comme les mathématiques, et le danger de vouloir trop simplifier et généraliser trop vite. J. B.-Say, dans ses Considérations générales, proclame que l'économie politique est une science fondée sur les faits, sur l'observation, et qu'on nuit à ses progrès en raisonnant d'une façon trop abstraite.

Mais il y a une autre méthode, que l'école classique a également employée, à laquelle un des esprits les plus puissants qui se soient jamais appliqués à l'étude économique a donné un relief extraordinaire — je veux dire Ricardo — et du côté de laquelle l'école classique a fini par pencher et par verser. L'organisme économique nous est sans doute extérieur, mais il a son principe, ou au moins un de ses principes, en nous. Il est déterminé par les actions humaines, il est le produit de l'activité humaine cherchant à plier le monde physique à la satisfaction de nos besoins, et cette activité elle-même a sa source dans quelques tendances générales de notre nature. Nous cherchons en toute circonstance à obtenir le maximum de satisfaction avec le minimum d'efforts ; nous cherchons dans l'échange à acquérir le plus possible en abandonnant le moins possible ; nos besoins sont soumis à la loi de satiabilité, toute satisfaction qui leur est donnée en diminue l'intensité, et il résulte de là qu'un objet quelconque perd de sa valeur à mesure que la quantité disponible augmente : un verre d'eau dans le désert a une valeur infinie, et au bord d'une source il n'en a plus aucune. Voilà des propositions simples, d'une vérité générale, obtenues par l'observation psychologique interne. Or, puisque tout l'organisme économique est un produit de l'activité humaine et que cette activité est dirigée par quelques mobiles très généraux, est-ce que les propositions qui expriment ces mobiles ne vont pas nous permettre de tout expliquer ? Ne sont-elles pas le fil conducteur qui nous permettra de circuler avec aisance dans le dédale des phénomènes ? Observer les faits à l'état concret, dans leur complexité, et remonter des faits aux lois, c'est une tâche infiniment difficile et un procédé infiniment lent. C'est une méthode plus rapide et plus simple que celle qui va d'abord aux causes premières, qui les cherche et les trouve en nous-même, et qui descend de ces causes aux phénomènes qu'elles déterminent, en abordant ces phénomènes par ordre de complexité croissante. L'hypothèse sert à cela : hypothèse que l'on fera d'abord très simple, fournissant une donnée purement abstraite ; que l'on compliquera progressivement en y insérant des éléments nouveaux, de façon à se rapprocher, par approximations successives, des situations réelles.

C'est la méthode déductive. Elle s'offre naturellement à l'esprit dans la recherche économique, aussi naturellement que l'autre méthode, et l'école classique en a usé. Elle est employée par Adam Smith ; elle l'est avec prédilection, et avec une maîtrise qui n'a pas été dépassée, par Ricardo. Ricardo met en scène des hommes simplifiés, des sortes d'automates humains mûs par le sentiment de l'intérêt personnel, et cela lui sert à formuler les lois essentielles des actions économiques. C'est en raisonnant sur des sauvages chasseurs ou pêcheurs qui échangent entre eux les produits de leur chasse ou de leur pêche, qui fabriquent leurs arcs et leur flèches; leurs canots et leurs filets, qu'il élucide des notions comme celle de la valeur ou celle du capital.

L'école classique, après avoir pratiqué les deux méthodes, a fini à un certain moment par se laisser aller aux séductions du raisonnement abstrait. Elle a cessé de regarder autour d'elle et s'est emprisonnée dans des formules. Il y a eu à cela bien des causes, et d'abord l'influence de Ricardo, le maniement de ses méthodes par des hommes qui n'avaient pas son génie. Puis il est plus facile de subsister de la pensée de ses prédécesseurs que de s'en former une soi-même au contact des faits. Il est malaisé d'observer exactement les manifestations diverses et changeantes de la vie économique, plus malaisé encore d'en dégager le sens. Combien il est tentant au contraire de croire que les formules déjà trouvées renferment la vérité totale et définitive, et de les faire passer une fois de plus sous le pressoir pour en extraire ce qu'elles peuvent encore contenir de suc ! Il faut dire enfin que l'école classique, après la génération des fondateurs, a laissé pour un temps s'éteindre en elle l'esprit de libre recherche ; il y a eu une phase de son existence où elle était devenue une sorte de clergé laïque, au service de l'individualisme et de la propriété privée ; la doctrine avait pris l'immobilité d'un dogme. La méthode d'observation et d'induction perdait alors toute raison d'être. Il n'y avait plus qu'à veiller au maintien des principes, et à vérifier, à consolider au besoin, la chaîne déjà forgée des raisonnements.

Contre ce rétrécissement de la doctrine et de la méthode l'école historique a été la réaction nécessaire. Avant l'école historique déjà des critiques avaient été formulées contre l'abus de la méthode déductive. Sismondi reproche à Ricardo d'avoir introduit l'abstraction dans la science ; il loue par contre Smith « qui s'efforçait d'examiner chaque fait dans l'état social auquel il appartenait. » Frédéric List avait donné, dans le *Système national d'économie politique*, un exemple de l'emploi de l'histoire comme instrument de démonstration en économie politique. Mais c'est l'école historique qui a systématisé la question de méthode et institué la controverse doctrinale.

Elle ne s'est pas posée de prime abord en adversaire des classiques. Roscher n'attaquait pas la méthode abstraite ; en se proposant de décrire ce que les peuples ont voulu et senti en matière économique, il ne prétendait pas que cette voie fût la seule pour atteindre la vérité, ni la plus courte ; il l'ouvrait seulement à côté de l'autre. En fait Roscher ne s'est pas écarté, quant au fond, des doctrines de l'école libérale ; il y a juxtaposé les résultats de ses recherches historiques. C'est Bruno Hildebrand, Knies, puis la « jeune école » historique constituée à partir de 1870 et dont M. Schmoller est le représentant le plus en vue, qui ont marqué l'opposition entre les deux méthodes. Leurs critiques contre les méthodes de l'école classique sont connues, et je les rappellerai en quelques mots.

La principale porte sur l'emploi même, ou au moins

l'emploi trop fréquent, du procédé déductif, la prétention
de tirer d'une ou de quelques tendances générales de
l'être humain l'explication des faits économiques et la
formule des lois. Ce procédé ne permet pas, disent les
historistes, d'atteindre à la connaissance de la réalité.
Puis la façon dont les économistes classiques se servent
du procédé déductif est vicieuse ; ils ne veulent voir
dans l'homme que le seul mobile de l'intérêt personnel,
la préoccupation du gain à réaliser : leur psychologie
économique est rudimentaire. Enfin cette simplification
à outrance des mobiles d'action et le manque de contact
avec les faits ont conduit les économistes classiques à
une notion fausse des lois économiques : la loi qui serait
vraie d'une vérité absolue et universelle, alors que toute
loi économique est relative, et que celles que nous pouvons constater dans le présent n'ont pas été nécessairement vraies pour le passé et ne le seront pas nécessairement pour l'avenir.

Je ne veux pas discuter le bien fondé de ces critiques
en elles-mêmes, ni dans leur application à tel ou tel des
économistes classiques. Je caractérise seulement la position prise par l'école historique. Cette école n'a pas seulement critiqué ; elle a érigé une méthode contre celle
qu'elle critiquait. Cette méthode consiste à étudier les
faits économiques dans leurs caractères concrets : non
pas dans ce qu'ils ont de plus général, comme expression
résumée des tendances de l'être humain, mais dans ce
qu'ils ont de spécial à telle époque ou à tel peuple. Elle
envisage, non pas l'*homo economicus*, figuration schéma-

tique de l'intérêt personnel, mais l'homme réel dans son milieu, obéissant aux mobiles les plus variés. Elle ne s'interdit pas la recherche des lois économiques, mais elle croit qu'il n'est possible de les formuler qu'au prix de l'accumulation patiente des matériaux historiques et statistiques. Sur cette question des lois économiques d'ailleurs il y a du flottement dans la conception des historistes. Quelques-uns ont eu ou ont encore la vision grandiose de lois qui régiraient le développement économique et en rattacheraient rigoureusement les phases entre elles ; mais la plupart à l'heure actuelle sont revenus à une conception plus modeste, et se contenteraient de formuler des lois qui relieraient entre eux les phénomènes économiques à une époque donnée.

Vous savez quels ont été les succès de l'école historique. En Allemagne elle a paru à un certain moment avoir éliminé complètement la conception et la méthode classiques. En Angleterre et à un moindre degré en France elle a exercé une profonde influence. Mais elle a subi à son tour la critique, et vu réapparaître sous des formes nouvelles la méthode abstraite. La méthode historique a été attaquée, dans son principe et dans ses résultats, par un des plus illustres représentants de l'école autrichienne, M. Karl Menger (*Recherches sur la méthode des sciences sociales*, 1883). D'autre part il y a eu depuis une trentaine d'années comme une renaissance de la méthode déductive ; deux écoles économiques s'appliquent à construire les théories de l'économie pure : l'école psychologique, et l'école mathématique. Leur activité et l'éclat de leurs travaux sont connus de tous

Actuellement donc, depuis un siècle et demi que l'économie politique est constituée à l'état de science, les recherches économiques ne sont pas conduites d'après une méthode uniforme. Le procédé déductif et le procédé inductif restent en concurrence ; aucun d'eux n'a éliminé l'autre, ni théoriquement ni pratiquement. Encore n'ai-je mentionné, du côté de la méthode inductive, que l'école historique ; mais ce type de méthode comporte d'autres applications : l'école monographique, par exemple, ou l'école sociologique. Nous sommes loin de l'unité.

Cette dualité persistante de méthodes n'est pas la conséquence d'une insuffisante maturité de la science économique, comme on l'a dit quelquefois, puisque celle-ci s'est constituée voilà plus d'un siècle et demi, avec l'école physiocratique, et que longtemps déjà auparavant les hommes avaient réfléchi et écrit sur les problèmes économiques. Il serait surprenant qu'il fallût un tel espace de temps à une catégorie de chercheurs pour prendre conscience du but de leurs études et de la méthode propre à atteindre ce but. Si on n'est pas arrivé à l'unité, ce n'est pas non plus faute d'avoir disputé sur les méthodes ; on s'est dit de part et d'autre tout ce qu'on avait à se dire. Il faut bien conclure que s'il y a deux méthodes, c'est qu'il y a aussi deux conceptions de l'économie politique, et que chacun de ces aspects de la connaissance, dans l'ordre économique, a sa légitimité et ses raisons de durer.

La méthode déductive est légitime, autant en économie

politique que dans d'autres catégories du savoir. Lorsqu'on est en possession d'une notion ayant un caractère suffisant de généralité, s'efforcer de déplier, de développer cette notion, en tirer par le raisonnement déductif tout ce qu'elle contient, je n'aperçois aucun motif d'éliminer de l'économie politique ce procédé de recherche. Je n'en vois aucun non plus d'exclure l'hypothèse, qui permet d'isoler un fait donné, de le mettre à l'abri du contact des autres, de chercher les conséquences qui lui sont propres, quitte à réintroduire progressivement les autres faits pour se rapprocher de plus en plus des conditions de la réalité.

Il y a même ici des raisons spéciales d'user de la méthode déductive. Voici celles que j'aperçois.

Les notions générales, elles sont à notre portée immédiatement ; nous les trouvons en nous, par l'observation psychologique interne ; puisque ce sont des tendances de notre nature, des façons de sentir, des mobiles d'action. Nous obtenons donc à peu de frais ce que d'autres sciences ne trouvent qu'avec beaucoup de peine.

Une autre raison se tire de la complexité de la matière brute fournie par l'observation. Le fait économique est un composé, le point de rencontre de plusieurs séries de faits ; il ne se prête que malaisément à une analyse rigoureuse, au départ de ce qui est permanent et de ce qui est accidentel, et cela seul cependant permet de dégager avec certitude et de formuler clairement les lois. Si l'on veut formuler des lois, il est bien plus aisé de le faire en les déduisant d'une notion simple préalablement

élaborée. Voici par exemple les conséquences économiques du commerce extérieur ; il est d'une extrême
complication de les dégager par la seule étude des faits :
soit les conséquences relatives à la circulation et à la distribution internationale des métaux précieux, soit celles
relatives à la production ou à la consommation nationales. Beaucoup d'autres faits que le commerce extérieur agissent sur la distribution des métaux précieux et
la production ou la consommation nationales. Or la méthode déductive nous fournit deux théories qui éclairent
cette matière : l'une est constituée par le théorème de
Ricardo sur le rôle de la monnaie dans l'échange international, à savoir que la balance internationale des
comptes tend à revenir d'elle-même à l'équilibre, et que
les choses se passent en définitive comme si le commerce
extérieur avait lieu sous la forme du troc ; l'autre est la
théorie des valeurs internationales, formulée par Ricardo et par Stuart Mill.

Une autre raison enfin qu'il y a d'avoir recours à la
méthode déductive, c'est l'insuffisance des procédés d'observation et des matériaux disponibles. Ce sujet fourni-
rait à lui seul la matière d'une conférence. Je ne parlerai
pas des documents d'ordre historique, dont les lacunes au
point de vue économique sont évidentes ; ni des procédés
spéciaux comme les monographies de l'école de Le Play, à
certains égards précieuses, mais d'un maniement si délicat
et d'un rendement si limité. Considérons seulement les
statistiques. Il y en a d'excellentes, et le matériel comme
les procédés statistiques ont fait de grands progrès ;

mais que de lacunes encore et d'imperfections ! Je me
contenterai de rappeler qu'il n'y a pas de bases statistiques sûres pour l'appréciation soit du capital, soit du
revenu global de chaque pays ; il y a entre les statisti-
ciens d'énormes divergences, et si l'opinion commune
des économistes se rallie à certains chiffres, par exemple
pour la France à celui de 200 à 230 milliards pour exprimer la valeur du capital, à celui de 20 à 25 milliards
pour le revenu, c'est au prix de déterminations souvent
arbitraires et en acceptant une marge très vaste d'erreur ; on obtient plutôt des indications sur l'ordre de
grandeur du capital et du revenu que des résultats
précis. Et c'est bien pis lorsqu'on veut comparer, soit
dans le temps, soit dans l'espace : on trouve des statistiques dont ni le plan, ni les bases, ni les cadres d'exposition ne concordent. On ne peut avoir tenté des études
d'économie politique concrète sans en rapporter le sentiment qu'on marche sur un terrain croulant.

Les procédés d'observation dont nous disposons sont
imparfaits, et il y en a un qui nous échappe et dont
usent avec profit d'autres sciences : c'est l'expérimentation. Je sais bien qu'on a dit parfois que cette proposition était trop absolue. Il y a des cas où les circonstances nous offrent une expérience toute faite. Mais cela
est rare, et n'est exact qu'à la condition de ne pas se
montrer difficile sur les conditions de l'expérimentation.
Il n'y a rien là de comparable à l'expérimentation de la-
boratoire, répétée aussi souvent qu'il le faut et dans des
conditions qui varient au gré de l'expérimentateur. Cela

justifierait, s'il était besoin d'une justifi ation particulière, l'emploi de l'hypothèse, des « supposons que »
dont use si volontiers Ricardo. L'hypothèse est utile
dans tous les ordres de recherche ; elle l'est à titre spécial
en économie politique, parce qu'elle est un substitut, fort
imparfait d'ailleurs, de l'expérimentation ; une sorte
d'expérimentation fictive.

La méthode déductive est donc légitime. Elle l'est
quand elle conduit ses raisonnements dans le langage
usuel et selon les règles de la logique ordinaire ; elle l'est
aussi quand elle use du langage et de la logique mathématiques ; l'économie politique étudie des quantités
et leurs variations, dans la mesure où les faits économiques peuvent se ramener à l'échange, et cela est bien
du domaine des mathématiques. Il est d'ailleurs certain
que le raisonnement mathématique est plus rapide, plus
clair et plus sûr que le raisonnement en langue usuelle,
et qu'il est théoriquement le procédé par excellence
de l'économie pure. Il éliminerait probablement de cette
partie de la science économique le raisonnement en
langue usuelle, s'il n'avait cette infériorité, toute de fait,
d'être accessible seulement à un petit nombre de personnes.

Légitime dans son principe, utile en raison des lacunes
et des impuissances des méthodes d'observation, la méthode déductive est par contre contestable, et en tout
cas de portée restreinte, dans ses résultats.

Dans la chaîne des raisonnements, à supposer le point
de départ exact, l'erreur est à chaque instant possible,

les chances d'erreur augmentant à mesure que la chaîne s'allonge ; l'erreur une fois commise, même légère, s'aggrave à chaque étape, automatiquement, comme dans un voyage à la boussole une déviation presque insensible de l'aiguille se traduira au bout du voyage par un écart de plusieurs dizaines ou centaines de kilomètres. Cela est plus marqué encore si la notion originaire n'est pas complètement exacte. C'est là, à vrai dire, moins un vice inhérent à la méthode qu'un risque de son application, mais ce risque est grand, à raison de la distance qui sépare la notion initiale et les phénomènes concrets qu'il s'agit d'expliquer.

La notion qui est prise comme point de départ est tirée de la psychologie individuelle ; elle est obtenue par introspection : ainsi la notion de l'utilité marginale, qui sert de base aux théories de l'école psychologique autrichienne. Cette notion de l'utilité marginale exprime l'attitude de l'individu appréciant la valeur d'un bien économique en tant que ce bien doit être affecté à sa consommation personnelle, et elle nous apprend que la valeur ainsi appréciée est, pour chacun des exemplaires disponibles du bien, celle de l'exemplaire le moins utile, de celui qui correspond au besoin le moins intense, cela d'ailleurs étant une conséquence de la loi de satiabilité des besoins et de la loi d'indifférence. Cette analyse peut être parfaitement exacte en tant que s'appliquant à un état d'esprit individuel. Mais la valeur qui intéresse les économistes, dans l'économie moderne, est essentiellement sociale : c'est le prix, phénomène social, fait qui exprime

non pas une valeur d'usage et individuelle, mais une
valeur d'échange et collective. Je me demande jusqu'à quel point une notion de psychologie individuelle peut servir à expliquer un fait social. Si le passage
de l'individuel au collectif, l'explication du collectif par
l'individuel, sont possibles, tout au moins faut-il les en-
tourer de tant de réserves et de conditions que leur portée
en est très affaiblie.

L'infériorité la plus grave enfin de la méthode déductive,
c'est qu'elle nous donne de la réalité une image tellement
simplifiée qu'elle n'est plus exacte. Je tiens pour admis —
c'est un postulat, mais sur lequel l'accord peut se faire entre
économistes des diverses écoles — que la fin dernière des
études économiques, c'est la connaissance et l'intelligence
de la réalité économique : nous cherchons à savoir comment les choses se passent, et pourquoi elles se passent
ainsi, et non pas comment et pourquoi elles se passeraient
dans une organisation hypothétique. Or la méthode déductive, si loin qu'on pousse le raisonnement, ne permet pas
par ses seuls moyens de rejoindre les faits concrets. Je suppose le point de départ exact, la chaîne des raisonnements
correctement et solidement forgée, le passage de l'individuel au collectif théoriquement possible. Il reste au
moins ceci : que la conception des phénomènes à laquelle
nous aboutissons est tellement linéaire, d'un schéma-
tisme tellement simplifié, que l'on peut se demander
quelle valeur elle garde pour la connaissance et l'intelligence de la réalité économique.

Il n'y a pas, par exemple, de théories qui aient été

plus complètement étudiées par la méthode déductive que celles qui sont relatives à la détermination des conditions de l'échange : soit entre deux coéchangistes, soit entre plusieurs, en régime de concurrence ou de monopole. Cependant l'économiste qui n'aurait sur la détermination des prix que les notions fournies par ces théories, n'aurait du marché réel qu'une connaissance lointaine et une intelligence imparfaite ; l'observation précise de quelques types de marchés réels pourra seule lui donner une vision complète des choses. J'en dirai autant des théories sur la détermination des salaires par la productivité marginale de l'ouvrier, et sur la détermination de l'intérêt par la productivité marginale du capital. Même en les acceptant pour exactes en soi, et j'aurais sur ce point des réserves à faire, elles ne jettent que d'obscures clartés sur les variations du salaire et de l'intérêt, sur les luttes que nous offrent en spectacle le marché du travail et le marché du capital.

Quand nous regardons la réalité, nous y voyons des forces économiques qui se heurtent, des luttes entre acheteurs et vendeurs, entre producteurs et consommateurs, entre ouvriers et capitalistes. Nous y voyons des formes et des organismes économiques qui naissent, meurent, se modifient et se renouvellent : des producteurs autonomes, des entreprises grandes ou petites, des cartels et des trusts, des bourses de valeurs, de marchandises ou de travail, des syndicats, des coopératives. Nous y voyons se jouer le drame varié, drame ou parfois comédie, de la vie économique. L'économiste qui se confinerait dans l'emploi de la méthode déductive ne verrait rien de tout cela ; il s'égarerait dans le désert des abstractions, et l'enseignement que comporte le contact de la vie serait perdu pour lui : enseignement que rien ne remplace.

Stanley Jevons, dans la préface de la 2e édition de sa *Théorie de l'économie politique*, nous dit qu'il a consacré cet essai « à la détermination de la mécanique de l'intérêt individuel et de l'utilité ». Mot qui caractérise admirablement la conception de l'économie politique d'après la méthode déductive. Mais la mécanique de l'intérêt personnel n'est pas toute l'économie politique. Elle en est peut-être ce qui demeure, et ainsi la méthode déductive sera naturellement préférée par ceux que séduisent les formules qui expriment le stable et le permanent des choses. Ceux au contraire qui s'attachent de préférence à ce qui change, à ce qui s'écoule, seront naturellement inclinés aux méthodes d'observation, et par ces méthodes seulement ils pourront connaître la variété et la richesse du spectacle économique.

J'ai marqué l'opposition des deux types de méthode, mais il ne me paraît pas possible que l'un des types exclue l'autre. En fait il est rare que dans le même esprit les deux méthodes coexistent pleinement ; chacun de nous est porté par la pente de son tempérament intellectuel à pratiquer avec prédilection l'une des deux, et s'il emprunte des résultats à ceux qui pratiquent l'autre, ce n'est pas du tout la même chose que de la pratiquer soi-même. Mais dans l'ensemble de la science il est nécessaire que les deux méthodes coexistent, parce que chacune d'elles ne peut éclairer qu'un des versants de la connaissance.

L'histoire des écoles économiques au xixe siècle démontre cette nécessité. L'école classique a décliné du jour où elle a trop délaissé l'observation des faits ; elle contemplait les lois formulées par les fondateurs, et tandis qu'elle s'attardait à cette contemplation, les choses se modifiaient autour d'elle ; elle a été surprise par des problèmes nouveaux qu'elle n'avait pas vu se poser peu à peu. La reprise marquée d'autorité et d'influence, depuis quelques années, de l'individualisme libéral, a été précédée et accompagnée d'un retour à l'étude minutieuse et sincère des faits. L'école historique de son côté, exaltation de la pure doctrine inductive, a mis en lumière par son développement même les faiblesses de cette méthode. Elle a produit d'admirables monographies, mais elle n'a pas construit l'édifice doctrinal qu'on attendait ; elle a plus accumulé de matériaux qu'expliqué des faits et dégagé des lois ; son œuvre a été à cet égard une déception. Et cela explique la renaissance des méthodes déductives, l'importance qu'ont prise l'école psychologique et l'école mathématique.

Il semble donc qu'il y ait en économie politique, au point de vue des méthodes, une tendance à l'équilibre, comme sur le marché entre la production et la consommation. La prépondérance pendant un temps trop marquée d'une méthode provoque des adhésions à l'autre, de même qu'un excès de production se corrige par la restriction de celle-ci et par l'accroissement de la demande.

Il y a des périodes de crise méthodologique, qui sont marquées par des querelles de méthode, et des périodes où l'équilibre est à peu près réalisé, qui sont des périodes d'apaisement et d'éclectisme : nous sommes dans une de ces périodes. Il y a parmi les économistes un accord presque général pour admettre que l'économie politique est assez vaste, et assez variée dans ses aspects, pour comporter l'application de méthodes diverses. Quelques-uns vont jusqu'à dire, comme M. Pareto, que les discussions sur la méthode en économie politique sont sans aucune utilité, et c'est exactement mon opinion.

H. Truchy.

LE RÔLE SOCIAL ET ÉCONOMIQUE DES RÈGLES
DE LA PROCÉDURE CIVILE

La procédure civile occupe, dans le vaste domaine du droit, une place importante ; elle est même une pièce essentielle, indispensable, de la législation. Et cependant son rôle est actuellement, en France, tout à fait méconnu. Bien peu de gens y jugent la procédure civile digne d'une étude théorique sérieuse. Au Palais, où on ne dédaigne pourtant pas les larges profits tirés de la procédure, on considère en général son étude comme chose assez vaine ; ou du moins on la ramène volontiers à une simple pratique ; et les questions si nombreuses que soulève la réforme nécessaire de la procédure y sont volontiers écartées comme inopportunes, sinon dangereuses ; on aime mieux ne pas en parler. Dans les Universités, l'étude de la procédure est languissante ; les chaires de procédure sont peu recherchées ; beaucoup de ceux que le hasard de la carrière y envoie n'attendent que l'occasion de les abandonner pour d'autres qu'ils estiment, par suite d'un préjugé traditionnel, avoir plus d'importance et qui paraissent entourées d'un prestige plus grand. On sait d'ailleurs que notre littérature juridique n'est pas bien riche dans le domaine de la procédure civile; nous n'avons, en France, aucune revue sérieuse des questions de procédure ; et les études doctrinales un peu poussées sont ici peu nombreuses. La procédure criminelle attire beaucoup plus : procédure de l'instruction préparatoire ou procédure de l'audience, questions de contradiction et de publicité, règles du débat devant la Cour d'assises, on reconnaît qu'il y a là des institutions judiciaires de grande importance et des problèmes d'un vif intérêt. Mais la procédure civile éveille surtout l'idée de grimoires interminables d'avoués, de greffiers ou d'huissiers, de paperasseries mystérieuses et coûteuses, d'un formalisme peut-être utile, mais dont l'étude est aride et rebutante. Dans nos Universités on est sans doute plein d'enthousiasme pour l'étude des détails les plus minutieux de la procédure romaine, de la procédure féodale, de la procédure canonique ; mais la procédure actuelle paraît au contraire à la plupart des juristes à peu près dénuée d'intérêt.

Je voudrais montrer très brièvement qu'il y a dans ce préjugé si répandu contre l'étude de la procédure une erreur profonde. Je voudrais rappeler la fonction importante de la procédure civile dans l'ensemble du droit, en dégager le rôle social et économique, indiquer que ce rôle est assez mal rempli par notre procédure civile dans son état actuel, et enfin rechercher (et cela me ramène un peu aux questions de méthode) quelles sont les idées maîtresses qui doivent, pour que la procédure atteigne son but social, diriger le législateur dans la réforme et le juge dans l'application des lois de procédure.

I

Il est facile de résumer en quelques propositions très simples la fonction importante assignée à la procédure civile.

a) Elle a d'abord pour objet de procurer la reconnaissance judiciaire des droits en cas de doute ou de contestation. Le droit se réalise, il est vrai, le plus souvent, sans procès et sans lutte ; nous obéissons spontanément à une foule de règles de droit ; la plupart de nos droits sont en somme respectés sans difficultés, sans intervention du juge. C'est seulement s'il y a doute, obscurité, conflit, qu'on a recours au juge ; on lui demande de reconnaître le droit contesté ; les règles suivant lesquelles on agit alors en justice et suivant lesquelles la justice est rendue sont des règles de procédure. La procédure est le chemin de la justice. On n'en use que pour les cas exceptionnels où il y a conflit. Mais elle n'en a pas moins un rôle préventif considérable ; si le droit se réalise le plus souvent en paix, c'est parce qu'il y a des règles permettant de s'adresser au juge et d'obtenir de lui la reconnaissance du droit contesté.

b) Après avoir procuré la reconnaissance judiciaire des

droits, la procédure civile permet de plus d'obtenir par
la force, en cas de résistance, le respect du droit reconnu.
Le droit positif ne vaut que par la contrainte ; c'est la
procédure civile qui donne les règles suivant lesquelles
l'Etat contraint par la force les particuliers à exécuter
leurs obligations. La procédure civile, dans ce second
rôle, est la mise en œuvre de la contrainte sociale, de
la force collective au service du droit.

c) Envisagées sous un point de vue différent, les règles
de la procédure civile sont des garanties nécessaires
pour la protection des droits de tous les justiciables.

Pour que la justice soit bien rendue, il ne suffit pas de
dire aux plaideurs : voici votre juge ; allez devant lui, il
vous jugera. Il faut des garanties ; il faut assurer au justiciable une défense libre et complète, un juge impar-
tial et instruit. C'est ainsi par exemple qu'on a admis le
principe de l'oralité qui procure une discussion vivante,
plus franche et plus vraie que la discussion écrite ; c'est
ainsi qu'on a admis la publicité du débat et du jugement (1), la nécessité des motifs dans les jugements, la
règle d'après laquelle le juge ne doit admettre aucun
moyen de fait qui n'ait été soumis à la discussion libre
et contradictoire des parties. Il faut aussi que la loi, par
des délais sagement établis, donne à chacun des plaideurs
le temps de préparer sa défense et de produire ses preuves,

-----

(1) « La publicité est la plus efficace de toutes les sauvegardes
du témoignage et des décisions qui en dépendent ; elle est l'âme
de la justice » (BENTHAM, *Traité des preuves judiciaires*, livre II,
chap. x).

permette au juge de se livrer à un examen complet et minutieux du procès, procure au débiteur, dans la procédure d'exécution, des ménagements nécessaires. Il faut encore des écritures qui fixent dans l'instance les point contestés, précisent le débat, constatent l'observation des prescriptions de la loi. Les formes fixes en procédure sont indispensables ; il en faut peu ; mais il est nécessaire d'en établir si on veut éviter l'anarchie et l'arbitraire. Ce sont des garanties essentielles d'ordre et de discipline (1), des précautions prises pour protéger le plaideur contre ses adversaires et contre son juge, pour assurer une discussion loyale et complète et préparer par suite un bon jugement. Ce sont aussi des précautions prises contre la déformation de la vérité ; on a souvent fait observer que la vérité en justice ne se laisse pas aisément atteindre ; il faut, pour l'obtenir, des efforts, du temps, une méthode, en un mot des règles de procédure réduisant au minimum le risque d'erreur.

d) On peut dire en résumé que les lois de la procédure civile, dans leur ensemble, sont les règles suivant lesquelles les procès sont instruits et jugés, suivant les-

---

(1) « Administration de la justice et ordre légal dans les débats judiciaires sont synonymes. Vanter ici la liberté, c'est proclamer la liberté de l'arbitraire et de la partialité chez le juge, c'est préconiser la liberté de la chicane, c'est vouloir introduire la confufusion dans les procès » (IHERING, *L'esprit du droit romain*, trad. Meulenaere, t. IV, p. 14). — « Ennemie jurée de l'arbitraire, la forme est la sœur jumelle de la liberté... Les formes fixes sont d'école de la discipline et de l'ordre » (IHERING, *op. cit.*, t. III, p. 165).

quelles les droits sont reconnus et réalisés en cas de conflit, en un mot les règles suivant lesquelles l'Etat rend la
justice civile aux citoyens.

La justice est rendue au nom de l'Etat, au nom de la
nation, « du peuple français », disent nos jugements.
C'est un service public de l'Etat. La procédure est le mode
suivant lequel fonctionne ce service.

Bien qu'elle protège des droits privés, la procédure civile fait partie du droit public. L'idée contraire qui prévaut en France depuis longtemps est, je crois, une erreur.
Les procès civils ont pour objet des droits privés. Mais
les formes et garanties suivant lesquelles ces procès sont
jugés sont des règles de droit public : il en est ainsi des
règles du débat oral, de la publicité des débats et des jugements, des motifs des jugements, et des autres règles
de la procédure ; ce sont des règles de droit public, fixant
les rapports des citoyens et de l'Etat dans le fonctionnement de la justice civile. Cette idée simple, mais essentielle, contient en soi toute une révolution dans le domaine de notre procédure civile. Elle ne me paraît pas
sérieusement contestable. Il s'agit sans doute ici de procès
privés, de rapports d'ordre privé ; mais ces procès sont
jugés suivant des règles établies pour le fonctionnement
d'un service public. Si, en général, l'Etat n'est pas intéressé à l'objet du procès, il est intéressé à son développement, à son instruction, à son jugement.

e) Je laisse de côté, dans cet exposé sommaire de la
fonction juridique des règles de la procédure civile, ce
qui concerne la conciliation et l'arbitrage. Sans doute

les lois de procédure doivent contenir des mesures en
vue de la conciliation des procès par le juge avant l'instance ou au cours de l'instance ; mais il ne faut pas se
laisser aller à des illusions exagérées ; la tâche principale
est de bien organiser la procédure d'instance et la procédure d'exécution ; l'œuvre de conciliation n'en sera que
plus facile. Quant à l'arbitrage, il doit être vu sans doute
avec faveur ; mais il ne peut convenir qu'à des cas particuliers ; considéré autrement, et comme un mode nor-
mal de jugement des procès, il est, quoi qu'on en dise,
une forme primitive de justice, un stade inférieur : on ne
le voit se développer que quand la justice de l'Etat fonctionne mal, est trop lente ou trop coûteuse.

II

Il est facile de dégager, ces premières notions générales une fois posées, le rôle social et économique de la
procédure. Il ne peut y avoir de société sans règles de
droit positif ; il ne peut non plus exister de société sans
règles de procédure, assurant la reconnaissance et le respect du droit. Il y aura toujours des procès, car il y aura
toujours des conflits de droits et d'intérêts, des passions
et des haines, des obscurités et des contestations. On
entend parfois des avoués ou des avocats dire d'un ton
attristé : On ne plaide plus ! On plaide moins qu'autrefois ! Ne les croyez pas. Le nombre des procès civils et

commerciaux ne varie guère d'une année à l'autre ; dans l'ensemble, il n'a guère cessé, depuis qu'on fait des statistiques, de s'accroître lentement ; l'objet des litiges varie avec les changements économiques et les réformes législatives ; le nombre des litiges ne diminue pas, au contraire. La procédure répond à un besoin social permanent ; il faudra toujours des règles pour permettre aux particuliers d'obtenir en justice le respect de leurs droits.

Le rôle social de la procédure est ainsi, en assurant la réalisation des droits, de procurer la paix juridique qui est une partie de la paix sociale, de maintenir l'harmonie entre le droit et la situation de fait. Une bonne procédure, dans un pays, est un élément de force, de vitalité ; elle donne aux citoyens le sentiment de la sûreté et de la sécurité des droits, la confiance dans le droit ; elle rassure les uns ; elle intimide les autres ; la justice civile fonctionnant mieux, il y a moins de répression pénale.

La procédure a par là même un intérêt économique très appréciable. Une procédure bien réglée est un facteur de progrès et de richesse. La valeur des droits se trouve accrue par la confiance dans la justice, par la certitude d'une protection efficace.

Il en est ainsi notamment pour cette partie spéciale de la procédure qui s'occupe de l'exécution forcée : son importance sociale et économique n'a pas besoin d'être démontrée. Il est clair que la certitude du prompt recouvrement des créances est une source de crédit et qu'au contraire le crédit est plus difficilement obtenu si l'exécution est entourée de trop de formalités. D'un autre côté, s'il faut protéger le créancier, il faut aussi établir des ménagements en faveur des débiteurs ; des lois d'exécution trop rigoureuses créent des misères imméritées, provoquent la haine, le désespoir et la révolte ; les conflits entre créanciers et débiteurs ont été, à certaines époques, de véritables luttes de classes (1). On a été amené à protéger contre les poursuites du créancier la personne du débiteur (loi abolissant la contrainte par corps), le salaire de l'ouvrier et de l'employé, certains objets mobiliers, certains immeubles même. Les lois sur la procédure d'exécution, plus encore que les autres lois de procédure, intéressent gravement les classes laborieuses ; des réformes nombreuses ont été faites à cet égard ; d'autres sont en projet.

Comment pourrait-on d'ailleurs nier ce caractère social des lois de procédure quand on se rappelle tant de lamentations séculaires, de misères, de souffrances, de colères causées par les abus de la procédure, abus du fisc, abus des gens de loi qu'enrichissent les procès, « chicaneurs » ou « chicanous » de Rabelais, « clercs, basochiens, mangeurs du populaire (2) ? »

(1) CPR. IHERING, *Etudes complémentaires du droit romain*, trad. Meulenaere, t. IV, p. 236, 244.

(2) RABELAIS, liv. I, ch. xx.

III

Notre procédure française, bien que depuis longtemps
elle contienne certaines garanties essentielles, telles que,
par exemple, l'oralité et la publicité des débats, a toujours été impopulaire; et on ne peut contester qu'elle
mérite, en partie du moins, cette impopularité à raison
de ses complications, de sa lenteur, de sa cherté. Il faut
rappeler en effet (et je dois insister quelques instants
sur ce point) que la procédure civile ne remplit bien son
but social et économique que si elle est simple, rapide
et peu coûteuse.

a) Les formes de la procédure doivent être simples,
strictement restreintes à ce qu'exige le bon sens, la raison, l'expérience. Trop compliquée, la procédure
manque évidemment son but; elle va contre son rôle de
protection. Or, beaucoup de nos procédures sont trop
compliquées. On a voulu trop prévoir; on a trop régle-
menté (1). Il y a excès de formalités, hypertrophie dangereuse : on écrase les gens qu'on veut protéger sous un

(1) « Le désir d'éluder les lois a produit les subtilités et la chicane ; le désir de prévenir les artifices de la fraude a fait recourir à des expédients particuliers. A mesure que l'ennemi inventait
de nouvelles attaques, les ingénieurs de la loi inventaient de leur
côté de nouvelles défenses ; mais ils se sont laissé séduire par
leur propre finesse et ils ont multiplié les règles dans un sujet qui
en demande très peu » (BENTHAM, *op cit.*, liv. I, chap. III).

amas de précautions. C'est ce qui se passe par exemple pour les procédures destinées à protéger les mineurs ou interdits ou encore pour les procédures de partage judiciaire ou de vente judiciaire d'immeubles. La propriété immobilière est surtout l'objet d'une protection excessive et ruineuse. Et aux abus du formalisme de la loi se joignent tous les abus, souvent pires, de la pratique. Il n'est pas étonnant que les justiciables qui souffrent ou ont souffert de ces complications injustifiables aient autant la haine de la procédure et redoutent autant d'avoir affaire à la justice. La procédure trop compliquée n'atteint plus son but social ; elle est parfois plus mauvaise et plus dangereuse que le mal même ou le danger qu'elle a pour objet d'éviter.

b) La procédure, si elle est trop lente, va aussi directement contre son but ; elle est antisociale. Il n'est pas besoin de rappeler combien de maux, de misères, de souffrances, de larmes, de haines, cause ou entretient la lenteur des procès, telle que nous l'avons en France, quelle impopularité en résulte, quelle défiance des masses, quelle insécurité. Que de droits certains ont dû être abandonnés à cause de la lenteur de la justice ! Que de transactions ont été arrachées à la détresse et au découragement ! On voit constamment, dans des affaires extrêmement simples, les dossiers rester ensevelis pendant des mois et des années dans les études et dans les greffes. Il y a des jugements tellement tardifs qu'ils n'ont presque plus d'intérêt quand ils sont rendus. Les maux d'une justice tardive, on l'a dit, équivalent au mal

même de l'injustice ; en d'autres termes, la lenteur de la
justice est une forme de l'injustice (1). La procédure
trop lente ne protège plus les droits ; elle ne donne plus
le sentiment de la sécurité. On entend souvent des
avoués ou des avocats dire qu'il est bon que les affaires
ne soient pas jugées trop vite, qu'ainsi les procès se
tassent, que les plaideurs se calment et que, si une tran-
saction n'intervient pas, du moins le jugement rendu
après un certain temps est mieux accepté. C'est là un
pur sophisme ; il est bien ancien, on le retrouve dans le
discours du juge Bridoie qui tirait au sort des dés la solution des procès après avoir fait attendre longtemps la
sentence (2). Non ! L'idéal d'une bonne justice n'est pas
de prolonger la lassitude et le découragement des plaideurs pour leur faire mieux accepter le jugement.

On répète souvent un vieux dicton qui est malheureusement bien vrai : « Mauvais accommodement vaut mieux
qu'un bon procès ». Ce sont les complications et les lenteurs des procès qui l'ont fait naître et qui en maintiennent la profonde vérité. Si la procédure était bien
organisée, on ne songerait pas à abandonner un bon

---

(1) BELLOT, *Loi sur la procédure civile de Genève*, p. 83.

(2) « Le temps mûrit toutes choses ; par temps toutes choses
viennent en évidence ; le temps est père de vérité. C'est pourquoi,
comme vous autres, Messieurs, je sursoie, délaye et diffère le jugement, afin que le procès, bien ventilé, grabelé et débattu,
vienne par succession de temps à sa maturité, et le sort, par
après advenant, soit plus doucettement porté des parties con-
damnées... Je les appointe tous. Pourquoi ? Je les prends sur leur
fin, bien mûrs et digérés » (RABELAIS, liv. III, chap. XL et XLI).

droit contesté ; on penserait plutôt, avec Ihering, que c'est un devoir pour tout citoyen de défendre son droit en justice, si insignifiant qu'en soit l'intérêt, de ne pas en céder la moindre parcelle, parce qu'en résistant avec énergie à une prétention injuste, en poursuivant la répression des attaques ou des atteintes dont son droit est l'objet, chacun personnifie la cause de la justice et du droit, et défend l'intérêt social (1). Mais, dans l'état actuel de la procédure, on doit avouer qu'il faudrait souvent un véritable héroïsme pour suivre le conseil d'Ihering (2).

c) Une procédure trop coûteuse va aussi contre le but social de la procédure ; la cherté excessive de la justice est encore une forme de l'injustice. L'Etat, disait d'Aguesseau, ne s'acquitte pas de son devoir de justice quand il vend ce qu'il doit donner. Aujourd'hui

---

(1) « Celui qui est attaqué dans son droit doit résister ; c'est un devoir qu'il a envers lui-même... La défense du droit est en même temps un devoir envers la société... Il ne suffit pas, pour que le droit et la justice règnent dans un pays, que le juge soit toujours prêt à monter sur son siège, et la police prête à envoyer ses agents ; il faut encore que chacun contribue pour sa part à cette grande œuvre... Quelle haute importance ne prend pas le combat de l'individu pour son droit quand il se dit : c'est le droit tout entier qu'on a lésé et nié dans mon droit personnel, c'est lui que je vais défendre et rétablir » (*Le combat pour le droit*, trad. Meydieu).

(2) « A combien de fois me suis-je fait une bien évidente injustice pour fuir le hasard de la recevoir encore pire des juges, après un siècle d'ennuis et d'ordes et viles pratiques plus ennemies de mon naturel que n'est la géhenne et le feu » (MONTAIGNE, *Essais*, liv. III, chap. x).

on ne paie plus les juges, mais les procédures sont
frappées de taxes élevées et évidemment injustes, puisqu'elles frappent surtout les incapables, ou les débiteurs
obérés. Jointes aux frais considérables dus aux auxiliaires de la justice, ces taxes rendraient la justice inaccessible à un grand nombre de personnes si on n'avait
institué l'assistance judiciaire dont le bénéfice est de
plus en plus largement étendu. On en arrivera bientôt à
ce résultat que la moitié des procédures sera gratuite,
tandis que l'autre moitié entraînera des frais énormes.
Ce n'est pas là une solution rationnelle du problème, si
ancien et si important, des frais de justice. Nous ne dis-
cutons pas d'ailleurs l'argument vieilli et, à notre avis,
bien peu exact, d'après lequel les frais sont un frein
nécessaire à l'esprit de chicane et une barrière élevée
contre les mauvais procès ; il est clair qu'on peut, par
des amendes et des dommages-intérêts, établir d'autres
freins et d'autres barrières.

d) Une étude, même superficielle, des institutions de
la procédure, laisse l'impression que ces institutions sont
presque toujours en retard à l'égard des autres institutions du droit et en désaccord avec le mouvement général
des idées. Tout change dans un pays, les mœurs, l'opinion, le régime politique, les méthodes scientifiques ; les
règles de procédure se maintiennent presque immuables.
Nos institutions de procédure remontent en grande partie à l'ordonnance de 1667 ; beaucoup d'entre elles ne
répondent plus à rien de réel et de vivant ; on ne peut cependant arriver à les faire disparaître : nulle part ailleurs

il n'y a une si grande force de résistance du passé, une telle coalition d'intérêts coalisés contre les demandes de réformes. Notre Code de procédure paraît ignorer la poste, le télégraphe, le téléphone; il persiste à faire remettre à grands frais par des huissiers bien des actes que la poste remettrait aussi bien. Il ignore les chemins de fer et les grandes lignes de navigation; il donne à celui qui doit comparaître en justice un délai qu'il calcule à raison d'un jour pour 50 kilomètres; le défendeur qui habite Londres a un mois; il a cinq mois s'il habite New-York et huit mois s'il habite San Francisco. L'injustice des taxes judiciaires et d'une façon générale des frais de justice apparaît à tous avec évidence; elle dure toujours ; elle a résisté à des siècles d'imprécations; on a supprimé bien d'autres impôts moins criants. C'est que les justiciables, a dit avec raison Bentham (1), sont des gens épars; ils ne sont pas une classe. Ils ne peuvent guère se syndiquer. Leurs plaintes restent vaines. Que peuvent-ils contre le fisc si avide et les hommes de loi si puissants ?

IV

Pour remédier aux maux actuels de notre procédure civile, pour avoir une procédure simple, rapide, moins coûteuse et donnant en même temps toutes les garanties

______

(1) BENTHAM, *Traité des preuves*, liv. I, chap. II.

d'une bonne justice, il serait nécessaire, à mon avis, non
seulement de simplifier les formes, d'abréger les délais et
de diminuer les frais, mais encore de suivre, tant dans
l'élaboration des règles législatives que dans l'interprétation des lois actuelles ou futures, une orientation nouvelle. Deux règles très simples doivent guider le législateur et l'interprète de la loi ; d'une part le juge doit avoir
une direction plus grande de la procédure et de l'instruction des procès ; d'autre part, les règles et la pratique de
la procédure doivent toujours s'inspirer de l'idée essentielle que la procédure n'a d'autre but que le triomphe du
droit et de la vérité.

I. *a*) Notre procédure civile est d'abord trop abandonnée aux parties, à leurs avoués et avocats ; il y a là une
grande source de frais, de lenteurs et de complications.
C'est une conséquence de cette erreur déjà signalée qui
voit dans les institutions de procédure des règles de droit
privé ; on dit que les parties sont maîtresses du procès,
donc de la procédure, que c'est à elles à agir et à diriger
leur procès, qu'elles disposent de leurs droits et par suite
de la procédure qui leur permet de les faire reconnaître
et respecter, que le juge n'a d'autre fonction que de statuer quand l'affaire lui sera soumise ; on en arrive ainsi
à admettre que le rôle du juge est jusqu'au jugement à
peu près passif.

Ce système, auquel, je le répète, on doit en grande
partie les lenteurs et les complications des procédures,
les remises indéfinies qui, dans les tribunaux inoccu-
pés, sont évidemment sans excuse, l'arriéré lamentable,

la dette flottante de la justice que révèlent toutes les statistiques, ce système est aussi inexact dans son principe que
mauvais dans ses conséquences pratiques. Il est contraire
à la notion essentielle de la justice rendue par l'Etat.
C'est au juge, chargé d'assurer la marche de ce grand service public qu'est la justice civile, à diriger la procédure.
Il n'est pas un arbitre privé ; il est un juge d'Etat ; c'est
l'activité de l'Etat qui s'exerce. Le juge ne doit donc pas
être, quant à la marche des procès, à la disposition des
plaideurs. Sans doute l'objet du procès appartient aux
parties (encore y a-t-il bien des réserves à faire ici) ; mais
la procédure ne leur appartient pas. Elles peuvent ne
pas plaider ; mais, si elles s'adressent au juge, c'est à lui
de diriger la marche du procès. L'Etat doit la justice ; il
la doit rapide et simple ; il ne peut donc laisser les plaideurs, ou les avoués ou avocats, libres d'allonger, de compliquer le procès, et ainsi d'entraver et de retarder le
cours de la justice à l'égard de tous les justiciables. Il
doit d'office accélérer la marche des procès, en hâter la
solution ; et, en dirigeant d'office la procédure, le juge
y trouvera cet avantage de pouvoir aider les plaideurs,
corriger des erreurs, éviter des nullités ou des déchéances (1), empêcher des abus de formalisme, assurer
mieux l'égalité devant la justice, la protection des plus
faibles et des plus pauvres qui, actuellement, malgré
l'assistance judiciaire, n'est peut-être pas toujours parfaitement garantie.

(1) Cfr. C. proc. autr. §§ 6, 85.

Ce sont les avantages qu'a cherchés et qu'a obtenus le
Code de procédure d'Autriche de 1895 en donnant au
juge la direction des procédures. Il est arrivé à diminuer considérablement la durée des procès. Le juge con-
duisant la procédure peut empêcher cette dissémination
des procès qui est, chez nous, une des causes des lenteurs
de la justice. Devant nos tribunaux on plaide séparément sur des exceptions de procédure, sur les preuves à
fournir, sur le fond. Avec les remises successives, les in-
cidents, les jugements interlocutoires frappés d'appel,
les enquêtes faites loin du juge qui ne les connaît que
par de froids et incolores procès-verbaux, on arrive à
une dispersion excessive de l'instance. Dans le système
autrichien (1), l'affaire vient à une première audience devant le président, juge unique ; on tranche les questions
préliminaires de procédure, on organise les débats futurs.
A l'audience du tribunal pour laquelle l'affaire est fixée,
on entend les plaideurs, les témoins, les experts et on
plaide sur le fond. Toutes les preuves sont directement
soumises aux juges qui, en principe, statuent de suite sur
le fond, comme dans notre procédure sommaire. Ajou-
tons que les tribunaux n'accordent que très difficilement
des remises. On a là une procédure vraiment rapide et
intensive. Pour juger vite, l'expérience de dix ans prouve
qu'on ne juge pas moins bien.

Le juge dirigeant la procédure, c'est là, à notre avis,
la clef de la réforme, le seul moyen de diminuer les len-

____

(1) C. proc. autr., §§ 181 et suiv., 239, 288 et suiv.

teurs et les périls des procès, de ramener la procédure à sa fonction qui est le service du droit, du bien public, de la paix sociale. On rapproche la procédure civile avant l'audience de la procédure administrative et le débat du procès civil à l'audience du débat du procès pénal.

b) Dirigeant d'office l'instance, le juge doit veiller à ce que les preuves soient apportées aussi complètement et aussi exactement que possible. Ici encore il ne doit pas jouer un rôle passif. On répète souvent que le juge doit statuer sur ce qu'on lui soumet sans avoir d'initiative à prendre, que les parties, disposant de l'objet du procès, disposent des moyens de preuve. C'est une erreur certaine. Même quand elles disposent de l'objet du procès, on ne peut dire que les parties, à l'égard du juge qui doit statuer, disposent des preuves et des faits. Le juge doit d'abord vérifier et contrôler ce que les parties avancent et les moyens de preuve qu'elles produisent : autrement il pourrait statuer sur un procès imaginaire et sur des titres faux. Mais il peut de plus compléter les moyens de preuve apportés. Il peut d'office chercher d'autres preuves. On ne doit pas s'en tenir étroitement à la règle d'après laquelle c'est à chaque partie de prouver les faits qu'elle avance, à établir le droit qu'elle allègue. La loi française autorise déjà le juge à ordonner d'office une enquête, une expertise, la comparution des parties, l'examen de l'objet litigieux, à déférer le serment. On peut aller plus loin et décider que le juge pourra d'office ordonner l'apport des pièces qui sont aux mains d'un des plaideurs ou d'officiers publics ou même de tiers, ou ordonner l'audition de témoins autres que ceux indiqués par les parties (1).

Il y a d'ailleurs une limite nécessaire à ce pouvoir du juge : un accord des deux parties peut exclure du procès certains faits, certaines pièces, certains témoins. Le juge ne peut aller ici contre la volonté commune des parties. Il n'est pas un juge d'instruction. Il s'agit de procès privés, de vie privée, de famille, de patrimoine. Les parties peuvent tenir à laisser dans l'ombre des faits, des correspondances. Le juge ne peut troubler les familles, éveiller des scandales oubliés ; son pouvoir de recherche n'est pas un pouvoir d'inquisition. Si les parties s'opposent à certains moyens de preuve, il s'arrêtera et alors s'appliquera le seul principe que la prétention non établie doit être écartée (2).

c) Le juge enfin ou un fonctionnaire public sous sa direction devrait conduire la procédure d'exécution forcée, organiser les mesures d'exécution les plus efficaces pour le créancier poursuivant et éventuellement pour l'ensemble des créanciers, empêcher les abus de poursuite, les saisies multipliées et exagérées, les ventes inopportunes. Les poursuites d'exécution devraient être plus centralisées et non laissées autant à l'arbitraire des créanciers qui agissent séparément et parallèlement, en accumulant les frais de poursuite. Il y a dans cette partie de notre procédure de grands abus qui appellent des ré-

(1) V. C. proc. autr. §§ 181 et suiv.
(2) C. proc. autr. § 183.

formes vigoureuses. Il est scandaleux qu'on ne puisse vendre en justice des immeubles de moins de 500 francs sans que les frais absorbent presque entièrement le prix de l'adjudication. Ne devrait-on pas aussi empêcher qu'un bien soit vendu en justice à vil prix, et sauvegarder à cet égard en même temps les intérêts des créanciers et ceux des débiteurs ? Et, à côté de la protection du salaire, du bien de famille, on pourrait aussi songer à protéger ces misérables mobiliers qui ne valent guère plus que les frais de la saisie et de l'adjudication et dont la dispersion est pour certaines familles un désastre irréparable ; car, le mobilier dispersé, c'est l'hôtel meublé, l'abandon du mari, le divorce. La procédure d'exécution forcée, si elle était organisée et dirigée par un juge serait, à notre avis, à la fois plus efficace, moins coûteuse et moins désastreuse pour le débiteur (1).

d) Ce rôle du juge dans l'instance, dans l'instruction, dans l'exécution, est sans doute conforme aux idées actuelles sur l'intervention grandissante de l'Etat, sur la protection des classes pauvres, et on peut dire qu'il met la procédure d'accord avec le mouvement politique, économique, social. Mais il se justifie, sans qu'il soit besoin d'examiner cet aspect du sujet, parce qu'il est seul en harmonie avec le principe supérieur de la justice rendue par l'Etat, et parce que seul il permet d'atteindre le but social de la procédure ; car on peut bien dire que

____

(1) Cpr. Loi fédérale suisse du 11 avril 1889 ; loi autrich. sur la procédure d'exécution du 27 mai 1896.

le système de la procédure dirigée par les parties, les avoués et les avocats, n'a pas donné de bons résultats.

Il ne faut d'ailleurs rien exagérer : il y a bien entendu des questions de mesure et d'opportunité, de mœurs et d'opinion. Il s'agit ici seulement de donner une idée directrice.

Je reconnais au surplus que ce système de procédure qui donne au juge un rôle si considérable suppose des juges excellents, d'une très grande expérience et d'un très grand savoir, d'un grand prestige, d'une indépendance absolue. Une réforme de la procédure dans ce sens est liée à la réforme de la magistrature.

II. Toutes les règles de procédure doivent enfin être dominées par cette idée essentielle que la procédure a pour objet la recherche de la vérité et la réalisation du droit. De nombreuses conséquences en dérivent qu'il me reste à indiquer brièvement.

a) Il faut tout d'abord éviter le plus possible que le formalisme aboutisse à la perte du droit, que la forme emporte le fond (1). La procédure étant le moyen d'arriver au droit et à la vérité, il est clair qu'elle va contre son but si elle fait disparaître le droit par suite de nullités ou de déchéances de procédure. La connaissance du but impose ici la méthode au législateur et au juge. En général, on peut dire que la loi est mauvaise si une erreur de procédure fait perdre un droit que la loi civile voulait

(1) « En procédure judiciaire les formalités détruisent les matérialités et substances » (RABELAIS, liv. III, ch. XL).

conserver (1). Il faut toujours rappeler la phrase de La Bruyère : « Une belle maxime pour le Palais, utile au public, remplie de raison, de sagesse et d'équité, serait précisément la contradictoire de celle qui dit que la forme emporte le fond ».

b) Le juge doit avoir la libre appréciation des moyens de preuve. Le système des preuves légales doit à cet égard disparaître complètement. Les règles de la procédure, faites pour faciliter la recherche de la vérité, ne doivent pas s'opposer à sa libre constatation. La vérité judiciaire n'est pas une autre vérité que la vérité ordinaire. Il ne faut pas que le juge ignore systématiquement ce qui est certain pour tout autre que lui. Les méthodes de la science moderne ne veulent pas d'obstacles à la recherche de la vérité : il doit en être de même en procédure. Et on peut observer ici que, dans un grand nombre de procès, il y a grand avantage à ce que le juge entende les parties elles-mêmes, les témoins, les experts et, d'une façon générale, soit en contact direct avec les éléments d'instruction du procès.

c) Les plaideurs ou leurs représentants doivent être tenus de dire la vérité dans l'exposé des faits du procès (2); des peines doivent les atteindre s'ils se rendent coupables de mensonge, en affirmant un fait faux ou en niant un fait vrai. Il ne s'agit pas de frapper l'erreur ni même la négligence, mais la mauvaise foi. Il n'y a pas de droit

(1) BENTHAM, *op. cit.*, liv. I, ch. II.
(2) C. proc. autr. § 178, 313, 326, 354.

au mensonge; la procédure doit être le chemin de la justice et de la vérité. « En justice et jugement on ne doit dire que la vérité (1) ». Des peines édictées contre les débiteurs qui auraient nié de mauvaise foi leurs dettes seraient, fussent-elles rarement appliquées, très utiles pour rappeler aux plaideurs que tous les moyens de défense ne sont pas permis.

d) Le débat écrit ou oral doit être conduit avec franchise, droiture et loyauté. Un procès ne doit pas se gagner comme une partie d'échecs par suite de manœuvres habiles. On doit apporter dans la procédure une constante bonne foi. L'avoué ou l'avocat qui, par exemple, réserve pour le débat de l'audience ses moyens décisifs et, dans ses conclusions écrites, ne met pas l'adversaire au courant des armes dont il se servira contre lui parce qu'il entend le surprendre à l'improviste, manque à son devoir de discussion franche et loyale : il n'est pas un bon auxiliaire de la justice. La procédure a pour objet, dans une instance, la recherche de la vérité : la loi et le juge doivent veiller à ce qu'elle ne serve pas d'arme à l'esprit de chicane et à la mauvaise foi.

e) Enfin, en matière d'exécution forcée, la même idée doit conduire à des sanctions énergiques contre ceux qui se soustraient de mauvaise foi à l'exécution des jugements rendus contre eux. Il est nécessaire sans doute que des ménagements soient apportés aux poursuites d'exécution, que le salaire, le bien de famille, une partie

______

(1) RABELAIS, II, ch. X.

du mobilier, soient à l'abri de la saisie. Mais à l'inverse on doit empêcher ce scandale trop fréquent d'un débiteur condamné échappant à toutes les poursuites, dissimulant ses biens, se moquant des condamnations prononcées contre lui et narguant ses créanciers. La procédure ne remplit pas son but social si elle ne sanctionne pas d'une façon efficace les ordres des juges et les condamnations des débiteurs.

L'étude et la préparation d'autres réformes jugées plus urgentes ou plus faciles ont fait négliger en France la réforme, si souvent promise et si souvent ajournée, de la procédure civile. Là aussi cependant il s'agit bien d'une réforme sociale. On ne saurait oublier le devoir essentiel de l'Etat qui est d'assurer une bonne justice, rapide et peu coûteuse : on ne saurait oublier les abus et les grands maux d'une justice lente et compliquée. Pour faire une bonne réforme, il faut considérer avant tout le rôle social de la procédure, son but essentiel qui est de réaliser le droit et de donner au public une forte confiance dans la justice. Les procédés techniques ne viennent qu'ensuite : ils ne sont que le moyen d'atteindre le but cherché.

Je terminerai ces observations bien sommaires en disant, et personne ne me contredira, que ce serait un légitime sujet d'orgueil pour un gouvernement, pour un Parlement, que de pouvoir dire qu'ayant trouvé une procédure lente, chère, compliquée, ils ont laissé une procédure simple, populaire, rapide, peu coûteuse, soutien véritable du droit, de la justice, de la vérité.

Albert Tissier.

LA MÉTHODE EN DROIT COMMERCIAL (1)

Messieurs,

Arrivés au point qu'occupe cette conférence dans la série des entretiens qui se succèdent depuis deux mois dans cette École relativement aux méthodes actuelles adoptées par l'enseignement du droit, vous n'attendez pas de moi, je pense, des considérations sensiblement différentes de celles que mes devanciers vous ont déjà produites.

Bien que la loi de la spécialisation tende de plus en plus à procurer l'autonomie à des branches d'études autrefois réunies, il serait téméraire de prétendre que chaque partie de l'enseignement du droit obéit à une méthode distincte de celle des autres. La méthode ne se modifie même que très lentement, les sciences juridiques étant par leur nature propre assez conservatrices.

S'il y a une démarcation à établir entre elles, c'est en deux groupes seulement qu'il faut les décomposer : droit public d'une part, droit privé de l'autre.

(1) Leçon faite au Collège libre des sciences sociales le 24 janvier 1910.

Le droit public subit les vicissitudes et les alternatives de la politique, de l'état général de l'opinion sur la protection due au citoyen, sur les charges qu'il doit supporter, sur les libertés, sur les entraves que la liberté nécessite. C'est un droit changeant qui n'est pas cristallisé dans des Codes, précisément parce qu'on sait qu'il changera. Il prête par conséquent davantage à l'esprit de critique, aux appréciations divergentes et, comme le temps n'a pas toujours le loisir de mûrir l'institution, le sens de celle-ci et sa portée d'application demeurent livrés aux controverses. En quelques années de nouvelles orientations se dessinent, et la génération suivante peut soutenir que sa méthode est plus large, qu'en tout cas elle est autre que celle qui avait précédemment cours.

Pour le droit privé, il n'en va plus tout à fait de même. La législation commerciale, comme la législation civile, a une certaine fixité. Les traités et les commentaires en précisent les effets, les conséquences pratiques. A leur base apparaît une coordination de textes qui, sans être immuables, ont besoin de ne pas souffrir de trop fréquentes altérations. La jurisprudence, dans l'enchaînement de ses arrêts, concourt à cette stabilité au moins relative. La loi prenant le recul du temps acquiert plus de respect, plus d'autorité, et aussi plus de netteté. Une opinion commune s'est faite au sujet de ses applications.

Au risque de plaider un paradoxe, le droit privé, plus que le droit public, exige une interprétation ferme mettant le justiciable à l'abri de l'arbitraire ou du caprice des magistrats, lui faisant savoir d'avance dans quel sens il sera jugé. Cette fermeté d'interprétation n'est possible que si les institutions ne sont pas perpétuellement remises en discussion et si une méthode changeante ne leur fait point de dix en dix ans faire volte face.

Sans doute il n'est pas indifférent à un citoyen de payer un impôt ou de s'y soustraire, de figurer sur les listes électorales ou d'en être rayé, de conserver vis-à-vis de la puissance publique le droit de manifester ses idées, de se réunir à d'autres, de propager ses croyances ; ou, au contraire, d'être refoulé de l'une ou de l'autre de ces libertés par des considérations vraies ou prétendues de sécurité générale et d'harmonie publique.

Mais une lésion de ses intérêts et de ce qu'il croit être son droit lui est plus pénible encore en législation privée. Là il tient à vivre sous un droit assez durable pour le garantir contre un semblable risque. Etre lésés de nos droits en législation privée, c'est nous voir méconnaître l'autorité que nous avons dans la famille, apprendre qu'on nous dispute une participation à succession, savoir qu'une créance nous est contestée. Nous sommes pris au vif de nos intérêts de parents, d'héritiers, ou de nos intérêts pécuniaires résultant d'un placement de fond et, dans le commerce, d'une organisation d'affaires. Tout cela ne peut pas être abandonné à la fluctuation de méthodes qui se répercuteraient sur notre état de famille et surtout, car il ne faut pas nous dissimuler l'importance du

côté matériel des préoccupations humaines, sur notre
état de fortune.

Je ne veux pas prolonger cette première réflexion. A
elle seule, elle traduirait assez mal ma pensée. Tel que
nous le comprenons et l'appliquons, le droit n'a pas le
caractère hiératique. S'il s'est libéré de la théologie,
avec laquelle, quoi qu'on fasse, il conserve une certaine
communauté de tempérament, ce n'est pas pour se figer
dans l'immuable. Autrement, il cesserait d'occuper un rang
parmi les sciences. Le droit, depuis vingt ans surtout, a
fait des progrès réels, afin de prendre plus d'air, plus de
lumière parmi les sciences qui gouvernent les rapports
des hommes. Et cela paraît particulièrement vrai pour le
droit commercial. L'esprit critique s'y joue avec plus
d'aisance qu'autrefois et, quand je parle d'esprit critique,
je vise moins l'esprit de combat envers des institutions
qu'il s'agirait de refaire, que l'esprit qui s'attache à rechercher le pourquoi de la loi, sa conformité aux intérêts
qu'elle doit sauvegarder, les résultats économiques et
sociaux qui en découlent, l'équilibre qu'elle maintient
dans le choc des rivalités ou des compétitions, et au total
la vérification de sa légitimité.

Sans tourner le dos aux méthodes anciennes, sans en
prendre le contre-pied, le droit privé, le droit commercial notamment a combiné avec ces méthodes des méthodes plus jeunes, à certains égards plus hardies, qui
doivent l'avoir retrempé, lui avoir inculqué un supplément de force. Je vous demande la permission de dire
quelques mots de la *méthode d'observation* qui, si on la

laissait seule maîtresse du terrain, n'arriverait pas à former des jurisconsultes armés d'une doctrine serrée et en possession de solutions sûres, mais qui, prise comme mode d'information des lois préalable à la lecture des textes, devient au contraire une méthode bienfaisante entre toutes, quelque chose comme un phare d'accès aux institutions. Bienfaisante, à la condition de se compléter par une *méthode constructive* communiquant aux institutions leur profil juridique. Après quoi peut et doit rentrer en scène la *méthode scolastique*, j'entends la méthode d'examen des textes, celle qui autrefois paraissait seule en honneur et que quelques personnes aujourd'hui ont tort de dénigrer à l'excès. Cette méthode a passé au second plan, c'est vrai ; mais elle n'a pas disparu, et il serait tout à fait déplorable qu'on cessât d'en faire usage. Je ne crois même pas, au point de vue du temps qu'on y doit consacrer dans nos Écoles et de l'importance des méthodes qu'elle doit mettre en valeur, que cette méthode traditionnelle subisse, du fait de celles qui prétendent lui servir d'éclaireurs, un refoulement appréciable.

Ainsi, méthode d'observation, méthode de constructions juridiques, méthode scolastique ou de lecture des textes appuyés sur la jurisprudence, tel est l'éclectisme, tel est le triple facteur sur lequel se développe l'enseignement français du droit commercial, et c'est ce que je vais essayer de faire saisir.

Et d'abord la *méthode d'observation*. Elle fait aujourd'hui du droit une science sœur de l'économie politique et des sciences sociales. Lorsqu'une institution se présente à nous, nous ne courons pas immédiatement à la disposition législative qui la concerne. Nous cherchons d'abord à nous rendre compte de cette institution prise dans la vie des hommes, tout comme si aucune loi écrite n'avait été promulguée à son sujet, et qu'elle n'existât qu'à l'état d'usage. Se demandait-on autrefois quel est le rôle, quelle est la fonction de la loi ? J'en doute. On l'acceptait telle quelle, parce qu'elle était la loi. Entre le légiste et l'homme d'Etat il y avait un fossé profond. La loi était de vérité préétablie, on ne la raisonnait pas, on en dégageait les résultantes.Tel titre du Code avait été composé pour en formuler les préceptes. Ces préceptes donnaient, de l'institution prise sous l'aspect judiciaire, le premier et le dernier mot. C'est à quoi je faisais allusion tout à l'heure en parlant des rapports du droit et de la théologie.

Ce respect du texte était poussé si loin, qu'on éprouvait un véritable scrupule à déranger l'ordre matériel dans lequel les règles de l'institution se succédaient dans le Code. Il était poussé si loin qu'on ne jugeait dignes d'examen que les questions soulevées par la rédaction de la loi. On ne s'intéressait point aux contestations de nature à se produire en dehors des textes, parce que la loi écrite ne les avait point prévues : ces contestations n'existaient pas, de même qu'à l'inverse on perdait un temps précieux à développer des systèmes sur telle ou telle controverse suggérée par la rédaction d'un article, alors cependant qu'en pratique cette controverse n'avait pour ainsi dire aucune chance de naître, alors que l'institution tout entière règlementée par le Code était tombée en désuétude.

Qu'un sérieux mouvement de conversion se soit produit, il serait difficile de le nier. Le jurisconsulte, il est vrai, ne s'est pas converti en économiste. Chacune des deux sciences a ses hommes d'étude et ses travaux propres. L'homme de loi ne peut pas se livrer, dans le domaine de l'économie politique, à des investigations propres et originales. Il n'en a pas le loisir, les aptitudes lui font défaut. Il ne travaille que de seconde main la science de la richesse. Il ne dresse ni statistiques ni courbes annuelles des prix, des cotes de valeurs, des sociétés, des faillites, des importations ou des sorties, du tonnage des ports. Il ne discute pas le libre échange et la protection, la propagation du crédit de banque ou du crédit rural. Il laisse à d'autres que lui l'éclaircissement de ces graves problèmes.

Mais, à tout le moins, veut-il savoir quelles sont sur ces divers points les conclusions auxquelles l'économie politique est parvenue et, s'il s'est produit dans le sein des économistes plusieurs écoles, de quel côté penche l'opinion dominante, celle qui fait la loi, en supposant que celle-ci doive vraiment reproduire l'opinion générale. Sur les conditions de production, de circulation, de répartition de la richesse, les économistes ont commencé par émettre des propositions tantôt de principe, tantôt d'application ; puis ils ont formulé des *desiderata*. Les jurisconsultes ont ensuite recueilli ces données, de ma-

nière à s'assimiler la loi comme un organisme social
destiné soit à activer des efforts, soit à conjurer certains
conflits, soit à en apaiser d'autres. Un professeur de la
Faculté de Paris, auquel j'ai eu le grand honneur de
succéder, a beaucoup contribué à l'évolution de notre
enseignement, je parle de Rataud. Non pas qu'il ait procédé avec ostentation dans ce redressement, dans ce
nouvel aiguillage aux fins de l'application des méthodes.
Loin de là, cet esprit modeste, s'abstenant de rompre ou-
vertement en visière avec la méthode ancienne, et même
observateur très consciencieux de cette méthode en ce
qu'elle pouvait avoir de sage et de prudent, grand admi-
rateur de droit romain, a introduit le réalisme dans les
institutions par la voix d'exemples, de colloques échangés
et de dialogues impressionnants joués du haut de la
chaire, par la citation de formules prises dans les contrats.
Cerveau aussi peu doctrinaire que possible, il faisait de
l'économie politique peut-être sans même s'en douter, à
la manière dont M. Jourdain faisait de la prose. Ce mode
d'enseignement, repris aujourd'hui, paraîtrait trop dé-
garni d'idées générales : le frontispice dont il sied maintenant de décorer l'abord des institutions était chez lui
souvent absent. Mais ce n'est que rendre justice à sa
grande puissance de vulgarisation, de dire qu'il a plongé
le droit commercial dans la vie des affaires et qu'une vue
tout à fait nouvelle a été projetée par ce vigoureux
pionnier sur le monde du droit tel qu'il se meut et des
hommes tels qu'ils agissent.

Il faut convenir que le droit commercial disposait de

facilités particulières pour rajeunir ses méthodes au contact des sciences auxiliaires qui étudient la formation ou
la propagation de la richesse. L'économie politique,
même avant d'entrer dans l'enseignement officiel des Facultés de droit, comptait à son actif une bibliographie
fournie. L'école libérale, non encore battue en brèche
par les conceptions étatistes, avait déjà donné une forte
somme de publications. La composition systématique
et rigoriste de celles-ci prêtait sans doute à des reproches
d'observation insuffisante et de parti pris. Mais elle prêtait mieux aussi par sa facture un peu simpliste à l'ex-
pansion du livre dans le milieu des non-initiés, dans le
cercle des juristes qui cherchaient à se rafraîchir par
une atmosphère moins étouffante que ne l'était celle des
textes.

En face du plan du Code, il était possible, grâce à cette
contribution adventice, de composer un plan d'institution suivant la richesse du moment où elle se forme
par la récolte des produits ou par l'extraction du minerai
jusqu'au moment où elle s'absorbe par la consommation
des hommes, à travers les transformations de fabriques,
le trafic des transports et le concours des banques fournissant les capitaux de mise en œuvre. Chacune de ces
étapes est marquée par une institution juridique, dont
les traits prendront plus de relief et de vérité par le jeu
des tenants et des aboutissants.

D'autre part, le monde des affaires discute ses intérêts
par la voix de ses Chambres de commerce. Là encore il
y avait toute une bibliographie à utiliser. Chaque fois

qu'une proposition de loi demande une retouche aux lois antérieures, ou même lorsqu'aucune proposition n'est déposée, ces organes, que la loi a établi dans les centres de commerce ou d'insdustrie et qui placent les négociants d'une région dans un état de quasi-confédération permanente pour la protection de leurs professions, expriment des vœux ou des avis souvent longuement délibérés. C'est une documentation mise à la portée des jurisconsultes, et qui peut éveiller sur le sens de la loi des conceptions rectifiant celles que la simple lecture de la loi écrite aurait suggérées.

Peut-être doit-on chercher, dans cette abondance de renseignements fournis par les économistes et par les Chambres de commerce, la raison pour laquelle le droit commercial s'est avancé dans la voie nouvelle avec plus de hardiesse et d'élan que le droit civil. Ce dernier n'est pas resté stationnaire sans doute, mais il continue à serrer de près la lettre des dispositions codifiées. Il a témoigné d'une moindre indépendance que nous. Nous n'aurons pas le mauvais goût de lui en faire grief. La consultation des sciences auxiliaires lui est plus laborieuse, parce qu'elle ne voit pas trop à quelles sources extra légales elle pourrait s'alimenter. La famille, les successions et le régime de la terre, qui composent ses principaux motifs d'étude, n'ont pas été l'objet d'aussi nombreux travaux de publicistes que les sujets d'ordre commercial. L'économie politique parle surtout de la richessse mobilière et circulante. La production agricole ne lui est pas étrangère ; mais les types d'amodiation du sol n'ont pas été pour elle, jusqu'ici, minutieusement examinés. L'économie rurale, le crédit régional sont maintenant à l'ordre du jour ; hier encore on en parlait peu. A plus forte raison, la science économique ne dit-elle rien de la famille, qui est en dehors de sa sphère d'action. C'est dans les études de certaines associations libres, dans celles que publie l'Ecole de Le Play notamment, que le jurisconsulte civil aurait dû quérir les informations nécessaires pour mettre sa science professionnelle au point. Le travail était plus disséminé, le classement mal préparé. C'est avec la science sociale, plus encore qu'avec la science économique, qu'il fallait prendre contact ; or celle-là sort à peine de son embryon. Il est probable que l'opinion contemporaine, qui s'est éprise enfin de ces problèmes au point de brûler les étapes et de mettre les portions doubles afin de rattraper le temps perdu, influencera le droit civil dans ses méthodes et le fera bénéficier des résultats de progrès que le droit commercial croit avoir déjà, dans une large mesure, réalisés. Ne perdons pas de vue l'action puissante exercée sur la vulgarisation des problèmes de droit privé ou public de tout ordre par les associations, par les ligues de défense fondées en conformité de la loi de 1901 : ligues pour la défense des propriétaires, des locataires, des assurés, des pères de famille etc. Tout ce qui se dit dans ces milieux entrera tôt ou tard dans la science juridique à titre de facteurs de remaniement ou de meilleure compréhension des lois.

Pour revenir au droit commercial, on ne peut trop se louer du contre-coup exercé, dans nos Facultés, par la consultation des sciences d'observation sur la mise en valeur des institutions. Grâce à cette nouvelle prise d'aspect, chaque institution est devenue une « force » opérant sur l'activité humaine, force dont il faut multiplier ou modérer la portée, selon les cas, pour servir les plans de la moyenne des travailleurs.

La première de ces forces, c'est l'établissement lui-même, la maison d'où part journellement l'énergie de l'entrepreneur, industriel ou commerçant. Cette force se manifeste par la conquête ou par la conservation d'une clientèle ; des signes divers, enseignes, marques, firmes, sont autant de moyens d'appel ou de réclame qui sollicitent ou qui retiennent la pratique des acheteurs. Cette force devient débordante et trop volumineuse, lorsqu'elle s'attaque aux forces rivales par des procédés de fraude ou d'indélicatesse. Combien ma surprise était grande de constater, il y a trente ans, quand j'abordais la législation commerciale, le silence complet gardé par le Code sur cette importante institution du fonds de commerce et sur la concurrence déloyale ! Tout pour le commerçant, rien pour son établissement ! La loi n'en parlant point, l'enseignement n'avait pas à s'en occuper davantage. Il y avait là une grosse lacune à combler.

Force également très grande, que l'effet de commerce, ce levier de crédit sans lequel le négociant ne pourrait même point pourvoir à ses approvisionnements. Mais force qu'il faut brider, sous peine de voir les négociants interlopes empoisonner la circulation d'une fausse monnaie qui frappe de nombreuses victimes ; c'est au trafic d'effets de complaisance que je fais allusion.

Force, que le contrat de société, celle-ci acquérant dans la société anonyme son maximum d'intensité ; mais ici encore avec une action offensive sur les natures trop crédules ou trop honnêtes, lorsque l'arme est aux mains de gens cyniques ou simplement téméraires, sans aucun contrôle sérieux pour les empêcher d'agir ou pour les arrêter à temps.

Force, que les entreprises de transport, puisque par elles disparaissent les distances et se réalise la concurrence mondiale des productions, mais à condition qu'elles tiennent la balance égale entre tous les expéditeurs et qu'elle ne les écrase pas sous le poids des tarifs.

Force même, que la faillite ; car le crédit qu'on fournit au commerçant trouve un encouragement dans les mesures que prendra la justice, après que le débiteur aura succombé, en vue de sauvegarder impartialement et sans faveur la cause des créanciers. Force non moins appréciable, que cette même faillite, en ce qu'elle donne au commerçant, par le concordat, l'instrument le plus efficace de renflouement.

J'abrège tout ce qu'il y aurait à dire sur l'adaptation des sciences économiques à la science du droit. Je voudrais insister maintenant sur la *méthode* que j'ai appelée *constructive*. Elle va servir d'un pont jeté entre l'observation et la scolastique, rapprocher les deux méthodes, l'ancienne et la nouvelle, et donner un corps juridique à l'institution prise en sa fonction humaine et sociale, de

façon à rendre ses applications pratiques mieux saisis-
sables.

Les constructions juridiques n'ont pas une très bonne
presse. Elles ont été et elles sont encore l'objet de vives
censures ; ce n'est pas que leurs adversaires s'accordent sur les défauts de cette méthode. Ici, plus que partout ailleurs, les équivoques et les malentendus jettent
sur le sujet une véritable obscurité.

D'après les uns, les constructions juridiques se confon-
draient avec les systèmes d'interprétation des textes dans
lesquels se complaisait l'ancienne scolastique. Rien n'est
cependant plus inexact. Les facultés de l'intelligence
qu'éveille l'art constructif des institutions, avec les qualités d'harmonie, d'équilibre et même avec les efforts
d'architecture qu'elles supposent, sont inverses de celles
qui imprimaient à la scolastique son tour et son caractère.
Il y a de l'une des méthodes à l'autre toute la différence
qui sépare la « métaphysique » par l'expression raisonnée
d'une idée pure, de la « logique » d'un syllogisme automatiquement déduit de prémisses non discutées.

D'autres reprochent aux constructions une raideur géo-
métrique, incompatible avec la flexibilité que les institutions doivent garder si elles veulent s'accommoder aux
circonstances variables et protéiformes des espèces.

D'autres adversaires de cette méthode, les praticiens,
haussent les épaules, et disent que les constructions n'ont
qu'une valeur de jeux d'imagination : ceux qui les im-
provisent seraient des songe-creux, des assembleurs de
nuées, des idéologues qui donnent une vie purement ar-

tificielle à des fantaisies de l'esprit, serrant dans leurs bras des fantômes qui s'évanouissent sitôt qu'un homme de bon sens vient jeter une douche froide, la douche des vérités positives, sur leur emballement mystique.

Si c'est à la métaphysique tout entière que l'on veut s'en prendre lorsqu'on formule une semblable critique, le désaccord apparaît comme l'une des faces d'un conflit philosophique d'une extrême portée et vieux presque comme le monde, que nous n'avons pas le loisir de reprendre ici. Car il faudrait instituer ou plutôt renouveler pour la cent millième fois un débat à perte de vue, sans apparence d'ailleurs que l'un des combattants finisse par abandonner ses retranchements à l'autre. Mais, dès l'instant, au contraire qu'on reconnaît à la métaphysique une action affermissante de croyance sur l'esprit, on ne voit pas pourquoi elle cesserait de jouer son rôle fécond et utile dans l'ordre du droit, dans le droit où la croyance s'impose si l'on veut que la loi soit obéie.

Ce qui est vrai c'est qu'il ne faut pas pousser à l'excès la méthode constructive, ni la tourner en manie. Par là pèchent les Allemands : ils sont les initiateurs de cette méthode, en quoi ils ont fait preuve d'un grand mérite, mais ils l'ont exagérée, ce qui a contribué à éloigner d'elle et en rebuter de nombreux esprits concrets formés à la culture latine. Les constructions juridiques sont dédaignées par ces hommes qui veulent toujours sentir un sol ferme sous leurs pas et qui éprouvent peu de goût à se risquer dans l'aviation parce qu'à une certaine hauteur de l'air on respire mal et qu'il y a une chute à redouter.

Soit. Il n'en reste pas moins que chaque institution exige un effort de synthèse pour être comprise, que le devoir de l'homme de loi est de la ramener à une figure d'ensemble résumant ses services et le but auquel la dite institution répond, puis de classer cette figure parmi les catégories déjà établies ou s'il le faut d'instituer pour elle une catégorie nouvelle. Et c'est en cela que consiste l'art de construction, et toute entreprise qui s'abstient d'y recourir laisse l'édifice qu'elle élève entièrement découronné. Pour employer une autre métaphore, la construction juridique est une clef de voûte qui soutient tous les arceaux, toutes les pièces de l'œuvre. Son avantage ne réside pas dans un amusement de l'esprit. Le mérite qu'elle a, c'est de communiquer au cerveau, sous forme dense et abrégée, un appareil de démonstration au moyen duquel de nombreuses difficultés se résoudront. Grâce à elle un principe dirigeant gouvernera les cas les plus inattendus de litiges.

J'ai dit que les Allemands, par génie de race, poussaient très loin ces vues générales, animant d'une fiction de vie telle ou telle nature de rapport d'affaires, tel ou tel instrument de circulation ou de liquidation des droits. La méthode ne met pas de suite aux mains de celui qui l'expérimente des résultats précis, pas plus qu'elle ne fournit à la langue des formules très claires, avec la rigueur où le génie latin comprend le sens de la clarté. Voilà pourquoi, si nous devons étudier leurs travaux, c'est à la condition de les transposer, d'y infuser les qualités de vulgarisation que nous croyons posséder, de substituer à ce halo qui enveloppe à peu près tout ce que composent nos voisins un contour aux lignes définies.

Nous devons nous abstenir encore de multipler les constructions concernant une seule et même institution. Dans les Universités allemandes il semble que chaque professeur mette un point d'honneur à reconstituer le schema de l'acte juridique dont il expose les règles. Il le fait, alors même que d'autres avant lui avaient donné déjà une explication suffisante, et la sienne ne fera pas faire à la science un pas sensible, car elle ne diffère souvent que par les mots de ses devancières. N'importe, par vanité personnelle, le nouveau venu a cru marquer sa place en se différenciant des anciens. A ces perpétuels avatars, la pratique ne gagne rien en éclaircissement des procès, et cela condamne la science à des flottements, à des incertitudes de direction. Pour qu'une opinion commune se forme, il faut que les principes produits par un esprit autorisé, et reconnus aptes à satisfaire un besoin social, soient acceptés par la moyenne des hommes de loi et non pas ballotés par d'autres principes issus d'un esprit rival et concurrent. On assiste à une lutte entre chapelles. C'est probablement ce qui motive le coup de patte donné à la science allemande par Luzzatti qui, ouvrant en septembre dernier le Congrès des sciences à Padoue, et félicitant l'école commerciale italienne de ses beaux travaux dus à l'observation des faits, oppose ces résultats à ceux de la métaphysique allemande, « véritable cimetière de doctrines dont une pieuse bibliographie dénombre les croix » : critique très fine dans son expression colorée, mais qu'on ne s'attendait guère à surprendre dans la bouche d'un Italien, les jurisconsultes de la péninsule ayant fait leur profit des méthodes allemandes en les accommodant à leur race beaucoup plus que nous n'y sommes arrivés nous-mêmes.

Pour ma part, je ne puis revivre sans un vrai plaisir les heures de méditation qu'il m'est arrivé de consacrer dans ma carrière à la pénétration des traités et des dissertations germaniques sur la législation du commerce. Je crois avoir conservé mon indépendance nationale vis-à-vis de ces doctrines. Mais je les ai certainement utilisées, et je ne crois pas, tout considéré, avoir, par cette contribution, jeté le trouble sur mes études ni en avoir compromis le résultat.

Je pousserai l'aveu plus loin encore. Peut-être mes auditeurs refuseront-ils de suivre ici cette profession de mysticisme. Peut-être vais-je traduire un tempérament purement individuel qui a peu de chance d'en entraîner d'autres à sa suite. Je me risque cependant à dire toute ma pensée, dussiez-vous, après avoir entendu ma confession, me plaindre fort d'en être resté au deuxième stade de l'humanité d'Auguste Comte et de finir mon temps d'études sans avoir connu la terre promise du positivisme. Cette spiritualisation du droit par la fiction de la formule a dû étayer ma foi juridique, elle l'a peut-être formée à elle seule. Le « principe » est une boussole et un stimulant d'action tout à la fois. Il constitue un précepte de connaissances, on a un « principe » et l'on y voit plus clair. Mais il est aussi un agent de volonté et de vie,

on a « des principes » de conduite. Et le principe intellectuel et les principes moraux sont solidaires, et sans lui, et
sans eux, tout s'effondre, tout s'anéantit. A défaut d'élan
pris vers les idées pures, le droit ne m'aurait pas intéressé. Il n'aurait été qu'un matériel empirique, agissant
au gré des circonstances, afin non pas même d'assurer
la paix parmi les hommes mais de les empêcher de se
prendre à la gorge.

Sans ces lectures et sans les méditations provoquées
par elles, il est probable que je serais demeuré indéfin-
ment perplexe pour analyser l'effet de commerce, pour
comprendre le fonctionnement de la propriété collective
dans le contrat de société, pour décomposer la nature du
consortium que la faillite établit entre les créanciers,
même pour saisir les confins où s'arrêtent les professions
commerciales au regard des autres professions. Je n'aurais eu qu'une notion très imprécise du fonds de commerce et du patrimoine d'affectation. Dans l'étude de la
lettre de change notamment, nous voyons au XIXe siècle
un peuple abandonnant résolument le concept de l'obligation traditionnelle se raccordant à un contrat causal,
afin de dresser sur un piédestal qui ne manque pas d'élévation et de prestige l'obligation incorporée dans le titre,
l'obligation monétaire puisant en elle même toute sa
force. Et ceux mêmes parmi nous (je suis précisément
du nombre) qui protestent contre cette nécessité de
rompre avec l'ancienne économie du contrat romain, ont
dû franchement reconnaître que les vues allemandes sont
à beaucoup d'égards en harmonie avec le rôle du papier

de circulation, et qu'il y a lieu de s'en inspirer pour restaurer chez nous la vieille bâtisse de la lettre de change que nous avons laissée pendant des générations se lézarder et se crevasser par morceaux comme se lézarderont nos cathédrales depuis que l'occupant est « sans titre juridique ». Il n'est besoin ni de brûler l'encens sur l'autel de l'acte unilatéral, ou sur celui de la personnification du titre, religions plus ou moins fumeuses, ni de cesser d'être Français, pour s'inspirer de cette méthode et la considérer au total comme salutaire.

Après cette longue incursion dans les méthodes d'observation et de construction qui, loin de s'exclure, se donnent la main, je dois dire qu'elles auraient tort l'une comme l'autre de vouloir évincer de ses positions la *méthode interprétative des textes.*

Nous ne pouvons pas former des avocats, des magistrats, des notaires, sans les courber sous les Codes, sans les obliger à les examiner de fort près, dans la signification des articles, dans l'enchaînement qui les unit, dans les travaux préparatoires qui les éclairent, dans les arrêts qui les ont appliqués.

La magistrature, de son côté, tire de la loi écrite des effets parfois excellents. Elle exerce un pouvoir prétorien pour accommoder à des exigences nouvelles des textes dénaturés peut-être par elle de leur sens primitif, mais des textes qu'elle doit d'abord bien connaître et retrouver commodément, ne fût-ce qu'aux fins de réaliser cet *avatar*, ces évolutions interprétatives imposées par la civilisation qui marche.

Cela, il faut le dire et le répéter très haut ; car les générations nouvelles, probablement parce qu'elles sont travaillées par l'esprit critique, marquent vis-à-vis des textes une désaffection qui ne peut être que néfaste. On ne dépouille plus les Codes avec l'aisance que possédaient jadis la majorité des hommes d'affaires : au point de vue de la technique du droit, c'est un recul. Nous nous efforçons de réagir dans nos enseignements contre cette indifférence ; mais il n'y a que la foi qui sauve, et la foi n'y est plus. En Allemagne, depuis dix ans, on se plaint du défaut contraire. Les Codes civil et de commerce de l'Empire ont provoqué une avalanche de commentaires qui refoulent l'esprit critique ou constructif dont les anciennes œuvres universitaires étaient issues. En France, les Codes civil et de commerce sont tellement vieux qu'on se lasse d'en reprendre l'étude analytique. On souffre d'une sorte de saturation, et ce n'est pas demain, suivant toute apparence, qu'un Code civil revisé ramènera la curiosité des hommes sur l'interprétation de textes régénérés.

Dans la méthode ancienne dont on a tort de rire, il n'y a pas jusqu'à la production de systèmes opposés sur un même article qui n'ait eu des résultats utiles. Le pour et le contre, dit-on, conduisent au sophisme. La distinction du bien et du mal s'efface. On accoutume les jeunes gens à défendre alternativement l'endroit et l'envers d'une théorie. On se met au service du premier plaideur venu.

Ces mercuriales sont faciles. Et cependant dans un

procès le bon droit n'est pas apparent. S'il y a litige, c'est parce que le doute est possible : les deux prétentions rivales se mesurent sans que l'on puisse affirmer la valeur de l'une et l'inanité de l'autre. Chacune des parties doit pouvoir produire à la barre les moyens que la loi lui donne de faire triompher sa cause. Ce qui suppose le concours d'avocats tirant de la loi tout ce qu'elle peut virtuellement contenir de favorable à leurs clients, le maniement de systèmes se heurtant sur un même texte. Le droit comme la vie est la lutte, chacun se défend, use de persuasion auprès du juge : l'ingéniosité, l'astuce, le raisonnement du plaideur ou de son conseil ne sont pas une tactique répréhensible ; pour s'y livrer la connaissance des textes et des systèmes est indispensable.

Je suis heureux que les circonstances m'aient permis de dire mon mot dans l'enquête générale ouverte cet hiver au Collège des sciences sociales sur les méthodes juridiques à l'époque contemporaine. Le professeur rentre en lui-même, il procède à un examen de conscience, à un *gnoti seauton*, il vérifie sa manœuvre dont il ne se rendait compte jusque-là que par à peu près. Il y gagne un surcroît de conviction et une fermeté plus grande dans la tenue du gouvernail.

E. THALLER.

LA MÉTHODE
EN DROIT INTERNATIONAL PRIVÉ (1)

Messieurs,

Au moment de vous parler de la méthode en droit
international privé, je sens une première hésitation
s'imposer à mon esprit. C'est que ce mot « méthode »,
si vaste et si usité dans le langage scientifique, ne représente pas pour moi un sens bien net ou plutôt
possède plusieurs sens entre lesquels il faut d'abord que
je choisisse.

Certes, lorsque l'on dit d'un discours ou d'une disser-
tation qu'ils sont méthodiques, on n'exprime pas la
même idée que représente cette formule courante, la
méthode d'une science. Tantôt ce mot « méthode » veut
dire ordre, arrangement, tantôt il s'applique aux premiers principes d'une discipline scientifique, tantôt il est
employé simplement comme synonyme du mot « élément » d'une branche quelconque de connaissances.

(1) Leçon faite au Collège libre des sciences sociales, le 31 janvier 1910.

Ici, je veux vous dire d'abord qu'ayant à vous parler de la méthode en droit international privé, j'entendrai ce mot dans son sens étymologique. Méthode vient du grec « odos » qui signifie « route » ; je vais chercher avec vous la voie qu'il convient de suivre pour arriver à la définition des principes de notre science.

Et cette science présente, il faut l'avouer, une particularité plus curieuse qu'elle n'est agréable à ceux qui ont pour mission de la développer. La méthode, en droit international privé, ne peut pas être abordée du premier jet et ne conduit pas directement à la découverte de ces lois générales que l'on cherche ; elle implique un travail préparatoire, travail essentiel et dont je vais essayer, par une comparaison, de définir l'objet.

J'ai entendu dire qu'au moment où les architectes ont posé la première pierre de la basilique de Montmartre, ils se sont aperçus que le sol sur lequel ils entendaient construire leur édifice était trop divisé, trop friable, trop creusé de cavités multiples pour pouvoir soutenir le poids considérable d'un pareil édifice. Avant de se mettre à l'œuvre propre de la construction, ils durent aller rechercher à une grande profondeur un sol plus solide et, dans des puits préparés à cet effet, il leur fallut couler des matières résistantes sur lesquelles ils pussent sans crainte faire reposer les fondations du monument projeté. Ce procédé n'a pas seulement été employé à Montmartre. Qui ne sait que la merveilleuse Venise appuie sur de simples pilotis la plus grande partie des trésors de son architecture ?

Eh bien, à nous, professeurs de droit international, une difficulté de ce genre s'oppose tout d'abord. Nous ne pouvons pas immédiatement construire, il nous faut nos culées de béton, nos colonnes de granit sur lesquelles faire reposer la solidité de notre édifice : C'est précisément de ce travail de première préparation que je veux vous dire quelque chose ce soir, et comme en notre science tout est compliqué, tout est obscur, tout est facilement embarrassant pour le maître et rebutant pour l'auditeur, je ferai, pour fixer vos idées, une hypothèse très simple.

Je suppose que deux Américains d'origine, M. et Mme John Smith, Américains fixés à Londres, font le voyage de Paris. Tout ceci n'a rien que de très ordinaire. On sait que beaucoup d'Américains aiment à revoir ce qu'ils appellent le vieux pays et qu'ils viennent y passer volontiers les derniers de leurs jours. Ces Américains traversent le détroit et arrivent à Paris où ils comptent faire un voyage de courte durée, 2 ou 3 jours par exemple. A peine sortis de la gare, ils se rendent à leur hôtel, puis, sans perdre un instant se mêlant à la foule de nos rues les plus fréquentées, M. Smith traverse un de nos boulevards sans bien songer aux dangers de cette entreprise ; une automobile survient, le renverse, l'écrase sous les yeux de sa femme. — J'ai quelques raisons de dire que ce fait n'a lui-même rien de bien extraordinaire. — On le transporte dans une maison de santé et là il est question de faire une opération compliquée et difficile, rendue nécessaire par les lésions qu'il a éprouvées. Cette opération sera fort chère ; Mme Smith s'engage immédiatement, par écrit si vous le voulez, à suffire à tous les frais du traitement de son mari. L'opération est faite, puis comme elle n'a pas produit un résultat tout à fait satisfaisant et comme M. Smith sent sa fin prochaine, il fait venir un notaire, lui dicte ses dernières volontés qui seront, nous le supposons, un legs de 1.000 francs qu'il fait à sa femme. Quelques jours après avoir ainsi exprimé ses dernières volontés, M. Smith meurt.

Voilà plusieurs événements fort importants à coup sûr, et qui, dans l'espace de fort peu de temps se sont déroulés dans l'existence de ces époux Smith. Voyons quelles opérations juridiques ces événements successifs ont comportées pour eux. J'en compte au moins quatre :

D'abord l'engagement souscrit par Mrs Smith pour assurer à son mari les soins dont il a besoin ;

Puis le testament fait par ce dernier ;

En troisième lieu l'ouverture de sa succession qui a pour effet de faire passer son patrimoine à ses héritiers ;

Enfin la responsabilité née de l'accident d'automobile qui a coûté la vie à M. Smith, responsabilité qui crée un lien de droit entre la victime de cet accident et après elle ses ayants-cause, et l'auteur volontaire ou involontaire de ce malheur.

Allons un peu plus loin maintenant dans notre hypothèse et supposons que des discussions s'élèvent sur chacun de ces divers points de droit et que tous les intéressés consentent à porter le jugement de ces affaires à la barre du Tribunal de la Seine. C'est donc à la barre du Tribunal de la Seine que nous allons maintenant nous transporter, non sans doute pour vider ces questions dont la solution dernière ne nous intéresse pas, mais pour en dégager bien exactement la physionomie.

La première de ces questions est celle de l'engagement pris par Mme Smith. Avait-elle le droit de prendre cet engagement ? Lui fallait-il pour cela une autorisation quelconque ? Pouvait-elle agir d'elle-même ? et, en supposant cette obligation valablement contractée, quel en est l'effet ? Sur quels biens l'exécution peut-elle en être poursuivie ?

Si ces questions viennent à se poser, le premier point qui devra être élucidé sera incontestablement celui-ci :

Quelle loi doit décider de ces questions ? A la lumière de quelle législation appréciera-t-on soit la validité, soit l'effet des engagements de cette femme ?

Passons au testament.

Dans l'état où se trouvait le malade, il a dû appeler un notaire pour tester. Ce notaire français avait-il le droit de rédiger le testament d'un étranger ? et s'il possédait ce droit, sous quelles formes devait-il rédiger ce testament pour qu'il fût valable ? et ces formes étant trouvées, l'acte sera-t-il considéré comme régulier à l'étranger, dans le pays où le défunt avait ses biens et où le legs qu'il a fait à sa femme doit vraisemblablement recevoir son exécution ?

Ici encore on se demandera tout d'abord à la lumière de quels principes et suivant les prescriptions de quelles lois ces diverses difficultés devront être résolues.

Des problèmes analogues seront provoqués par l'ouverture de la succession de cet Américain. Quelle loi va régir cette succession? Sera-t-elle tout entière soumise à l'autorité d'une loi unique ou bien plusieurs lois concourront-elles à opérer la distribution des biens du défunt et à régler les rapports des héritiers soit entre eux, soit envers les créanciers ou la légataire. Ces lois, quelles seront-elles et comment fera-t-on pour les déterminer?

Si enfin nous passons à la question de responsabilité délictuelle soulevée par l'accident, nous nous demanderons si un étranger peut à ce point de vue soulever la question de responsabilité et de réparation; et en admettant qu'il le puisse, suivant quelle loi les dommages qui devront être fournis seront appréciés.

Quantité de questions peuvent être, on le voit, suscitées par la succession très simple d'événements que nous avons prise comme exemple, et toutes ces questions présentent ceci de particulier qu'avant de les résoudre il faut de toute nécessité savoir sous l'empire de quelle loi leur solution se trouve placée.

Eh bien, à ce point de vue précisément, le Tribunal de la Seine que nous avons supposé saisi se trouvera dans un défaut absolu de ressources utilisables au point de vue de la législation. Aucune de ces questions n'est prévue par la loi française, pas un mot n'existe dans nos codes qui puisse leur être directement appliqué. D'autre part, nous ne possédons pas ici de tradition constante,

car si la doctrine des statuts représente en notre science
la tradition, on sait combien cette doctrine était variée
et combien elle est plus étroite que le domaine actuel du
droit international privé. Enfin, nous ne rencontrons
pas là un de ces cas de nécessité sociale tellement évidente que même dans le silence de la loi et en l'absence
de toute tradition ferme, l'hésitation n'est pas permise
au juge qui aperçoit le but à atteindre au moment même
où il s'engage dans la voie à suivre. Dans cet état d'in-
certitude quelle sera la décision du juge, ou plus exactement, à quelle source devra-t-elle être puisée ? Observons tout d'abord une première loi. Quelle que soit
cette décision il faudra que la doctrine du juge soit une
doctrine cohérente, je veux dire que les solutions qu'il
adoptera sur chacun des points soumis à son appréciation aient des relations entre elles, les relations même
que présentent les questions qui lui sont proposées. Il
serait contradictoire, par exemple, que l'obligation sous-
crite par la femme fût reconnue valable et que la femme
fût privée du droit de récupérer ses dépenses sur l'auteur de l'accident ou sur son assureur, il ne serait pas
moins étrange et peu satisfaisant que le testament qui a
été fait et que la succession qui est ouverte fussent régis
par des principes tout différents. Quelle que soit donc
la solution que le juge pourra adopter, il faudra qu'il
observe les rapports que présentent entre elles les diverses questions qui lui sont soumises.

Faisons encore un pas dans la voie des suppositions,
et admettons que le juge trouve dans l'esprit de la lé-

gislation française des solutions acceptables, le principe d'une décision qui ne choque pas directement
l'équité, tout sera-t-il fini par là? S'il s'agissait de matières purement nationales, on pourrait répondre affir-
mativement ; ici au contraire nous ne le pouvons pas. Il
ne suffit pas que le juge ait trouvé des raisons de prononcer sa sentence, il faut encore que les solutions
qu'il aura adoptées soient reçues et reconnues comme
bonnes à l'étranger, sans cela le droit n'aura pas rempli
son office social qui est de terminer conformément à la
justice les litiges entre particuliers.

A quoi servirait par exemple de proclamer que la
veuve a droit au legs qui lui a été fait si, lors de l'exécution de ce legs, ce droit était contesté en Amérique et
sa prétention repoussée sur ce fondement que la loi
appliquée par le juge français n'était pas celle qui aurait
dû déterminer le débat? A quoi servirait de même
d'avoir constaté en France la régularité de l'obligation
de la femme si la personne envers qui cette obligation
a été prise ne trouvait pas les moyens d'obtenir en Angleterre ou en Amérique l'exécution de cette obligation? A quoi servirait enfin d'établir à Paris un certain
ordre de dévolution entre les successibles du mari si cet
établissement ne leur permettait pas d'obtenir à l'étranger leur mise en possession?

Dans notre espèce comme dans le plus grand nombre
des affaires internationales, la décision du juge devra
passer sous les yeux d'un autre juge avant d'être exécu-
tée, et si ce dernier estime que les lois données pour base

à cette sentence n'avaient rien à faire avec le litige, bien évidemment il refusera de confirmer le dispositif du jugement, et aux difficultés déjà tranchées viendront se substituer des difficultés nouvelles qui ne seront ni moins graves ni moins lentes à résoudre.

Pour que ces inconvénients soient évités, pour que l'on ait un droit international privé et enfin pour que les intéressés possèdent des droits indépendants du lieu où peut-être ils seront obligés de les exercer, il faut une doctrine internationale qui s'impose dans les mêmes termes à tous les juges de tous les pays.

Comment arriver à ce résultat?

Ceci dépasse bien évidemment les limites de l'office du juge ; ceci rentre dans le ministère du législateur ou plutôt des législateurs, et puisque les suppositions ne nous coûtent rien, faisons-en une de plus et admettons que les législateurs intéressés, c'est-à-dire les souverains des pays engagés dans ce que l'on appelle le commerce international, se posent à eux-mêmes le problème et se demandent par quels moyens ils procureront à leurs sujets ces avantages dont nous venons de parler, ces avantages en dehors desquels on ne peut véritablement pas dire que le droit existe entre citoyens de pays différents. Que feront-ils pour obtenir ce grand résultat ?

Les souverains investis de la plénitude de la juridiction, peuvent, en apparence au moins, faire mieux que donner une solution aux questions qui naissent de la diversité des législations. Ils pourraient les empêcher de naître et se placer dans une situation telle que notre science deviendrait inutile, ce dont je serais sans doute le premier à me réjouir. Pour cela, il faudrait établir l'unité des législations et accepter cette idée que dans chaque pays, l'étranger, au point de vue du droit privé au moins, possède les mêmes avantages que le national. Ce dernier point semble assez facile à obtenir et au moins dans nos idées actuelles on arriverait probablement sans trop de peine à faire admettre qu'il n'existe pas, au point de vue de la jouissance du droit privé, de différence, d'inégalité entre l'étranger et le sujet de l'Etat. Mais il faudrait de plus l'unité des législations, un seul code et des règles communes pour tous les pays. Sur ce point, il faut le dire sans hésitation, les conditions requises se heurtent à une triple impossibilité.

Impossibilité d'abord de trouver des lois civiles qui conviennent également à tous les peuples. Bien que l'on ait abusé de cette idée que les lois sont la représentation exacte des caractères particuliers de chaque communauté, il est certain que les habitudes, les traditions, les occupations d'un peuple ont un reflet sur ses lois intérieures et que les mêmes codes ne sauraient convenir à des nations qui ne vivent pas de la même existence.

Impossibilité en second lieu d'assurer l'unité de la jurisprudence. Tous ceux qui sont instruits dans l'étude des lois savent qu'en matière juridique le texte est peu de choses et que l'interprétation constitue dans la pratique courante des affaires une base singulièrement plus considérable.

En admettant que l'on puisse assurer l'unité des textes,

qui assurera l'unité de la jurisprudence ? Il faudrait une
magistrature supérieure dont sans doute les Etats sup-
porteraient malaisément le contrôle.

Impossibilité enfin de décider les Etats, qui se croient
complètement indépendants, et qui le sont en effet
dans une assez large mesure, à renoncer au droit de
modifier leurs lois suivant leur convenance.

Il est évident, en effet, que du moment qu'une législation commune aurait été adoptée par les Etats différents, cette législation ne pourrait être changée que du
consentement de tous ; autant vaut dire qu'elle ne serait
pas changée du tout et que ses dispositions conserve-
raient leur force jusqu'à une époque où leur sens véritable serait perdu et où elles ne correspondraient plus
du tout aux besoins des justiciables.

Cette perspective de l'unification des législations est
donc, pour l'appeler de son nom, une pure chimère.
Alors même que les obstacles que nous venons de signaler ne rendraient pas l'entreprise impossible, cette tâche
conserverait quelque chose d'illicite, car il n'est pas ad-
missible que l'on supprime ainsi l'indépendance respec-
tive des divers Etats.

Il faut donc désespérer de l'unification et renoncer à
empêcher les difficultés caractéristiques de notre science.
Ces difficultés sont fatales et, pour les résoudre d'une
façon générale, un seul moyen subsiste : la définition et
l'application de principes communs touchant la condition juridique de l'étranger. Cette voie est la seule qui
puisse conduire à l'unité des systèmes dans le droit in-

ternational privé, et cette unité, nous le savons déjà, est le seul procédé par lequel on peut véritablement assurer le service de la justice dans les rapports internationaux d'ordre privé.

Voilà donc le problème un peu rétréci et voilà déjà bien des pas faits dans la voie que nous nous sommes proposé de suivre ; mais les interrogations que nous avons posées nous mènent de suite à des interrogations nouvelles, à celle-ci d'abord.

Comment assurera-t-on l'unité des systèmes de droit international privé en vigueur chez les peuples civilisés ?

Sur ce point encore, plusieurs solutions sont possibles, entre lesquelles je n'ai pas la prétention de choisir au cours de cette revue. On peut arriver à cette unité par l'action parallèle des divers législateurs si cette action se régit suivant les mêmes principes et se développe d'après les mêmes errements ; mais cette action parallèle ne paraît pas moins impraticable que l'unification de la législation elle-même et je ne crois pas que l'on puisse présenter, avec une chance quelconque, un moyen qui supposerait d'abord la renonciation des divers législateurs à cette part de leur indépendance à laquelle ils sont si attachés : le droit de faire la loi.

Arrivera-t-on au but par les traités ?

Je touche ici à un point de méthode justement célèbre. Depuis longtemps on considère dans le camp de la doctrine, les traités diplomatiques comme le meilleur véhicule possible de l'unification du droit international privé, et cette conception théorique a fort largement passé dans la pratique à une époque récente par l'effet des conventions de La Haye. Il serait téméraire de dire que le système de l'unification par traités a dès à présent partie gagnée. En réalité il va traverser, il traverse en ce moment déjà sa phase critique. L'expérience va faire juger de sa valeur. Un avenir prochain nous apprendra si l'union réalisée par ce moyen a devant elle un succès certain ou si la conclusion de ces traités n'est qu'une expérience de plus et une démonstration nouvelle de la difficulté du problème de l'unification sur le terrain du droit international privé.

N'essayons pas de pénétrer cet avenir mais observons que les traités eux-mêmes ne seront efficaces que s'ils s'appuient sur une doctrine large, cohérente, comprise par tous, reconnue de tous. A défaut d'une pareille doctrine les traités seront d'une existence éphémère et même durant la période de leur vigueur se dissoudront çà et là en une quantité d'interprétations diverses et inconciliables.

Que dirons-nous de la jurisprudence ? Nous ne pouvons pas l'oublier en parlant des sources du droit international privé. La jurisprudence a été la source de la doctrine des statuts, c'est-à-dire de la doctrine la plus durable et la plus générale qui ait jamais été. Mais si la loi et le traité sont condamnés à se révéler inefficaces à défaut d'une doctrine antérieurement reçue, combien cela n'est-il pas plus vrai encore d'une jurisprudence qui abandonnée à elle-même irait au hasard, qui ne peut rechercher l'autorité nécessaire que dans la valeur des idées directrices qui seront communes aux juges qui la fonderont.

Donc, ici plus encore qu'ailleurs, nécessité absolue d'une doctrine cohérente.

Quelque parti que l'on prenne et quelque moyen que l'on emploie pour assurer l'unité du droit international privé et la garantie des intérêts particuliers liés à cet ordre de relations, une doctrine commune est donc nécessaire. Cette doctrine est en la matière le fondement de toute certitude ; elle représente véritablement ces piliers que l'on est obligé de créer pour appuyer sur eux les fondements de l'édifice.

Quelle méthode conduira à l'établissement de cette doctrine ?

Cette question est évidemment trop vaste pour pouvoir être abordée dans cette conférence. Elle résume tout le problème auquel s'attaque le droit international privé. Il est certain, en effet, qu'une fois la méthode trouvée, les plus grandes difficultés sont vaincues et qu'il ne reste qu'à l'appliquer aux divers conflits que la contrariété des intérêts fait naître dans la vie quotidienne des affaires.

Je n'entreprendrai donc pas de tracer, même d'une main légère, les linéaments d'une pareille méthode ; je me bornerai à jeter en avant deux idées qui me paraissent indispensables à garder et qui constituent comme le vestibule de toute méthode propre à conduire à la constitution d'un véritable droit privé international.

Le premier trait que je signalerai est celui-ci : Toute

méthode doit être indépendante des législations positives. Il faut que la doctrine que l'on adoptera demeure au-dessus des législations des divers peuples, et cette supériorité doit être reconnue à un double point de vue. La doctrine sera d'abord indépendante de la compétence du juge. Si difficile et si importante que soit la détermination des compétences judiciaires dans l'ordre international privé, il est aisé de comprendre que la désignation d'un juge déterminé ne crée pas la loi que ce juge devra suivre. L'attribution à un juge d'une certaine catégorie d'affaires est due, le plus souvent, à des raisons de commodité et on comprend que ce ne sont pas de simples raisons de commodité qui peuvent décider de l'application concurrente des lois des différents peuples.

Cette doctrine sera supérieure non seulement à la compétence du juge, mais à la loi positive de tout Etat. Cette grande règle est peut-être celle qui, au premier abord, paraît plus difficile à admettre ; il faut l'admettre cependant ou bien il faut renoncer à édifier jamais un droit international privé commun aux nations civilisées.

Sans doute, dans chaque pays, le législateur sera le ministre de cette doctrine, il la transposera dans ses lois intérieures, il donnera à ses juges l'ordre de l'appliquer, mais il ne sera qu'un ministre, et en donnant à cette doctrine droit de cité dans son pays, il obéira à des raisons et à une autorité supérieures, la raison de nécessité, l'impossibilité d'assurer autrement au monde le bienfait du droit dans les relations internationales d'ordre privé.

Le législateur qui, par application de quelque théorie de droit international, ordonne que l'on observe chez lui une loi étrangère ne fait pas, comme on l'a dit trop souvent, de cette loi étrangère sa propre loi. Une loi étrangère ne devient jamais la propre loi du souverain qui se borne à l'appliquer et qui n'a, soit sur sa confection, soit sur ses modifications, aucune influence.

Lorsque la loi étrangère est ainsi admise et rendue obligatoire, ce phénomène se produit sous l'empire d'une autorité plus haute, d'un principe qui vaut par lui-même comme loi d'équilibre nécessaire entre les diverses législations, et c'est parce qu'il possède une autorité plus haute que celle du législateur de l'Etat que le même principe pourra assujettir au même système toutes les législations positives et réaliser ainsi l'unité qui est, comme nous l'avons vu, indispensable en notre matière.

A ce premier trait, il convient d'en joindre un second.

Sans prétendre déterminer quels principes devront être adoptés et formeront cette doctrine à laquelle il est de notre devoir de travailler, nous pouvons dire que ces principes devront être empruntés à l'étude des rapports des nations entre elles. Cette affirmation est encore de celles qui paraissent étonnantes et plus nombreux sont ceux qui prétendent rabaisser notre science à la qualité d'une simple branche du droit privé.

Ce principe est inévitable, cependant. S'il faut, comme

c'est certain, que le droit international privé constitue une loi supérieure aux lois positives des États, il ne peut puiser cette autorité suprême que dans sa qualité de loi des nations elles-mêmes. C'est en scrutant les droits et devoirs réciproques des États et en faisant découler de cet examen les conséquences qu'il comporte, quant à l'autorité de leurs lois, que l'on arrivera à la définition des lois qui, liant les États les uns aux autres, seront douées en tous pays d'une autorité rigoureusement égale, et pour cela, point n'est besoin de faire un effort extraordinaire ni de recourir à des fictions ; les questions du droit international privé, parce qu'elles intéressent des étrangers, parce qu'elles tendent à déterminer quels droits leur seront appliqués et quelles lois règleront leur condition, ces questions mettent nécessairement en présence les souverainetés concurrentes de plusieurs États.

Lorsque l'on se demande suivant la forme la plus classique de nos questions si un étranger est soumis à une certaine loi ou s'il doit obéir à une autre loi, on se demande si, au regard de ses intérêts, il est soumis à la souveraineté d'un législateur ou à la souveraineté d'un autre législateur. C'est bien une question de rapports entre législateurs qui se présente ici et cette question de rapport de souverainetés entre elles est précisément de celles qui sont comprises dans l'énumération des droits et des devoirs réciproques des souverains. Et de même lorsqu'on cherche à déterminer les droits qui seront accordés aux étrangers et ceux qui leur seront refusés, par

la force des choses on se demande quelles prérogatives
sont dues à la qualité d'étranger et quelles prérogatives
réservées à la qualité de national, question que l'on ne
saurait résoudre sans décider ce que les Etats se doivent
entre eux.

Je veux me borner à esquisser ces deux traits généraux et peut-être me reprochera-t-on déjà de me trouver
bien loin du cas de M. Smith que j'ai pris comme type
dans cette étude. Que l'on remarque cependant, à l'occasion de la vulgaire aventure de M. Smith, qu'il est absolument impossible d'arriver à la solution rationnelle
et méthodique des questions que suscitent les cas de ce
genre, sans passer successivement par la filière tout entière des raisonnements que nous venons de faire. La
plus petite question du domaine du droit international
privé met en jeu les principes les plus élevés de la science
et on ne l'aura vraiment résolue qu'en recourant aux
rapports naturels et nécessaires que les Etats ont entre
eux. C'est alors, et alors seulement, qu'on saura quelles
doivent être normalement les limites de l'application de
leurs lois respectives.

On travaille depuis longtemps ces questions de droit
international privé, et bien des esprits obstinés se sont
déjà appliqués à les résoudre. Eh bien, il faut l'avouer,
notre époque ne fait encore que balbutier sur ce point.
Nous avons des systèmes en quantité, quelques-uns
bien vagues, d'autres déjà oubliés, certains purement
théoriques, d'autres entrés plus ou moins largement
dans la pratique des nations ; mais ce ne sont encore que

des systèmes et nous n'avons pas su jusqu'ici trouver cette doctrine certaine, cette lumière dont l'évidence apparaîtra à tous les yeux et qui contiendra la solution des redoutables questions du droit international privé.

Chaque âge a ses devoirs. Le temps actuel s'est beaucoup employé à déblayer un peu le terrain et aussi à former ces piliers auxquels je faisais allusion, ces piliers destinés à supporter le poids de l'édifice. Quant à ceux qui construiront cet édifice, ils viendront plus tard. Messieurs, lorsque vos fils ou vos petits-fils seront assis à vos places, quelqu'un qui sera à la mienne leur exposera peut-être la doctrine véritable du droit international privé et pourra se réjouir devant eux de la solution de ce problème. Ce succès ne nous a pas été réservé, mais nous terminerons en disant que celui qui pourra s'en attribuer le mérite devra être compté parmi les serviteurs les plus fameux de l'antique science du droit.

PILLET.

LES PROCÉDÉS D'ÉLABORATION DU
DROIT CIVIL (1)

En répondant à l'invitation — dont je me sens grandement honoré — du Collège libre des sciences sociales, pour venir, dans cette série de conférences, consacrées aux méthodes juridiques, vous parler aujourd'hui des « Procédés d'élaboration du droit civil », je n'ai pas entendu affirmer, *a priori*, que le droit civil comportât une méthode essentiellement différente de celles qui conviennent aux autres branches du droit. Tout opposé serait, à vrai dire, mon sentiment propre. Car, si j'incline de plus en plus à penser que les procédés de la connaissance et de l'action sont de nature identique dans tous les domaines ouverts aux investigations poursuivies en vue de diriger au mieux la vie des hommes, je me sens, dès à présent, pleinement convaincu qu'à tout le moins la méthode juridique doit demeurer une quant à son essence fondamentale. Il est vrai que sa mise en œuvre ne

(1) Leçon faite, au Collège libre des sciences sociales, le 10 janvier 1910.

saurait manquer de varier suivant les objets divers de
son application. Et ces variétés peuvent aller jusqu'à intervertir des pièces capitales du système, comme vous
l'aurez sans doute observé, en considérant, sous les suggestions d'un maître éminent, la méthode du droit pénal.
Mais, s'il est un trait qui puisse distinguer, au milieu
des autres, la méthode du *droit civil*, c'est simplement,
je pense, que, se rapportant à la partie la plus générale
et la plus commune de la jurisprudence, elle doit être
considérée comme la mieux dégagée des particularités
de but ou d'objet, et tenue, par suite, pour représenter le
plus pur type de la méthode juridique. C'est donc ainsi
que je veux, quant à moi, l'envisager ici. D'autre part,
en m'occupant avec vous de l'*élaboration* du droit civil,
je me place dans la sphère la plus haute et la plus générale de la méthode ainsi comprise, pour ne laisser
qu'une place, secondaire et subordonnée, aux problèmes
délicats de l'interprétation proprement dite, sur lesquels
vous avez entendu une parole plus autorisée et recueilli
des enseignements décisifs.

Dans ce domaine, tel que je me le vois assigné, je
m'excuse d'avoir à garder une position décidément personnelle. Cette attitude m'est déjà imposée par le fait que,
n'ayant pu, — dans mon éloignement, — prendre une part
sérieuse à l'organisation collective de ces conférences,
je dois, du moins, assumer toute la responsabilité de
mon indépendance. Mais surtout, je m'estime autorisé à
penser que la seule raison, qui puisse expliquer ma présence à cette place, soit qu'on ait voulu m'offrir bien-

veillamment l'occasion d'exposer, devant un public curieux de ces questions, et dans une Maison ouverte à
toutes les audaces de l'esprit, à quel stade j'en suis per-
sonnellement arrivé dans la précision de la Méthode juridique. Vous me permettrez donc de vous présenter librement et sincèrement le mouvement de ma pensée
propre, tel qu'il s'est développé le long du monument
édifié par les jurisconsultes philosophes de l'époque contemporaine et en présence des matériaux accumulés par
toutes les forces créatrices de notre droit positif

*
* *

Avant d'en arriver aux questions douteuses et au
progrès désirable, il n'est pas inutile de signaler les
points qu'on peut tenir pour élucidés et de constater
ce qui semble acquis. Je le ferai brièvement, s'agissant
de choses fort connues.

Jusqu'à des temps encore proches de nous, l'élaboration du droit civil a été, du moins en France, dominée
par une conception, issue, ce semble, de doctrines philosophiques du XVIII° siècle, notamment de l'idée du *Contrat social*, et que je crois pouvoir caractériser d'un mot :
le *fétichisme de la loi écrite*. D'après cette conception,
il y a lieu de séparer, complètement et comme par une
cloison étanche, deux domaines de l'activité juridique :
la législation d'une part, l'interprétation ou l'application
du droit de l'autre. La législation est libre, en ce sens

qu'elle dépend d'une souveraineté sans limites, qui constitue, à sa guise, les règles de droit, et leur donne, dans une formule revêtue de l'estampille officielle, le caractère de préceptes obligatoires pour tous, sujets, fonctionnaires, juges. Quant à l'interprétation, elle est strictement asservie à la loi, dont elle n'apparait, à bien dire, que comme une forme d'application. Il lui faut donc trouver dans le texte légal toutes les règles nécessaires à la direction de la vie juridique. Ces règles, elle n'est pas autorisée à les chercher ailleurs ; elle ne saurait surtout, à peine de forfaire à sa mission essentielle, prétendre les découvrir de son chef, fût-ce devant les nécessités les plus pressantes. Du moins, doit-elle finalement tout rapporter à la loi.

Vous savez quels efforts ont été faits pour attaquer et démolir les dernières conséquences, ainsi déduites, de cette foi aveugle en la puissance des formules légales. Je crois pouvoir constater que ces efforts ont réussi, en ce sens que personne n'ose soutenir aujourd'hui que le jurisconsulte puisse remplir sa mission avec le seul secours de la loi écrite et que, si l'on discute encore sur la façon dont il doit en combler les lacunes, du moins est-on d'accord que la mise en œuvre de ses instruments ou moyens de solution, quels qu'ils soient, le font participer, peu ou prou, à la création juridique.

Cette indépendance et cette spontanéité, reconnues à l'interprétation, devaient réagir sur la confiance extrême faite jusqu'alors à la législation. De fait, n'avons-nous pas vu l'un des plus vigoureux publicistes de ce temps, après avoir établi fortement le droit objectif, qui reste le fonds essentiel de son système, sur la base rationnelle et expérimentale de la solidarité sociale, aboutir à dénier toute valeur à la loi positive qui heurterait cette solidarité (1). Sans aller aussi loin, d'autres doctrines récentes s'efforcent à limiter plus ou moins directement la souveraineté de la loi, soit en appliquant à celle-ci la conception évolutive, soit en soumettant, par des moyens variés, les décisions du pouvoir législatif à un contrôle chargé de les apprécier au nom et sur le type d'une justice supérieure. Assurément, l'on ne saurait dire qu'à cet égard il y ait accord unanime, ni même que l'idée d'une restriction de la souveraineté législative rencontre l'assentiment, à peu près général, que je relevais tout à l'heure en faveur d'un élargissement des pouvoirs de l'interprète. J'estime, en effet, pour ma part, que des raisons sérieuses et capitales, — qu'il faut seulement savoir dégager et ramener à leur juste portée, — commandent de maintenir intangible la force, strictement obligatoire, de la loi écrite.

Mais, sous le bénéfice de cette réserve, que je compte plus loin expliquer d'un mot (2), il reste permis d'affirmer — et c'est ce que nous tiendrons pour acquis — qu'on observe aujourd'hui chez les juristes, qui pensent et qui réfléchissent sur l'objet de leurs recherches, une inclination décidée à rapprocher, dans leur essence fondamen-

(1) L. Duguit, *L'État, le droit objectif et la loi positive*, t. I, 1901, *passim*, notamment p. 261, p. 271.

(2) Voy. ci-après, p. 190, p. 194.

tale, l'interprétation du droit positif et sa constitution législative, en y voyant comme les deux aspects d'un même phénomène social, la formation des règles juridiques, entreprise et poursuivie en vue de réaliser un idéal suprême que nous pouvons provisoirement appeler le « Juste objectif ».

*
* *

Il reste toutefois à atteindre, pour le mettre en valeur, ce « Juste objectif ». Et, comment y parvenir, à défaut de l'appui indéfectible des textes légaux, sans compromettre l'intérêt capital de toute organisation juridique, savoir la pleine sécurité de la vie sociale par la certitude des attentes et la stabilité des situations ? En mettant en suspicion la souveraineté du législateur, qui faisait sa force et assurait son action, surtout en offrant à l'interprète la perspective d'appréciations juridiques à porter en dehors ou à côté des décisions strictement légales, ne risque-t-on pas de ruiner les bases mêmes de l'ordre positif, ne va-t-on pas déchaîner l'arbitraire et ouvrir la porte toute grande à cette jurisprudence, de sentiment, sinon même de passion, dont les sentences, purement « impressionnistes », de certains « bons juges » semblent les décourageants précurseurs ? Voilà ce qu'on nous objecte. Et l'objection révèle, si je ne me trompe, le point véritablement aigu du problème de la méthode juridique à l'heure actuelle.

Si je vous disais que je détiens le talisman magique,
qui permet de dissiper ces troublantes appréhensions ou
d'en résoudre la cruelle énigme, et que je puis vous le
livrer dans le cadre étroit d'une leçon, j'éveillerais sans
doute en vos esprits un scepticisme justifié. Je tiens à
décliner de suite l'outrecuidance qui me mériterait semblable disgràce. Non ! Mon expérience et ma réflexion
personnelles ne peuvent que confirmer ici ce qui ressort
de notre plus sûr guide, l'histoire entière du droit positif,
savoir que la formation de ce droit, d'après son but essentiel, est œuvre excessivement délicate et complexe,
qui demande, outre le désintéressement et l'indépendance nécessaires à quiconque est appelé à faire régner
la justice, l'emploi et la combinaison de toutes les ressources mises à la disposition de l'homme pour scruter
la nature et diriger sa vie. Et, sans doute, pareille œuvre
doit classer nos études au rang des disciplines d'esprit les
plus élevées. Mais, en même temps, elle en rend le succès
des plus ardus, parce que, pour réussir, elle exige la con-
frontation, voire même la fusion, d'éléments d'ordres très
différents, dont quelques-uns — et des plus notables —
restent à peu près impénétrables à notre entendement,
ou, du moins, ne se livrent à nous que sous des apparences qui n'en révèlent ni tout le contenu ni l'exacte
portée. J'ajoute, sans hésiter, que, parmi cette immense
variété de moyens, déconcertants par leur masse et leur
flexibilité mêmes, il faut certainement retenir et placer
en première ligne à peu près tous les procédés de l'interprétation juridique traditionnelle, dont il s'agit sim-

plement de mieux préciser le jeu et de savoir mesurer exactement la valeur.

Mais, si l'on ne peut maîtriser, par la vertu d'une formule, ces éléments multiples, divers, fuyants, et pourtant tous imposés par la nature même des choses, n'y aurait-il pas, du moins, quelque idée directrice, capable de les ordonner, de les hiérarchiser, et, par suite, d'en faciliter l'agencement respectif en vue du but à atteindre : l'organisation et le fonctionnement du droit positif suivant sa fin propre ?

C'est ici que me paraît devoir prendre place une distinction capitale, — non pas inconnue assurément, non pas nouvelle au sens exact du mot, mais insuffisamment dégagée encore, en tout cas peu mise en lumière et, ce semble, aucunement mise en valeur, — qui pourtant, si on arrivait, comme je l'espère possible, à l'établir en des lignes assez fermes pour être acceptées de tous, serait, je crois, de nature à jeter une vive lumière sur le problème de la méthode juridique et le diagnostic des procédés d'élaboration du droit positif. Ce n'est pas en quelques minutes que je puis prétendre vous exposer, comme elle le mériterait, cette opposition de points de vue, fort importante à mes yeux, mais dont tous les détails, — je dois sincèrement l'avouer, — ne sont pas encore absolument précisés en mon esprit. Je devrai donc me borner à en esquisser les premiers linéaments, tels que je les entrevois, comme devant constituer les cadres élastiques d'un vaste programme à remplir.

*
* *

Dans ce but, je suis obligé de remonter à la notion primordiale du droit positif. C'est assez, d'ailleurs, de la rappeler d'un mot, en disant, avec les manuels élémentaires, qu'il s'agit d'un règlement extérieur, imposé sous la sanction coercitive, qu'assure normalement l'État, pour diriger la conduite des hommes, vivant ensemble et en état de société, suivant une pensée supérieure d'ordre. Plus simplement encore, si nous nous en tenons au droit civil, nous le pouvons définir une discipline de vie sociale, destinée à établir et maintenir l'ordre entre les intérêts privés susceptibles d'être garantis par une sanction extérieure.

Or, pour réaliser cette discipline, — dès qu'on l'érige en objet de l'effort conscient, qu'implique toute élaboration juridique, — l'activité des hommes de droit (législateurs, jurisconsultes, interprètes de toute sorte) oscille entre deux pôles distincts que je veux, pour l'instant, dénommer : le *donné* et le *construit*. Tantôt, et avant tout, il s'agit de constater purement et simplement ce que révèle la « nature sociale », interprétée d'après ses conditions propres ou sous les inspirations d'un idéal supérieur, pour aboutir à des directions de conduite, dont le fondement sera d'autant plus solide qu'il contiendra moins d'artificiel ou d'arbitraire. Et, c'est ce que j'appelle « le *donné* » de la vie sociale, qui suggère la règle de droit, telle qu'elle se dégage de la nature des choses, et, pour ainsi dire, à l'état brut. Tantôt, et en second lieu, l'œuvre à poursuivre, en partant des données naturelles une fois acquises, tendra à mettre celles-ci en valeur, c'est-à-dire à les transformer ou les assouplir de façon à les adapter à la pratique, pour laquelle elles sont destinées. Et le résultat du travail ainsi conduit, tout en artifices, s'exerçant sur la nature au moyen de procédés tirés des puissances les plus personnelles de l'homme, peut, ce semble, être qualifié « le *construit* », puisque, par un effort subjectif, il vise à ériger la règle brute en précepte, capable de s'insérer dans la vie et d'animer à son tour celle-ci en vue des fins suprêmes de l'ordre juridique. Il va de soi, d'ailleurs, que *donné* et *construit* se mélangent et s'entrecroisent dans le réseau complexe des opérations du juriste, et il n'est pas à méconnaître que le *construit* aboutit peu à peu à augmenter la somme du *donné*. Leur distinction ne subsiste pas moins, comme marquant deux domaines de l'élaboration juridique, qui, différents par le contenu, doivent comporter des procédés de mise en œuvre nettement divers, et que, par suite, il convient de maintenir séparés, si l'on veut donner à l'activité des jurisconsultes toute l'efficacité dont elle est susceptible.

Que s'il s'agit, maintenant, de transposer cette distinction en termes, qui traduisent la différence des objets dans la diversité des genres d'élaboration qu'ils requièrent, — suivant notre visée principale, — je proposerais, — comme offrant à cet égard une approximation suffisante, —

de séparer dans l'élaboration du droit positif la *Science* et la *Technique.* Ce n'est pas que ces deux expressions connotent, de façon tout à fait exacte, le mode de chacune des activités qu'elles doivent désigner. Et la première notamment, si on la voulait prendre au sens étroit que les modernes lui assignent de plus en plus, n'enfermerait pas tout le contenu, que j'entends lui attribuer ici, alors que, suivant moi, le donné de l'ordre juridique naturel exige, pour être pleinement pénétré, d'autres moyens que ceux de la procédure strictement scientifique, et nécessite, à tout le moins, un appel aux forces obscures de la conscience morale. Sous cette réserve, d'ailleurs essentielle, il me semble que l'expression « science », opposée à celle de technique, suffit à faire ressortir qu'il est possible de concevoir une connaissance de l'ordre juridique, s'exerçant sans artifices, tendant simplement à nous faire constater ce qu'en révèlent la nature et la vie, de quelque façon qu'on les doive interroger. Et si, d'autre part, en parlant de la « technique du droit », nous semblons introduire ici une notion de métier, voire de mécanisme appliqué, je n'aperçois pas, — mise à l'écart de propos délibéré la qualification d' « art », plus équivoque encore et moins significative,— de terme qui traduise mieux l'effort spécial et, en quelque sorte, professionnel, qu'il s'agit par là de spécifier.

Entre les deux aspects de l'élaboration juridique, que nous venons ainsi de séparer, sous les noms de « science » et de « technique », il ne saurait être question d'établir une hiérarchie absolue. En réalité, l'élaboration scientifique et l'élaboration technique du droit apparaissent également indispensables. La première fournit les bases de l'édifice, la seconde en représente les aménagements spécifiques et assure son utilisation affective.

Mais, du point de vue tout pratique où nous devons ici nous placer, il nous importerait surtout de savoir, entre les deux activités que notre dichotomie propose aux juristes, laquelle a chance d'être la plus féconde et doit, par suite, être principalement développée. Or, pour l'instant, on paraît surtout compter sur la science. Et même, on prend la science dans le sens étroit du mot, comme désignant les résultats de la pure observation des phénomènes et de la constatation de leurs rapports, pour demander avec instance qu'elle absorbe tous les efforts du jurisconsulte. N'est-ce pas là le *leit-motiv*, je dirais presque la « rengaine », de la jeune école sociologique : soumettre exclusivement la formation des règles juridiques aux lois scientifiques les plus strictes. Eh bien ! en ce qui me concerne, je suis arrivé à une conception notablement différente, et qui, je le crois fermement, correspond au mouvement réel et profond des choses, sinon au flottement apparent et superficiel des idées. Ma thèse capitale sera donc aujourd'hui très nettement celle-ci : *Si la science et la technique sont également nécessaires pour le plein développement du droit positif et si la science peut passer pour plus fondamentale, seule la technique offre au jurisconsulte un champ d'action autonome, où il puisse véritablement nourrir l'espoir de créer et de renouveler le droit postulé par l'heure présente.*

Pour justifier cette thèse, il me faut examiner de plus près, que je ne l'ai fait encore, les deux domaines de l'élaboration juridique, en vue de les confronter et d'entrevoir ce qu'on peut se promettre de chacun d'eux.

*
* *

Rechercher les bases scientifiques du droit positif, c'est, à mon sens, employer toutes nos puissances, intellectuelles et morales, à ausculter le mystère du monde, pour y découvrir les règles impérieuses, qui doivent être assignées à notre conduite extérieure. Or, bien qu'en aient pensé nombre de jurisconsultes, d'hier, sinon d'aujourd'hui, victimes de cette illusion positiviste que Schopenhauer attribuait irrévérencieusement à une « métaphysique de garçons coiffeurs » (*Barbiergesellmetaphysik*), l'examen le plus minutieux des conditions sociologiques, qui enveloppent la vie de l'humanité, ne nous offre qu'un enchaînement de faits absolument impuissant à diriger la volonté ; et, pour en déduire des préceptes de conduite, il faut appuyer ces constatations à un élan vers l'idéal, qui justifie la force contraignante des directions qu'elles sollicitent. C'est ainsi que survit, envers et contre tout, cette notion irréductible du droit naturel, qu'on nous donnait jadis pour ruineuse et dont tout nous annonce la renaissance (1).

____

(1) Voy. J. Charmont, *La Renaissance du droit naturel*, 1910.

Ce qui est vrai c'est que, tourmentés de l'ambition d'en pénétrer la mystérieuse essence, les penseurs, qui ont étudié ce problème, ont beaucoup varié leurs procédés. Les systèmes *dogmatiques*, innombrables en leurs mille nuances, et qui s'efforçaient à déduire de considérations purement rationnelles sur la nature et sur l'homme un principe général de solution des conflits d'intérêts, ont été de plus en plus délaissés. Aujourd'hui, la vogue paraît être aux systèmes *critiques*, qui, attachant plus d'importance aux éléments objectifs qu'aux idées, cherchent des formules, à la fois plus réelles, plus prenantes et plus souples, pour enfermer en des cadres suffisants les situations susceptibles de règlement juridique. Et peut-être verrons-nous bientôt prévaloir ici les méthodes d'une philosophie nouvelle, suivant laquelle l'*intuition* s'installerait au cœur même de la réalité, pour suivre le flux des choses et tâcher d'en épier les lois, sous l'inspiration constante de la conscience morale.

Mais, si énergiquement qu'on le pousse, nous pouvons tenir pour assuré, d'après toute l'expérience du passé, que cet effort combiné de science et de croyance ne fournira jamais que des directions bien vagues et fort éloignées de la précision nécessaire aux règles juridiques, telles que les demande la vie. Peut-être serait-il excessif ou, du moins, incomplet, de proclamer, avec l'auteur d'un *Manuel de droit civil* justement tenu en haute estime : « Quand on a dit que le législateur doit « assurer la vie et la liberté des hommes, protéger leur

« travail et leurs biens, réprimer les écarts dangereux
« pour l'ordre social et moral, reconnaître aux époux et
« aux parents des devoirs réciproques... on est bien près
« d'avoir épuisé les préceptes de la loi naturelle (1). »
Mais, ce que je crois tout à fait exact de dire, c'est qu'il
y a, dans les suggestions du droit naturel, une infinité de
degrés, et que les formules, qui les expriment, n'ont de
valeur que dans la mesure de leur généralité, et, je dirais
presque, en raison inverse de leur précision. — Ainsi,
est-il rien de plus assuré pour tous que l'idée de justice
qui occupe le sommet du système? Mais combien reste-
t-elle vague et incapable de fournir une direction nette
à la vie, puisque toute sa substance se condense en la
formule de l'École que l'on doit attribuer à chacun ce
qui lui est dû. A un second degré du système apparaî-
traient les idées de dignité humaine, de liberté, d'égalité, de fraternité ou de solidarité. Si le contenu en est
plus concret, elles deviennent déjà moins certaines et
moins fermes que la précédente. En précisant davantage,
on aura des notions plus fécondes encore, mais fort discutées : notion de famille, de propriété, de volonté autonome, de crédit, de succession après décès. Et, sans
doute on peut descendre jusqu'à l'absolue spécification
et prétendre dégager du droit naturel des règles juridiques qui saisiraient corps à corps les faits eux-mêmes.
Toutefois, on s'aperçoit de suite qu'elles manquent

(1) M. PLANIOL, *Traité élémentaire de droit civil*, t. I, nº 6 *in fine*,
5ᵉ édit., 1908, p. 3.

d'assiette solide et ne sont fondées ni sur une croyance qui s'impose ni sur une base scientifique démontrée. De sorte que, finalement, on peut à peu près affirmer qu'au point, où il deviendrait vraiment utile à la vie, le droit naturel refuse ses services.

Plus exactement et pour demeurer dans la note juste, disons que, nécessaire et suffisante à la fois, pour donner au système du droit positif son fondement et ses cadres, la science, même largement entendue, reste, à elle seule, impuissante à fournir les pièces essentielles de son fonctionnement pratique.

*
* *

Comment donc subvenir à cette infirmité manifeste de l'élaboration scientifique du droit positif? On ne le peut qu'en faisant intervenir l'action à la suite de la connaissance et en traitant, pour ainsi dire, la matière juridique, suivant des procédés mieux appropriés à sa nature spécifique. Telle est l'œuvre capitale de la technique.

Cette expression de technique juridique se rencontre assez fréquemment, depuis quelques années surtout, dans les ouvrages de jurisprudence. Mais il ne semble pas que ceux, qui l'emploient, aient toujours cherché à s'en faire une idée nette. C'est pourtant le premier effort à tenter, si l'on veut tirer d'une notion tout ce qu'elle peut et doit donner.

Pour moi, la notion de technique juridique représente tout ce qu'il y a d'artificiel ou ce qui est œuvre propre de la volonté humaine dans la constitution du droit positif. Et, l'élaboration technique du droit consiste à donner aux éléments, fournis par la nature des choses, une forme, des contours, des manières d'être, qui les modifient, d'une façon toujours un peu factice et conventionnelle, en vue de les adapter à la vie.

Or, quand on y regarde d'un peu près, on s'aperçoit aisément de la part immense que tient la technique, ainsi comprise, dans l'ensemble de l'œuvre juridique. Au fond, toute l'armature du droit positif consiste en agencements artificiels, introduits dans la vie sociale par l'ingéniosité de l'homme et produits de sa volonté. Cette volonté n'est pas arbitraire, sans doute, puisqu'elle est guidée et comme dominée par les nécessités naturelles ou les contingences sociales, que nous avons rencontrées comme bases scientiques du droit ; mais elle fait un libre choix entre les divers moyens aptes à conduire au but, elle détermine ces moyens, elle les précise et les affine suivant les suggestions d'une sorte d'instinct, qui, se joignant à l'expérience, engendre ce que l'on appelle communément le sentiment de la pratique.

N'observons-nous pas l'influence prépondérante d'éléments de ce genre dans la constitution nette et précise de l'État, qui apparaît comme l'organe essentiel de formation et de développement du droit positif moderne ? Sans doute, l'État repose sur des bases naturelles, qui se déterminent par une procédure scientifique. Mais

tous les rouages, qui en composent le mécanisme et en
assurent le fonctionnement, ne sont autre chose qu'artifice et convention.

Et la loi écrite, ce « verbe parfait du Droit », comme
l'a appelée Bluntschli, qu'est-ce sinon une formule de
volonté, qui s'impose à tous par des nécessités de pratique ? *Sic volo, sic jubeo, sit pro ratione voluntas.*

Mais, si nous considérons les règles du droit, en elles-
mêmes, ces préceptes qui dirigent, par le menu, la conduite sociale de l'homme, comment nous empêcher de
découvrir, — et, pour ainsi dire, en chacune de leurs
parcelles, — la main avisée de la technique, dont le procédé le plus universel se ramène à dégager les formes
saillantes, et comme les arêtes vives, des réalités sociales,
pour faire entrer celles-ci en des catégories, susceptibles
de traduire pratiquement, en l'adaptant à la vie suivant
la loi de finalité, le contenu de la règle, telle que l'a
suggérée la science.

Prenez une institution juridique quelconque, telle que
l'organisation du crédit hypothécaire, par exemple.
Vous observerez, sans peine, qu'elle est dominée par
quelques idées de justice et de bon sens assez simples
et... assez vagues, dont on ose à peine dire qu'elles
sont le fruit d'une élaboration scientifique : faculté pour
chacun de disposer à sa guise de ses biens, — utilité de
pouvoir les affecter à la garantie d'obligations, — droit
pour le créancier de n'abandonner son argent que contre
sûreté suffisante, — nécessité de ménager les intérêts des
tiers, acquéreurs des biens grevés ou nouveaux créan-

ciers, — importance, pour sa mise en valeur, d'une ferme
assiette de la propriété foncière. Autant de truismes,
traversés, si l'on veut, de quelques éclairs de droit naturel, plutôt encore pénétrés de considérations économiques
utilitaires, — que personne, à peu près, ne conteste, mais
qui ne constituent assurément que le noyau le plus rudimentaire du régime hypothécaire. Quant à celui-ci, —
qu'il se réalise par des sûretés générales et clandestines,
comme chez les Romains, ou bien au moyen de l'hypo-
thèque spéciale et publique, suivant les directions établies en France dès la législation du Directoire, ou bien
encore d'après les procédés plus affinés des Livres fonciers, — il est, dans son organisation juridique, tout entier œuvre de technique. Et ce caractère apparaît, au
mieux, dans le dernier des systèmes indiqués, qui fait
reposer toute la garantie hypothécaire, aussi bien que
l'établissement même de la propriété foncière, sur les
mentions purement formelles, portées en des registres
officiels et ouverts au public. Est-il rien de plus conven-
tionnel ? Est-il rien, en même temps, de plus spécifiquement juridique ?

Une constatation semblable se peut faire en face de
toutes les institutions du droit, notamment du droit privé.
Même celles, qui ont les bases naturelles les plus larges
et les mieux assises, le mariage, la propriété, la liberté
des contrats, la succession après décès, ne reçoivent que
d'une élaboration artificielle les qualités de précision et
de souplesse qui, seules, permettent de les mettre en
circulation dans la vie. — Et, ce que nous observons des

institutions, envisagées en général, se répercute, plus nettement encore, dans le détail des règles qui les composent.

Ainsi, pourquoi, à l'heure actuelle, les juristes sentent-ils le besoin d'un compartiment nouveau consacré aux « droits de la personnalité » (1). Ce n'est pas qu'il s'agisse d'intérêts, absolument délaissés, ou même dépourvus de protection juridique. Ces prérogatives, inhérentes à la personne humaine, et nécessaires pour garantir sa vie, son intégrité, sa dignité, son honneur, sa liberté sous toutes les formes, n'ont certes jamais été ignorées du droit et trouvent, d'ores et déjà, en ses diverses parties, des consécrations de plus d'une sorte. Mais, faute d'une forte organisation conventionnelle qui les encadre et en maintienne le relief, elles manquent de consistance et d'homogénéité. D'où, des incertitudes, des disparates, des contradictions parfois, dans les questions et solutions auxquelles elles donnent lieu ; et, par suite, manque de sécurité et de fermeté pour les intérêts qu'elles représentent. Le problème posé aujourd'hui, à leur égard, est donc, avant tout, un problème de technique ; il s'agit de savoir quelles catégories on peut proposer pour réunir, sous une enveloppe commune et apte à leur développement, des éléments jusqu'ici trop dispersés sous le vague et le flottement des seules inspirations de la justice naturelle.

(1) Comp. E. H. Perreau, *Des droits de la personnalité*, dans *Revue trimestrielle de droit civil*, t. VIII, 1909, p. 501-536.

Et, maintenant, si nous voulons mesurer la valeur méthodologique, de la partie conventionnelle ou technique du droit positif, par comparaison avec son côté naturel ou scientifique, nous serons frappés, je crois, des observations suivantes :

Dans le domaine de la technique, le jurisconsulte jouit d'une latitude plus grande. Rien, à vrai dire, ne bride l'artifice, que la nécessité d'avoir égard aux réalités et de respecter la justice. Par suite, les procédés purement techniques doivent être tenus pour infiniment malléables et toujours susceptibles de modifications et de perfectionnements.

D'un autre côté, pourtant, l'action de la technique se montre mieux assurée et sa méthode plus efficace. De quoi s'agit-il, pour elle, en effet ? Essentiellement, de découvrir les moyens en vue d'une fin supposée établie. Or, l'adaptation des moyens à la fin s'apprécie par un critérium infaillible : la commodité, l'opportunité et, pour tout dire, la nécessité pratique. Peu décisif dans l'ordre de la connaissance, où la vérité ne se mesure pas aux résultats, — et c'est la faiblesse irrémédiable du pragmatisme, — le critérium du succès semble irréfutable dans l'ordre de l'action, dont ressortit directement la technique.

Il ne faut pas croire, d'ailleurs, que les résultats de l'élaboration technique doivent être moins fermes, plus précaires, que ceux qui consistent en constatations scientifiques de données naturelles. Dans la mesure où elle est vraiment nécessaire aux intérêts essentiels de la vie

sociale, la technique s'impose avec une force inébran-
lable. Et c'est pourquoi je tiens comme inadmissible
l'idée de restreindre ou limiter l'autorité catégorique
de la loi écrite. Assurément, nous ne pouvons poser en
principe de raison que la loi serait toujours l'image
fidèle de l'exacte justice ; dans certains cas, nous pouvons être intimement convaincus du contraire. Mais un
intérêt essentiel de la vie sociale exige l'indiscutabi-
lité de la loi écrite ; l'artifice technique, la convention
doivent ici être maintenus contre les prétentions d'une
science défectible (1).

Ces brèves indications peuvent suffire à faire entrevoir
les résultats précieux que nous promet l'élaboration du
droit positif nettement orienté dans le sens de la technique. Mais, pour qu'elle réponde aux exigences d'une
bonne méthode, il faut en dégager les lois et lui tracer
ses règles. Pas plus que l'élaboration scientifique, l'élaboration technique du droit ne doit se fier au pur sentiment. Celui-ci peut être un adjuvant ou un contrôleur :
il ne saurait remplacer les principes directeurs d'une
action efficace.

Ici nous apparaît ce que je suis porté à considérer
comme l'œuvre capitale de la méthodologie juridique à
l'heure actuelle : édifier une théorie de la technique du
droit, en fixer les lois, en préciser les moyens et choisir
entre ceux-ci.

(1) Il faut pourtant réserver le cas où la loi écrite porterait un
défi flagrant au droit naturel. L'*abus* caractérisé circonscrit le
droit du législateur comme tout autre droit.

A cet égard, nous aurions un modèle, sans doute incomplet, mais plein de « substantifique moelle », dans le tome III de l'*Esprit du droit romain*, où von Jhering nous découvre quelques-uns des ressorts cachés de la technique du droit romain. Il s'agirait de démonter les rouages et de décrire le fonctionnement d'un mécanisme, du même genre, adapté au droit moderne.

Quelques essais ont été tentés en vue de la technique législative, sur laquelle les récentes codifications civiles de l'Allemagne et de la Suisse avaient particulièrement attiré l'attention (1).

Il faudrait maintenant viser plus haut et aborder la technique juridique fondamentale, qui a son centre de gravité dans la technique de l'interprétation du droit. On aurait sans doute à dégager d'abord les principaux intérêts que doit satisfaire la technique : sécurité des attentes, — stabilité des situations acquises, — réalisation nécessaire, facile, rapide et peu coûteuse, du droit établi. Mais surtout, il s'agirait de préciser les procédés aptes à procurer ces résultats, par la simplification des complexités, le redressement des choses ou des faits, parfois la dénaturation même des réalités. Et l'on devrait étudier, notamment, la place à faire au formalisme en droit moderne, l'importance des catégories, le rôle — si

(1) Voy. notamment : E. Zitelmann, *Die Kunst der Gesetzgebung*. Dresde, 1904. — Fr. Gény, *La technique législative dans la codification civile moderne* (à propos du centenaire du Code civil). Paris, 1904. — J. Kohler, *Technik der Gesetzgebung* (paru dans l'*Archiv für die civilistische Praxis*). Tübingen et Leipzig, 1905.

négligé par les théoriciens du droit — des procédés intellectuels et de la terminologie dans l'élaboration juridique. A côté de l'usage de la technique il y aurait lieu d'en signaler les abus et de mettre en garde contre ses excès, — tenant par exemple à l'érection des solutions techniques en principes naturels, — excès qui risqueraient de compromettre l'autorité même du Droit.

*
* *

Il faut, en effet, se garder d'oublier que, par quelque voie que nous cherchions à l'atteindre, notre but suprême reste toujours exclusivement la Justice, — idéal mystérieux et sublime, parfois décourageant dans son immensité, mais toujours plus attirant par sa beauté incorruptible, qui seul mérite notre effort et donne un sens à nos recherches acharnées. Et, c'est parce que, ayant une foi profonde en l'ordre providentiel du monde, je reste convaincu que l'Auteur de toute Justice n'a pu la faire inaccessible, que je vous ai proposé de tâcher à la réaliser par des moyens mesurés, aussi exactement que possible, à la puissance de nos facultés de connaître et d'agir.

François Gény.

DE LA MÉTHODE DU DROIT CRIMINEL

Mesdames, Messieurs,

Je dois vous parler de la méthode en droit criminel.
Il serait plus exact de dire que je vais vous exposer mes
idées personnelles sur cette méthode, car je n'ai point
la prétention de vous apporter la vérité. Je ne puis que
vous soumettre les idées que, pour ma part, je crois
justes. Il vous appartiendra ensuite de les juger vous-
mêmes.

M. Saleilles expliquait l'autre jour, à cette place,
pourquoi les problèmes de méthode sont modernes, relativement même tout récents puisqu'ils ne se posent
guère que depuis quelques dizaines d'années. Pourtant
sont-ils si nouveaux? En vérité, j'en doute un peu. En
lisant Aristote, on s'apercevrait peut-être qu'il ne les a
point tout à fait ignorés et il existe un livre qui a pour
titre « Discours de la méthode », lequel remonte déjà
assez loin dans le passé et qui, à coup sûr, a exercé une
influence décisive sur l'esprit humain. Et cependant,
mon ami Saleilles ne se trompait pas. Il est très vrai

que la méthodologie a pris, de nos jours, une importance
prépondérante qu'elle n'avait jamais eue auparavant. La
cause principale en est dans le grand mouvement philosophique du XIXe siècle, et particulièrement dans les
idées nouvelles apportées dans le monde de la pensée
par le positivisme de M. Comte et de ses disciples. On a
voulu savoir jusqu'où pouvait atteindre l'esprit humain,
s'il avait des limites et quelles elles étaient ; on a cherché à déterminer les problèmes qu'il peut résoudre et
qui rentrent dans sa connaissance ; ceux au contraire
qui échappent et échapperont toujours à son entendement. En même temps, certaines sciences ont pris un
développement inouï et nous ont révélé des vérités, qui
sont universellement acceptées comme des certitudes, et
qui éblouissent l'esprit. Par là encore on a été amené à
chercher quel outil avait permis de découvrir les lois
qui dominent ainsi ces phénomènes, si elles ne les expliquent pas toujours. Ainsi a-t-on été conduit à édifier
une logique nouvelle, qui s'est évadée du vieux syllogisme et qui s'est appliquée à fixer la méthode de toutes
les sciences, de la science du droit, comme des autres.
C'est en ce sens que les questions de méthode que nous
examinons ici sont réellement nouvelles.

Ce n'est pas d'ailleurs de la méthode du droit que je
dois vous entretenir, mais de la méthode spéciale du
droit criminel, et, à la vérité, j'éprouve tout de suite un
grand embarras, car la première question à résoudre est
de savoir si, en droit criminel, il n'existe qu'une seule
méthode ou s'il y en a plusieurs. Ce droit, en effet, peut

être envisagé à des points de vue différents auxquels doivent correspondre des méthodes distinctes. On peut l'étudier comme droit positif, mais aussi et surtout comme science sociale. Lequel de ces deux aspects convient-il de choisir? Après y avoir réfléchi, il m'a paru que le plus simple et le meilleur était de ne pas faire ce choix et de vous parler successivement de ces deux méthodes.

Parlons d'abord de la méthode du droit criminel envisagé comme droit positif, en tant qu'il s'agit d'appliquer ou d'interpréter les textes répressifs et ceux qui déterminent les formes du procès pénal.

Je remarque tout d'abord que le droit criminel est une partie du droit public : il oppose l'un à l'autre l'État et le particulier ; l'accusé ou le criminel si vous le préférez — ce n'est pourtant pas du tout la même chose — et la société qui a intérêt à le punir et qui doit même le punir pour assurer la discipline sociale. Et cette première et importante observation nous fixe déjà sur la méthode que nous cherchons. Ici même, et dans les leçons précédentes, on vous a parlé de la méthode du droit public ; on vous en parlera encore dans la suite de ces conférences. Eh bien ! cette méthode sera essentiellement celle du droit criminel. Et je trouve dès le premier pas une application frappante de cette idée. Je vous prie, Messieurs, de vous souvenir du principe que mon collègue et ami M. Larnaude a dégagé et développé avec tant de talent et d'autorité : Le droit public, vous disait-il, a progressé du jour où on a compris qu'il fallait juger l'Etat. Rien n'est plus exact, mais cette règle s'applique particulièrement au droit criminel. Ce droit a été fondé lorsqu'on a compris que la société et l'Etat ne pouvaient pas châtier et réprimer sans mesure et sans loi, que la puissance publique avait des bornes qu'elle ne devait pas franchir, même lorsqu'elle punit les pires malfaiteurs, et qu'enfin elle devait être soumise aux règles de la justice.

Expliquons-nous sur ce point qui domine tout le reste.

L'Etat a le droit et le devoir de punir; quel que soit le fondement philosophique et rationnel de ce droit, il est indéniable. Il faut que par des peines intimidantes, exemplaires et correctives, il assure la sécurité publique. Mais, d'autre part, ce même Etat a le devoir de protéger les droits individuels et la liberté des citoyens. Il ne peut pas permettre qu'un châtiment atteigne un innocent ou qu'une peine exagérée dépasse la mesure de la justice. Voilà l'antinomie. L'Etat l'a résolue de la manière la plus simple : il a consenti à être jugé lui-même. Il a institué des tribunaux dont la mission essentielle est de protéger l'individu contre les abus qu'il pourrait faire de sa force. L'Etat a intérêt à punir; mais lorsqu'il prétend le faire, il doit avant tout prouver son droit, et dans ce débat contentieux il devient un véritable demandeur, tenu de s'incliner devant la souveraineté des lois et de soumettre sa prétention à l'appréciation des juges. Telle est la conception, dégagée depuis des siècles, en ce qui touche le droit criminel, et beaucoup de bons esprits pensent que cette conception devrait être généralisée et devenir une règle générale de notre droit public. L'Etat, puissance publique, se trouve souvent dans la nécessité d'agir ; de prendre l'initiative de nombreuses mesures gouvernementales ou administratives. Mais le jour où son droit est contesté, il doit devenir un plaideur ordinaire ; l'acte administratif, comme l'acte d'un particulier est soumis au contrôle des lois ; quelques-uns pensent même que la liberté n'est réellement fondée dans un pays que si l'Etat comparait devant les juges ordinaires et de droit commun, dont l'impartialité et l'indépendance sont garanties contre toute atteinte par les institutions constitutionnelles et plus encore par les mœurs.

M. Larnaude, permettez-moi de le citer encore, a comparé l'Etat moderne à un géant, pour lequel il a, je le crois, une secrète admiration. Je serais peut-être moins enthousiaste que lui : je n'ai pas une grande sympathie pour les monstres. Cette croissance exagérée ne me paraît pas tout à fait saine, et peut-être serait-il préférable de ramener les attributions de cet Etat géant à de moindres proportions et de les limiter pour qu'il les remplisse mieux. Il ne m'est pas démontré que cette grandeur ne soit pas maladive et ne nous menace pas de redoutables catastrophes. En tous cas, ce géant me fait peur avec la force dont il dispose et dont il peut faire, dont il a fait si souvent, un si mauvais usage : puisqu'il faut le subir, au moins faut-il qu'il soit un bon géant, qui protège et ne puisse user de sa puissance que pour assurer le seul règne de la justice.

De ces idées se dégage une conception très claire du droit criminel moderne. On y voit, ordinairement, une simple menace contre le délinquant. C'est, à mon sens, une grave erreur. En réalité, je dirais volontiers que c'est tout le contraire et que le progrès a précisément consisté à lui faire perdre ce caractère. A l'origine l'Etat, c'est-à-dire pratiquement le chef politique eut le droit de châtier lui-même les coupables sans autre règle que ses colères, ses passions, son intérêt, son caprice ou sa fantaisie. Je viens de le dire, le premier progrès a été accompli et le *droit* criminel a commencé à se former lorsque des tribunaux régulièrement constitués ont été appelés à se prononcer sur le procès pénal. Mais — et il en était encore ainsi à la veille de 1789 — ce juge criminel eut d'abord un pouvoir arbitraire. Sans doute, c'était déjà beaucoup d'avoir substitué cet arbitraire judiciaire à l'arbitraire du pouvoir, parce qu'il tend au moins vers la justice et que d'ailleurs il était limité par certaines coutumes jurisprudentielles, mais c'était encore l'arbitraire. Il a fallu que la Révolution vînt pour dégager des principes meilleurs et les proclamer dans la Déclaration des droits. L'un des plus importants est que « nul ne peut être puni d'une peine si elle n'a pas été d'avance établie par la loi ». Ainsi, la loi, dans son impartialité et son impassibilité sereine a seul le droit d'incriminer un fait, de le déclarer punissable et elle doit en donner une définition rigoureuse. Seule aussi elle peut fixer les peines de telle sorte que la colère du juge ne puisse la rendre injustement sévère ou que sa faiblesse ne trahisse l'intérêt de la répression. Voilà tout le code pénal et son véritable but : il est écrit pour qu'aucun citoyen ne soit puni que s'il a commis un fait que ce code a prévu expressément. D'autre part, tout accusé est réputé innocent tant qu'il n'a pas été convaincu d'un crime et les lois de procédure criminelle fixeront les formes du procès pénal, formes qui n'ont pas d'autre but que d'assurer la liberté de la défense et de garantir les droits individuels. C'est pourquoi, j'avais raison de dire que ces deux codes sont moins des menaces qu'une protection de la liberté civile.

Si je me suis fait bien comprendre, j'ai déterminé la méthode du droit criminel en tant qu'on le considère comme droit positif. Le législateur doit donner des définitions précises de toutes les incriminations et fixer la peine applicable ; le juge doit interpréter ces textes restrictivement ; le législateur doit établir des formes de procédure qui garantissent la libre défense de l'accusé et les tribunaux doivent les entendre dans le sens où elles atteindront le mieux leur but.

Rien ne paraît plus banal, à coup sûr, que les principes que je viens de formuler : aucune règle ne semblera moins contestable. Malheureusement, ce n'est peut-être là qu'une apparence. D'une part, en effet, les juges ne respectent pas toujours avec toute la fermeté qu'on pourrait désirer le principe de l'interprétation stricte, et, d'autre part, les doctrines nouvelles peuvent faire redouter, sur ce point comme sur tant d'autres, un mouvement de réaction. On peut apercevoir des tendances qui nous ramènent tout droit à l'ancien arbitraire. Vous me permettrez d'insister sur tous ces points, il n'en est pas, à mon avis, qui aient plus d'importance.

Je suis le premier à reconnaître qu'il ne faut point exagérer la règle de l'interprétation stricte. Les textes répressifs ne doivent certainement pas être pris dans leur sens littéral et judaïque — ce qui conduirait le plus souvent à l'absurde — mais dans leur signification naturelle et raisonnable. Evidemment, il faut comprendre dans les définitions légales tous les faits qui y sont véritablement contenus, encore bien que le législateur ne les ait pas prévus au moment où il a écrit le texte. Mais ce qu'il ne faut pas faire, c'est appliquer un texte en le détournant de sa signification, c'est abuser de l'analogie, c'est, en un mot, comme le dit Bacon, *torquere leges ut homines torqueant*. Ce qui n'est point légitime, c'est punir un acte que les lois ne punissent pas sous prétexte « qu'il n'est pas possible de le laisser sans répression », « que le législateur n'a pas pu le laisser impuni », « que l'intérêt social exige que le prévenu soit condamné ». En présence d'une lacune de la loi pénale, les juges n'ont qu'un seul devoir : refuser de créer une incrimination nouvelle par voie d'interprétation ou d'analogie et ne prononcer aucune peine. Le mal social de l'impunité accordée à quelques coupables est beaucoup moindre que celui auquel peut conduire l'oubli des règles fondamentales qui protègent la liberté des citoyens.

On vous parlera ici même, Messieurs, de la méthode du droit civil. N'exagère-t-on pas aujourd'hui le pouvoir du juge civil et la puissance créatrice de la jurisprudence civile? N'affaiblit-on pas beaucoup trop la notion supérieure de la loi écrite et promulguée? N'apercevra-t-on pas un jour, peut-être prochain, que le retour à l'arbitraire qui se cache au fond de ces théories a de graves inconvénients? Je n'ai pas à le rechercher et je n'entrerai pas dans ces controverses. Mais ce que je viens affirmer ici, c'est que les méthodes du droit civil, même les plus modérées et les plus respectueuses des textes, ne doivent point être transportées en droit pénal. Entre les deux méthodes, il y aura toujours une différence essentielle : En droit civil, le juge, obligé de résoudre tous les litiges, doit nécessairement combler les lacunes de la loi ; en droit pénal il ne le peut ni ne le doit et, s'il n'existe pas de texte ou si le texte est obscur, le juge est tenu d'acquitter l'accusé.

Qui oserait affirmer pourtant que ces principes si clairs n'ont jamais été oubliés? On a établi, en France, l'unité de la justice civile et criminelle et ce sont les mêmes magistrats qui la rendent l'une et l'autre. Or, ce système qui a ses avantages a aussi ses vices et l'un des plus graves est que le juge porte trop souvent à l'audience pénale les préoccupations et les habitudes d'esprit qui sont celles des civilistes. Et ce ne sont pas seulement les magistrats qui versent dans cette erreur. Permettez-moi de vous en citer un exemple frappant : Je lisais récemment une note publiée dans un recueil de

jurisprudence. Après avoir constaté qu'un article du
code pénal est devenu aujourd'hui insuffisant par suite
de changements économiques, elle constate que les tribunaux criminels se tirent de la difficulté par des subtilités de textes, véritables artifices de juristes, mais
qu'en réalité ils se décident par de toutes autres raisons. C'est dire, semble-t-il, que les magistrats, lorsqu'ils interprètent ce texte, ne tiennent aucun compte
de la loi, qu'ils lui substituent des solutions arbitraires,
et qu'enfin les raisons qu'ils donnent pour motiver les
condamnations ou les acquittements qu'ils prononcent,
ne sont que de pures hypocrisies. Or, après de pareilles
constatations, l'auteur de cette note ne trouve pas un
mot de blâme pour un pareil procédé d'interprétation :
il semble seulement regretter que cette jurisprudence
manque de franchise et soit trop timide. Loin de conclure, puisqu'il y a dans la loi une lacune évidente,
qu'il importe de la réformer au plus tôt, et de préciser
les conditions du délit, il déclare bien préférable de laisser à la jurisprudence le soin de les fixer arbitrairement. Sachez qu'il s'agit de la répression des Trusts.
Ainsi le délit resterait incertain dans ses éléments essentiels et constitutifs : les industriels et les commerçants
n'auraient aucun moyen de savoir d'avance ce qu'ils
peuvent faire et ce dont ils doivent s'abstenir. Ils font
un contrat d'association : iront-ils en prison ? on ne sait
pas : oui, si le juge estime après coup que c'est un mauvais trust, non s'il pense que c'est un bon trust ! voilà
cependant où l'abus des méthodes du droit civil et com-

mercial peut conduire, en droit pénal, l'intelligence la plus juridique et l'esprit le plus distingué.

Mais la tendance à l'arbitraire ne se manifeste pas seulement par ces interprétations larges des textes qui ne vont à rien moins qu'à créer des incriminations nouvelles par voie judiciaire. On l'observe encore lorsqu'il s'agit de l'application de la peine. On sait que la révolution, pour détruire précisément tout arbitraire, avait établi des peines fixes. Ce système absolu n'a point subsisté et l'œuvre du xixe siècle peut, sur ce point, se résumer en une pure réaction. L'établissement d'un *maximum* et d'un *minimum*, l'introduction des circonstances atténuantes et du sursis à la condamnation ont rendu au juge un large pouvoir d'appréciation pour déterminer la peine. Pourtant, toutes ces modifications ont laissé subsister un maximum légal que le juge ne peut jamais dépasser, et en ce qui touche les crimes au moins, un minimum au-dessous duquel le juge ne peut pas descendre. Or, on entend aujourd'hui de vives protestations, tant contre le maximum que contre le minimum légal.

Il est manifeste que tous ceux qui coopèrent à l'œuvre de la justice criminelle supportent aujourd'hui très impatiemment les limites que le minimum met à leur pouvoir d'appréciation. Les juges correctionnels, pour échapper aux dispositions qui le fixent admettent toujours les circonstances atténuantes qui sont pour ainsi dire devenues de style dans leurs jugements. Quant aux jurés, ils refusent de s'y plier, mandent le président des

assises, lui imposent des peines adoucies et s'ils ren-
contrent une résistance légale invincible rapportent des
verdicts d'acquittement. Voilà l'origine des projets de réforme pour rendre le jury « maître de la peine ». Qu'on
ne s'y trompe pas, en effet, ce que demandent les jurés
par cette formule, c'est le droit de fixer la peine arbitrairement. Soyez-en sûrs, ils ne se contenteraient certainement pas du droit de la déterminer dans les limites d'un
maximum et surtout d'un minimum légal : une semblable réforme paraîtrait à ces jurés, fiers de leur pré-
tendue souveraineté, absolument insuffisante et leur
semblerait une véritable duperie. Or, serait-il bon de
supprimer le *minimum*? on l'a soutenu ; quelques codes
étrangers l'ont effacé et, en réalité, chez nous il n'existe
plus pour les délits correctionnels. Nous faisons ainsi
une expérience et elle montre, à mon avis, le danger de
ce changement. Tous les criminalistes ne se plaignent-
ils pas de l'incroyable abus que les tribunaux correctionnels font des courtes peines et du sursis? Tout prévenu
qui n'a pas de casier judiciaire a pour ainsi dire droit au
bénéfice de la loi Bérenger; le récidiviste le plus en-
durci obtient des circonstances atténuantes ; on observe
même que les peines semblent s'adoucir à mesure que
les rechutes se multiplient. Les dispositions rigoureuses
de nos lois sur la récidive n'ont pour ainsi dire plus d'application pratique. Qui osera affirmer que cet affaisse-
ment de la répression soit sans péril pour l'ordre public
et ne contribue pas à l'accroissement de la criminalité?
Voilà où conduit directement l'oubli de la bonne mé-

thode du droit criminel et du caractère légal de la
peine.

Mais ce n'est pas tout : des théories nouvelles, sous
prétexte de progrès, sont venues, dans ces derniers
temps, combattre plus directement encore le principe
de la légalité en droit criminel. Elles supprimeraient
non seulement le minimum, mais le maximum des
peines ; elles effaceraient de nos lois les définitions des
délits et des crimes ; elles permettraient de priver un
citoyen de sa liberté avant même qu'il eût commis un
fait criminel déterminé. Je ne puis pas entrer ici dans
l'examen de ces nouveautés ; toutes ces théories ne s'accordent d'ailleurs pas entre elles ; les unes sont plus modérées, les autres plus audacieuses. Mais comme toutes
ont ce caractère commun de s'éloigner des principes que
je cherche à justifier devant vous, il est impossible que
je n'y insiste pas un instant. Quelques criminalistes réformateurs se bornent à critiquer la rigueur des définitions pénales qui obligent souvent le juge à déclarer
non punissables les actes que sa conscience condamne
le plus impérieusement. L'opinion publique s'étonne et
s'indigne que des raisonnements de subtile logique judiciaire conduisent ainsi à acquitter ceux qui paraissent
souvent mériter le moins d'indulgence et dont les méfaits sont les plus évidents. C'est un chevalier d'industrie
qui s'est enrichi en dépouillant de pauvres gens et en
les trompant de toutes les manières et qui n'aura cependant commis ni un vol, parce qu'il n'aura rien *soustrait*,
ni une escroquerie parce que ses manœuvres frauduleuses

ne seront pas légalement caractérisées, ni un abus de confiance parce que le contrat violé n'est pas un de ceux que le code pénal énumère limitativement : — c'est un homme qui a perverti et souillé des enfants mais qu'on ne pourra pas cependant condamner parce que les actes qu'il a commis ne constitueront, au point de vue strictement légal, ni un attentat aux mœurs, ni le délit d'excitation de mineurs à la débauche, ni celui d'outrage public à la pudeur ; — c'est un apache dangereux qu'on ne pourra frapper comme souteneur parce qu'on n'aura pas la preuve qu'il a favorisé la prostitution sur la voie publique, bien qu'il soit certain qu'il vit uniquement de ces abjectes ressources. On reproche aux juges d'interpréter largement les textes, mais comment pourraient-ils faire autrement en présence de ces définitions incomplètes et mal faites qui désarment la répression ? Ne serait-il pas préférable de libérer le droit pénal de toutes ces subtilités de légistes en employant des formules plus compréhensives et de laisser aux magistrats la liberté qui leur est nécessaire pour accomplir leur mission sociale ? Et ce ne sont pas là, à l'heure où nous parlons, des opinions de théoriciens : ces idées sont déjà entrées dans le domaine des réalisations. Pour ne citer qu'un exemple, le code norwégien s'inspire de ces idées et, particulièrement, ne définit plus la complicité abandonnant aux juges le soin de punir la participation criminelle dans tous les cas où ils le croiront utile.

Mais ceux qui parlent ainsi sont des réformateurs modérés. D'autres ne se contenteraient pas de si mo-

destes changements. Les uns prétendent refuser à la loi
toute influence sur la détermination et la fixation des
peines. Elle ne peut, en effet, procéder que par voie de
dispositions générales ; elle ignore les espèces et la personnalité des délinquants. Or, il faut précisément indivi-
dualiser les mesures de répression selon les cas concrets
que présente la pratique et surtout d'après le caractère
différent de chaque coupable. Mais, seul, le juge peut
connaître les criminels ; il faut donc lui laisser le pouvoir
de prendre les décisions qui lui sembleront nécessaires à
l'encontre de chacun d'eux sans prétendre l'enserrer
dans les limites d'un texte. — D'autres criminalistes
ne croient même pas que le magistrat, qui n'aperçoit
l'accusé qu'à l'heure brève de l'audience, ait compétence
pour déterminer la peine capable de l'amender. De
même qu'on ne peut assigner d'avance un terme au traitement qui rendra la santé à un malade, de même on ne
peut indiquer, au moment de la condamnation, le jour
où la peine aura produit son effet correctif. On propose
donc un système de sentences indéterminées ; le coupable serait envoyé en prison sans limitation de temps,
et l'administration pénitentiaire ne lui rendrait la liberté
que lorsqu'il pourrait, sans danger pour l'ordre public,
reprendre sa place dans la société. Ce système a été es-
sayé en Amérique. — D'autres enfin observent que beaucoup de délinquants se recrutent parmi les anormaux et
les déséquilibrés — et je dirai tout à l'heure que je le
crois comme eux ; ils affirment que ces demi-fous
doivent être soustraits à la peine et qu'on doit les sou-

mettre seulement à des mesures de sûreté sociales ; on les enfermerait donc dans des établissements, moitié prison, moitié asile, où ils demeureraient aussi longtemps qu'il paraîtrait nécessaire pour préserver la société contre leur activité malfaisante. Cette idée ne me paraît pas fausse de tous points. Mais la question est de savoir quels sont ceux qui seront classés parmi ces anormaux, dégénérés, demi-fous, arriérés et défectueux et contre lesquels il faut prendre des mesures rigoureuses parce qu'ils sont « en état dangereux » et menacent l'ordre et la sécurité sociale. Si ces mesures de sûreté ne sont autorisées qu'après que l'individu aura donné des preuves expérimentales de ses instincts criminels en commettant des faits que le législateur a défendus et incriminés, je n'ai plus d'objection de principe à soulever. Mais quelques-uns ne l'entendent point ainsi : « l'état dangereux » serait arbitrairement déclaré soit par le juge sur l'avis des médecins experts, soit tout simplement par le médecin aliéniste, seul compétent pour diagnostiquer le mal. Le crime ne serait tout au plus qu'un symptôme de cet état, mais il pourrait être remplacé par d'autres symptômes. On pourrait donc interner un défectueux avant même qu'il eût commis aucun délit et parce qu'on peut redouter qu'il en commette dans l'avenir. Pourquoi, dit-on, attendre que ces malheureux dégénérés aient fait le mal pour protéger les autres et les protéger contre eux-mêmes en les mettant dans l'impossibilité de nuire ? Il ne s'agit pas de les punir mais de les assister. N'interne-t-on pas les aliénés par mesure purement préventive ?

C'est contre tous ces systèmes et contre toutes ces prétendues nouveautés que je proteste, pour ma part, et de tout mon pouvoir. Sous prétexte de progrès tous auraient pour conséquence de nous ramener soit à l'arbitraire du juge, soit à l'arbitraire de l'administration, soit à l'arbitraire des experts, et ils ne sont pas moins dangereux les uns que les autres. Je l'ai dit : je m'en tiens fermement aux principes de 1789 qui ont fixé définitivement les bases inébranlables de la constitution des peuples libres. Parce qu'on changera le nom des peines, et qu'on aura écrit le mot « asile » sur les portes des prisons, ceux qui y seront internés ne seront pas moins détenus contre leur volonté. Je pense qu'ils n'y doivent être enfermés que s'ils ont donné la preuve de leur « état dangereux » en commettant les faits que la loi a prévus d'avance et qu'elle a définis objectivement et avec précision. Ainsi, le droit criminel, partie essentielle du droit public, demeurera la suprême garantie des droits individuels et de la liberté civile.

Je n'ai envisagé jusqu'ici que le droit criminel positif. Mais, je l'ai dit, d'autres études, plus hautes, s'imposent aujourd'hui à l'attention des criminalistes. Ecrire des textes de droit pénal et les interpréter correctement, n'est après tout qu'un art. L'esprit positif contemporain devait nécessairement être amené à se demander si le crime, envisagé comme phénomène social, n'est pas soumis à des lois générales, et s'il n'est pas possible de créer ainsi une véritable science nouvelle, en entendant ce mot science dans son sens le plus rigoureux. On y travaille depuis un demi-siècle environ. Le nom de cette science est encore indécis, mais qu'on l'appelle pénologie, criminologie ou sociologie criminelle, son objet du moins apparaît avec clarté : il est de rechercher les causes réelles du crime et du délit.

Mais vous apercevez immédiatement la grave question que va soulever ce nouveau point de vue et qui doit être préalablement résolue. Elle porte sur la légitimité même de cette science, et elle n'est rien moins que de savoir s'il existe réellement des lois naturelles qui dominent le crime et auxquels il obéit. En supposant même que ces lois existent, pouvons-nous espérer les connaître? Vous le comprenez bien, Messieurs, cette question n'est autre, sous un aspect particulier, que celle de la légitimité même de la science sociale, dont la criminologie ne serait qu'une branche spéciale et comme un rameau détaché. Or, je n'ai point, à coup sûr, la prétention de traiter ici une semblable question.

Je n'en veux dire que deux mots et seulement pour préciser la manière dont, à mon sens, elle doit se poser. S'il existe un déterminisme universel, et si les phénomènes moraux et sociaux, comme les phénomènes physiques, dépendent nécessairement de leurs antécédents, il est impossible de nier l'existence des lois naturelles et sociales et par conséquent de révoquer en doute celle de la science sociale. Si même on pense que la volonté libre de l'homme agit sur ses actions individuelles et sociales, et qu'elle en est sinon la cause unique, au moins une des causes, il n'est pas impossible encore de comprendre ces lois et cette science. Il faut bien reconnaître, en effet, que la liberté humaine a des bornes et qu'elle ne peut se mouvoir que dans un cercle limité de possibilités. La recherche des lois sociales aurait seulement à tenir compte d'une nouvelle inconnue qui serait précisément le facteur des résolutions libres. Il ne répugne pas absolument à l'esprit scientifique qu'un problème soit susceptible de plusieurs solutions si on peut les déterminer limitativement et les prévoir avec une égale sûreté. Ces lois formulées seront seulement moins précises. Mais si, dans l'une comme dans l'autre de ces hypothèses, la science m'apparaît ainsi comme théoriquement possible, les antécédents et les causes des phénomènes sociaux sont si nombreux, si mêlés et si complexes qu'on se prend à douter de pouvoir établir les relations constantes qui les unissent.

En tous cas, les esprits vraiment scientifiques ne se hâteront pas de conclure. Ils ne tomberont pas dans le travers de ceux qui prétendent faire œuvre de science parce qu'ils s'efforcent d'appliquer les méthodes expérimentales aux phénomènes sociaux et qu'ils emploient une terminologie pseudo-scientifique. Ils n'oublieront pas qu'une loi scientifique affirme des relations entre les phénomènes, constantes et sans exception, puisque cette exception serait un miracle. Si l'expérience ne vérifie pas toujours le résultat prévu, et si elle a été bien faite, c'est que la loi n'est pas établie et qu'il faut la rejeter. Entendre autrement la science, c'est en profaner le nom.

Avons-nous déjà découvert quelque loi sociale ayant cette rigueur et cette certitude, je ne sais et je ne veux pas le rechercher en ce moment. Mais il n'est pas interdit de poursuivre ces grandes vérités et même on le doit. Si nous n'arrivons pas à les formuler, nous pourrons du moins les serrer de plus près, dissiper bien des obscurités, écarter bien des préjugés. L'essentiel, et c'est ce que j'ai voulu dire, est de se rendre compte des résultats obtenus, de ne point se faire d'illusions sur leur caractère, et de ne pas donner comme des lois scientifiques, des raisonnements et des conclusions hâtives et souvent de pures hypothèses.

Cela dit, et ces réserves faites, j'ajouterai maintenant volontiers que de toutes les branches de la science sociale, la criminologie est peut-être celle où nous pouvons espérer obtenir les résultats positifs les plus prompts et les plus sûrs. La raison en est que le crime constitue après tout un des plus simples phénomènes sociaux. On peut presque l'isoler de tous les autres. Sans doute, il a avec eux des rapports étroits, mais on peut facilement étudier le délit et surtout le délinquant en soi et pour soi. Cette étude paraît ainsi beaucoup plus précise et plus aisée que celles qui portent sur d'autres faits sociaux et par exemple sur des faits économiques. Les sources d'information abondent. Nos observations peuvent porter sur le criminel pendant son procès et à l'audience, devant ses juges ; il nous est possible de le suivre dans les prisons, de connaître ce qu'il fut dans la vie libre avant son crime et ce qu'il devient après sa libération ; on peut étudier son tempérament physique, sa vie intellectuelle et morale, ses habitudes et ses passions. L'expérience même n'est pas exclue, et on peut déterminer après les avoir pratiquées l'effet des peines, de la prison commune et de la cellule individuelle, de la peine d'amendement et de la peine d'élimination ; les archives des greffes contiennent une mine inépuisable de documents renfermés dans les dossiers criminels ; le casier judiciaire nous renseignera avec exactitude sur un grand nombre de faits intéressants lorsqu'on voudra le consulter. Enfin des statistiques criminelles précieuses nous indiquent les mouvements généraux de la criminalité.

Et ces statistiques, à elles seules, montreraient, au besoin, que le crime n'est pas un phénomène qui échappe à toute étude scientifique et positive. Depuis 1825, vous le savez, la France dresse l'inventaire annuel de sa criminalité et les pays étrangers ont imité notre exemple. Or, lorsqu'on consulte ces documents, on est immédiatement frappé de la constance des chiffres qu'ils nous révèlent : le nombre des assassinats et des meurtres, des vols et des attentats aux mœurs, des délits de pêche et de chasse ne varie pour ainsi dire pas, d'une année à l'année qui la précède ou à celle qui la suit. De la sorte, connaissant les chiffres d'une des dernières statistiques d'un pays, nous pouvons prévoir avec exactitude, à quelques dizaines, parfois même à quelques unités près, le nombre des crimes qui y seront commis l'année prochaine. Cette possibilité de prévision de l'avenir n'est-

elle pas la preuve claire et démonstrative que le crime,
loin d'être le résultat de la seule volonté capricieuse et
souveraine des malfaiteurs, est au contraire déterminé
par des causes qui peuvent faire l'objet d'une recherche
scientifique.

Il est vrai que si on compare les statistiques de deux
années éloignées, ces chiffres apparaissent souvent
comme très différents. Certains crimes, comme l'abus
de confiance et l'escroquerie, par exemple, se sont mul-
tipliés ; d'autres, au contraire, sont devenus moins fré-
quents et quelques-uns mêmes semblent avoir disparu,
ou à peu près. Mais si nous recherchons les chiffres des
années intermédiaires et si nous traçons la courbe qui
les représente, nous acquérons encore la conviction que
ces variations semblent encore obéir à des lois et que
l'accroissement ou la diminution de la criminalité totale
ou de tel délit particulier, tient à des causes dont la
connaissance fait précisément l'objet de la criminologie.

Je sais d'ailleurs tout ce qu'on a coutume de dire
contre ces statistiques. Je ne parle pas de l'opinion des
philosophes qui nient, en principe, leur valeur scientifique et qui révoquent en doute les conséquences lo-
giques qu'on en peut tirer. L'examen de ces disputes
théoriques m'entraînerait beaucoup trop loin. On peut
aussi négliger les objections de ceux qui se bornent à
opposer aux chiffres des plaisanteries et des sarcasmes.
En règle générale ce sont ceux qui ne les ont jamais
consultés et qui cherchent ainsi à dissimuler leur paresse

et leur ignorance. On peut les excuser lorsqu'ils ont vraiment de l'esprit ; malheureusement, ce n'est pas toujours le cas et ces plaisanteries sont souvent très usées et d'une désespérante banalité. Mais la statistique criminelle a d'autres adversaires. Les uns reprochent à la nôtre les procédés vieillis dont on se sert pour la dresser et opposent à notre système de tableaux établis annuellement dans les tribunaux, celui de l'Allemagne où les greffiers établissent des fiches individuelles qu'un service central est chargé de dépouiller. D'autres s'en prennent à l'exactitude des chiffres et déclarent qu'ils ne peuvent inspirer aucune confiance. On dit que les nombres ne sont pas toujours rapportés avec le soin méticuleux qu'il faudrait pour faire une œuvre scientifique, que les magistrats négligent parfois ce travail qu'ils considèrent comme ennuyeux et bureaucratique ; et le fait est que beaucoup d'entre eux se montrent particulièrement sceptiques sur les conclusions qu'on peut tirer de ces chiffres qu'ils ont eux-mêmes fournis.

Je ne soutiendrai certes pas que les statistiques sont impeccables. Elles ne sont certainement pas d'une exactitude rigoureuse et il est incontestable qu'on peut solliciter ces chiffres dans les sens les plus contraires. J'ai dit un jour, et je ne rétracte rien, qu'il ne fallait consulter le livre jaune du ministère de la justice qu'avec circonspection. Mais ces réserves faites, il ne faut rien exagérér. Les statistiques de la Cour d'assises, par exemple, sont très sûres. Pour les délits correctionnels et pour les faits restés sans poursuites, des erreurs sont

possibles et il faut même avouer qu'il y en a. Encore se
corrigent-elles les unes les autres et n'ont-elles pas d'influence sur les grands nombres. D'ailleurs, ces inexacti-
tudes ne sont pas telles qu'elles infirment les conclusions que j'ai tirées de la constance du nombre des
crimes et des délits. On critique le procédé employé en
France pour dresser les tableaux ; mais il convient de
remarquer que les statistiques étrangères qui sont établies autrement et par d'autres systèmes conduisent aux
mêmes conclusions et nous montrent, elles aussi, des
chiffres et des courbes qui laissent invinciblement supposer l'existence de causes supérieures et permanentes qui
dominent le crime et déterminent la volonté des criminels.

Mais il serait puéril de penser qu'on construira une
criminologie et qu'on dégagera ces lois par le seul secours des statistiques. Ces chiffres généraux nous donne-
ront quelques indications utiles, mais rien de plus. C'est
seulement en observant le criminel lui-même qu'on
peut espérer dissiper les ténèbres qui nous cachent les
vérités que nous cherchons à pénétrer. Et ici, je désire
être très clair pour être bien compris, car nous sommes
au point central de la question que j'examine. Depuis
bien longtemps on a étudié les criminels, on a recherché
les causes de leurs méfaits : on se tromperait étrange-
ment en pensant que ce problème est nouveau et ne
s'est posé que de nos jours. Depuis longtemps aussi on
a trouvé ces causes dans les mauvais instincts des délinquants, dans leurs passions surexcitées, dans leur dé-

plorable éducation et leurs funestes fréquentations. On
a écrit là-dessus des livres qui ne sont certes pas sans
valeur, où abondent même souvent les aperçus intéressants et les remarques ingénieuses. Pourquoi donc
ces ouvrages nous donnent-ils l'impression de n'être pas
beaucoup autre chose que des travaux d'imagination et
des œuvres purement littéraires ? Pourquoi ne nous
convainquent-ils pas ? C'est que ces observations sont
très superficielles et qu'il n'en jaillit que des hypothèses mal vérifiées. Si on persévère dans cette voie,
on n'ira jamais beaucoup plus loin. Pour parvenir
à des résultats positifs plus sûrs, il faut se résoudre à
employer les règles rigoureuses de la véritable méthode expérimentale. Elle est moins brillante, et ne
permet pas des généralisations hâtives ; elle exige
beaucoup de temps et une inlassable patience : il s'agit
d'observer des milliers de criminels, en se gardant de
toute idée préconçue et sans autre souci que l'exactitude
des renseignements recueillis. Lorsqu'on aura ainsi
amassé une multitude de documents, peut-être nos
successeurs pourront-ils dégager quelques principes qui
s'imposeront à la conscience universelle par la force
toute puissante de leur évidence même.

Vous me permettrez d'insister, en terminant, sur la
forme, le caractère et le contenu nécessaire de ces observations scientifiques, puisqu'aussi bien elles constituent,
selon moi, la condition essentielle et la méthode même
de la criminologie. D'ailleurs, les travaux entrepris
dans cette voie sont déjà assez avancés pour que nous

puissions y marcher avec quelque sûreté. Il semble dès maintenant acquis à nos connaissances que les causes du crime se trouvent, d'une part, dans la nature même du criminel et, d'autre part, dans les influences mauvaises qu'il a subies. Il faudra donc étudier le criminel sous ces aspects multiples, sans en négliger aucun, sous peine de fausser les conclusions qu'on pourra tirer de ces observations.

Que le crime s'explique souvent par le tempérament naturel du criminel, c'est ce qu'il me paraît impossible de nier ! Cette vérité, à coup sûr, n'est pas nouvelle et depuis bien longtemps elle s'est imposée à tous ceux qui ont été en contact avec les malfaiteurs. Ce n'est pas de nos jours seulement qu'on a constaté leurs instincts mauvais, leur brutalité naturelle et leur cruauté. Les vieux magistrats qui, dans leurs réquisitoires, reprochaient aux accusés d'avoir, dès leur plus jeune âge, torturé des animaux et de céder aux pires penchants de leur caractère pervers, n'avaient la prétention de faire ni de l'anthropologie criminelle, ni de la criminologie. Ils constataient un fait, dont ils ne cherchaient point l'explication scientifique, mais dont l'évidence les avait frappés et dont l'importance n'échappait point à leur sagacité de praticiens expérimentés. Cette vérité est si claire qu'il suffit pour l'apercevoir du simple bon sens et qu'elle s'impose aux esprits même peu cultivés. Je me suis toujours souvenu à ce propos, de ma première visite dans une maison centrale. J'étais alors un tout jeune professeur de droit pénal, et je parcourais la prison sous la conduite du directeur, auquel j'adressais cent questions. Nous étions accompagnés par un très vieux gardien, auquel un long exercice de sa profession avait certainement enlevé beaucoup d'illusions. J'ai bien peur, aujourd'hui, que mon zèle pour le relèvement des condamnés ne lui ait paru un peu naïf, mais je crois cependant que mon grand désir de m'instruire l'avait frappé et que j'avais gagné sa confiance. Un moment, il me tira à part, un peu loin du directeur, et me dit en baissant la voix : « Tenez, Monsieur, je vais, moi, vous dire la vérité : tous ceux qui sont là sont des ivrognes ou des maboules ! » Certes, ce vieux gardien ne connaissait pas Lombroso, dont à cette époque, du reste, le nom n'avait point encore pénétré en France ; il ignorait, à coup sûr, les livres des aliénistes et n'avait lu ni Morel, ni Despines, ni Munslay, ni aucun autre, mais il avait vécu avec les détenus, il les avait pratiqués et son simple bon sens lui avait montré qu'ils étaient, en grande majorité, des alcooliques ou des dégénérés.

Et vraiment, il n'est pas même nécessaire d'être en contact professionnel avec les criminels pour arriver à cette conviction. Tous ceux qui savent regarder autour d'eux n'ont-ils pas la même impression ? Qui donc, ayant une vie un peu longue n'a pas vu, autour de soi, quelques malheureux tomber dans le délit ? des gens qu'on a connus dès l'enfance, parfois des camarades, des amis mêmes. Ces chutes lamentables ne sont-elles pas souvent prévues ? N'est-il pas vrai que ces êtres dégradés étaient différents des autres, que, dès leur jeunesse, ils se faisaient remarquer par leurs singularités et leurs instinct vicieux ? Faut-il rappeler le portrait devenu classique qu'en a tracé un des maîtres de la science ? C'est, par exemple, un enfant né dans la classe bourgeoise : il marche à peine qu'il est déjà coléreux, volontaire, indiscipliné et dès qu'il parle il commence déjà à mentir. D'abord, on lui souffre tout, il est si jeune ! on prend même souvent ses défauts pour des gentillesses, et comme des gages d'intelligence et de volonté pour l'avenir. Cependant il grandit et il faut bien le reprendre : d'abord on le fait avec douceur, mais l'indulgence semble l'enhardir. Le père intervient, mais sa sévérité ne réussit pas davantage. Il devient une cause de trouble dans la famille ; il terrorise ses frères et ses sœurs ; persécute les domestiques, met quelquefois la discorde entre ses parents qui se reprochent mutuelle- ment « de ne pas savoir le prendre ». Enfin n'y pouvant plus tenir on le met en pension : mais, là non plus, « on ne sait pas le prendre ». On essaye du lycée et du collège religieux, et il se fait renvoyer de partout. Il n'est point sans intelligence, souvent même il a l'esprit vif, et une imagination brillante ; mais il est paresseux et ses connais- sances sont toujours incomplètes : superficiel il semble incapable de fixer son attention. Impulsif surtout, il cède à tous les entraînements et paraît incapable de prévoir la conséquence la plus directe et la plus inévitable de ses actes. Enfin un jour, pour satisfaire quelque désir ou sous l'empire de quelque passion, il vole. Comme il est jeune encore, on pardonne et on parvient à arrêter les poursuites judiciaires. Cette leçon ne l'amende point encore et finalement il échoue sur les bancs de la police correctionnelle pour vol ou escroquerie ou en Cour d'assises pour faux. Si on l'engage dans l'armée il finira probablement aux compagnies de discipline. Soyez sûr d'ailleurs qu'il ne se sent pas responsable du mal qu'il fait : c'est toujours la faute d'un autre qui l'a entraîné et surtout de la famille qui « lui en veut ».

Ne croyez point, d'ailleurs, Messieurs, que je tombe ainsi dans la doctrine de l'Ecole d'anthropologie criminelle et du délinquant né. Les signes auxquels Lombroso a cru le reconnaître sont ceux de la dégénérescence, tout simplement, et ses recherches confirment ainsi les théories de nos grands aliénistes. Mais le délinquant né, qui est sa découverte propre et personnelle, est décidément une invention que la science ne peut pas accepter. Le criminel n'est ni ce criminel né, ni un fou. Il est vrai seulement que les malfaiteurs se recrutent souvent parmi ceux que nous désignons sous les noms de déséquilibrés, détraqués, anormaux, dégénérés, défectueux ou demi-fous. Bien que nos observations soient encore très imparfaites, cette vérité me paraît trop clairement établie pour que nous puissions la méconnaître. Mais tandis que le criminel né subira fatalement sa destinée, rien ne permet de prévoir avec sûreté si le dégénéré finira dans le crime. Beaucoup de criminels sont des dégénérés. Soit ! mais tous les dégénérés ne sont pas des criminels. Un grand nombre, au contraire, resteront d'honnêtes gens. Peut-être entreprendront-ils des spéculations mal combinées qui les ruineront ; peut-être leur funeste caractère

fera le malheur de tous ceux qui les entourent et d'eux-
mêmes ; ils divorceront ou se suicideront, mais ils ne
commettront aucune faute tombant sous le coup du droit
pénal, aucun acte même qui puisse entacher leur honneur.
Quelques-uns, qui sait ? pourront donner l'exemple des
plus grandes vertus, des plus nobles et des plus sublimes
dévouements. Ils iront au bien, comme ils peuvent aller
au mal, avec excès. Les héros, non plus, ne sont pas toujours des équilibrés.

Ainsi donc, le tempérament des criminels, leur caractère naturel, les anomalies qu'on observe lorsqu'on les
étudie, nous apparaissent comme une des causes de la
criminalité ; mais on commettrait une grave erreur en ne
recherchant que celle-là : pour me servir d'une comparaison souvent faite, les anormaux offrent un terrain fer-
tile et tout préparé pour la culture criminelle, mais encore faut-il que ce terrain soit ensemencé pour que la
plante mauvaise puisse y germer et y croître. En d'autres
termes, à côté de causes physiologiques le crime a des
causes sociales qui paraissent plus importantes encore.
Personne, je crois, ne le nie plus aujourd'hui.

Ces causes, nous pouvons aussi les entrevoir. C'est, par
exemple, la misère, méritée ou imméritée, mais si souvent mauvaise conseillère : celui qui manque de tout est
plus tenté qu'un autre de s'emparer du bien d'autrui, et
qui n'a rien à perdre redoute moins le déshonneur d'une
condamnation criminelle : L'homme réduit à l'extrême
misère ne songera-t-il pas même que la prison, notre prison moderne surtout, confortable et saine, lui offre un

asile assuré où il n'aura plus ni froid ni faim ? Certes ! il est des pauvretés fièrement et dignement supportées, mais combien de fois le dénuement n'a-t-il pas porté des âmes moins bien trempées à une lamentable déchéance morale et aux plus lâches abandons.

Depuis bien longtemps, on a aussi remarqué la funeste influence de la paresse et de la débauche. Ainsi se recrutent les apaches. Un adolescent, presqu'un enfant, est mis en apprentissage au sortir de l'école primaire ; malheureusement, ses parents, qui sont souvent de braves et honnêtes ouvriers, ne peuvent exercer sur lui une surveillance bien exacte. Tout fier de sa récente liberté, curieux du vice, il entre un jour dans un cabaret. Il trouve, dans ce mauvais lieu, un luxe, bien relatif sans doute, mais qui l'éblouit par comparaison avec la demeure familiale ; il y rencontre des filles et s'y attarde. Mais il faut vivre et bientôt il deviendra un souteneur, associé aux bandes les plus redoutables qui dévalisera le passant attardé et luttera à main armée contre la police.

D'autres sont poussés par la passion du jeu ! Combien de caissiers ou d'employés de commerce ont puisé dans la caisse de leur patron pour « prendre » le cheval sur lequel ils possèdent un « tuyau » infaillible ? Que de banquiers, de notaires ou d'hommes d'affaires ont fait banqueroute et ont fini sur les bancs de la police correctionnelle et de la Cour d'assises, parce qu'ils ont joué à la bourse avec l'argent des autres.

Mais de toutes les causes qui conduisent au délit, les

deux principales sont, à coup sûr, la mauvaise éducation de l'enfance et l'alcoolisme.

Nous l'avons dit : si le dégénéré offre pour le crime une certaine prédisposition, cette prédisposition n'a rien d'inévitable. Il suffira, très souvent, qu'il subisse dans son jeune âge l'influence d'une bonne direction morale pour qu'il échappe à cette destinée. D'ailleurs, il ne faut rien exagérer. Bien des délinquants, même des délinquants professionnels et d'habitude ne présentent aucune tare héréditaire. Une éducation convenable aurait probablement développé chez eux les bons sentiments et étouffé les mauvais : au moins leur aurait-elle donné une moralité moyenne qui leur aurait permis de s'accommoder au milieu social et d'y vivre paisiblement. Mais songez, je vous en prie, à ces malheureux enfants, qui n'ont jamais eu que de mauvais exemples sous les yeux. Dès leur âge le plus tendre, on les envoie mendier, plus tard on les excite au vol, et ceux même qui ont autorité sur eux les associent à leurs propres méfaits. La crainte du gendarme est la seule notion de moralité qu'on leur enseigne, mais en ajoutant qu'il suffit d'être adroit pour lui échapper. La prison, où leur père est allé souvent, ne peut plus les intimider. Comment un tel enfant pourrait-il ne pas faire de mal, et de quelle moralité naturelle supérieure devrait-il être doué pour échapper à la vie criminelle et pour devenir un honnête homme? Ou bien, c'est un gamin, né d'une union de hasard : on ne le pervertit pas, mais personne ne le surveille. La mère, inintelligente, subit passivement sa destinée d'être déchu : celui ou ceux qui vivent avec elle n'ont pour ce petit être qu'une froide indifférence, quelquefois, hélas ! de la haine. A peine nourri, maltraité souvent, il vit dans la rue, comme il peut. Vous étonnerez-vous qu'il devienne un cambrioleur redoutable ? Celui-là est un enfant né dans la classe bourgeoise et dont les instincts mauvais auraient besoin d'être redressés. Mais le père, absorbé par ses affaires, n'a pas le temps de veiller à son éducation : la mère est trop faible, ou trop mondaine. Il lui faudrait une direction à la fois bienveillante et ferme pour lui montrer la bonne route ; il ne trouve qu'une déplorable indulgence coutumière, coupée de menaces de châtiments jamais exécutées, ou d'excès de sévérité passagère qui exaspèrent encore ses colères et ses mauvaises pensées. Il se brouille enfin avec sa famille et un jour, pour satisfaire ses passions et se procurer de l'argent, il commet une escroquerie ou un faux. Qui donc pourra nier qu'une meilleure éducation aurait pu sauver tous ces délinquants ?

Les méfaits de l'alcoolisme sont encore pires. On a coutume aujourd'hui de distinguer entre l'alcoolisme et l'ivresse, et il semble qu'on soit plein d'indulgence pour celui qui ne s'enivre que de temps en temps et avec des boissons dites hygiéniques. Mais, au moins au point de vue qui nous occupe, cette ivresse même occasionnelle est déjà très dangereuse. Elle est incontestablement la cause d'un grand nombre de crimes et de délits, depuis les plus graves jusqu'aux plus légers : meurtres, coups et blessures, violences de toutes sortes, outrages et re-

bellion, sans compter les attentats aux mœurs. D'ailleurs,
l'influence de l'alcoolisme (devenu un état physique et
constitutionnel) sur l'accroissement de la criminalité,
est aussi effrayant qu'indéniable. En détruisant chez l'alcoolique tout équilibre mental, et en affaiblissant la
force de résistance de sa volonté, ce terrible mal le livre
sans défense à toutes les impulsions mauvaises, et le conduit aussi souvent à la prison qu'à l'asile des fous. Et,
malheureusement, l'alcoolisme ne borne pas là ses ra-
vages. Que l'ivrogne et l'alcoolique soient punis des
crimes qu'ils commettent, après tout, c'est justice. Mais
l'alcoolisme en compromettant la discipline et le bonheur de la famille amène la mauvaise éducation de l'enfant, et ainsi le pousse lui-même au délit. Plus encore !
il ruine la santé physique et morale de cet enfant qui
porte les tares de cette lourde hérédité. C'est l'alcool qui
est responsable des dégénérescences qui font les détraqués, les attardés, les défectueux et les demi-fous. En
sorte qu'en remontant de cause en cause l'alcoolisme
nous apparaît comme le facteur le plus actif de la criminalité, et, constatation navrante ! celui qui commet le
crime qu'il faudra punir et qui souffrira porte la responsabilité d'une intempérance qui n'est pas la sienne.

Toutes les vérités que je viens de dégager sont importantes et fécondes en conséquences. Mais il ne faut pas se
dissimuler que ces connaissances sont encore très superficielles et qu'elles n'ont aucun caractère vraiment scientifique. Pour pénétrer plus profondément dans l'étude de
la criminalité il faudra, je l'ai dit, considérer le crimi-

nel lui-même, individuellement ; et dresser de véritables observations dont vous voyez maintenant le contenu : Il faudra d'abord rechercher le tempérament du délinquant, ses tares héréditaires et acquises, les maladies qu'il a subies, en autres termes l'examiner au point de vue physiologique ; mais il ne sera pas moins nécessaire de découvrir les raisons qui l'ont conduit au crime, le milieu où il a vécu, les influences diverses qui se sont exercées sur son esprit, les passions qui l'ont agité, et l'étudier ainsi au point de vue moral et social. Par cette méthode seulement, nous pourrons serrer de plus près le redoutable problème de la criminalité. Je ne dis pas, et je ne crois point, que tout de suite nous parviendrons à en formuler les lois ; mais nous dégagerons des vérités plus précises. Alors nous comprendrons même que, pour combattre le crime, il ne suffit pas de punir les criminels et de les envoyer à l'échafaud, dans les bagnes et dans les prisons ; qu'il faut surtout, s'attacher à détruire les causes du mal. La société fera ainsi une œuvre vraiment efficace, où la prévention tiendra plus de place que la répression et où elle introduira plus de justice, plus de miséricorde pour les faibles, plus de pitié pour les malheureux.

E. GARÇON.

TABLE DES MATIÈRES

—

—

Saint-Amand (Cher). — Imprimerie Bussière.

DROIT, JURISPRUDENCE, ÉCONOMIE POLITIQUE, SCIENCE FINANCIÈRE
ASSURANCES, LÉGISLATION COLONIALE, DROIT ÉTRANGER, PHILOSOPHIE
HISTOIRE, HYGIÈNE, ASSISTANCE, PRÉVOYANCE
SOCIOLOGIE, SOCIALISME, ETC.

DEUXIÈME SUPPLÉMENT

AU

CATALOGUE

OUVRAGES DU FONDS

PARUS EN 1910

Envoi franco **EN DISTRIBUTION :** **Envoi franco**

CATALOGUE GÉNÉRAL des OUVRAGES du FONDS :

1re Partie : **Droit, Jurisprudence, etc.**
2e Partie : **Économie politique, Sociologie, etc.**
1er Supplément : **Ouvrages parus en 1908 et 1909.**

PARIS (5e)

V. GIARD & E. BRIÈRE

LIBRAIRES-ÉDITEURS
16, RUE SOUFFLOT ET 12, RUE TOULLIER

1910-1911

DEUXIÈME SUPPLÉMENT AU CATALOGUE

OUVRAGES DU FONDS

PARUS EN 1910

Envoi franco aux prix marqués sur ce catalogue

A

ANNALES DE L'INSTITUT INTERNATIONAL DE SOCIOLOGIE :
— XII. La Solidarité sociale dans le temps et dans l'espace. 1910. Un vol. in-8 . . . . 7 fr. »
— XIII. La Solidarité sociale. Ses formes, son principe, ses limites. 1911. Un vol. in-8 . . . . 7 fr. »

ASPE-FLEURIMONT (L.), *membre du Conseil supérieur des colonies.* — Le Colonial. Communication faite à la Société de Sociologie de Paris. 1910. Une brochure gr. in-8 . . . . 1 fr. »

AUBRY (D.), *Publiciste.* — Réformes politiques et sociales de la Troisième République depuis 1870 jusqu'à nos jours. 1910. Une brochure in-18. 0 fr. 20

B

BALDWIN (J. Mark), *ancien professeur de psychologie à l'Université John's Hopkins, vice-président de l'Institut international de Sociologie.* — **Psychologie et Sociologie**. L'Individu et la Société. Traduit de l'anglais par Pierre Combret de Lanux. 1910. Un vol. in-18. . . . . 2 fr. »

☛ Cet ouvrage fait partie de la *Bibliothèque sociologique internationa'e* (série in-18 B).

BALLET (A.), *docteur en droit.* — **Le Droit d'auteur sur les œuvres de peinture et de sculpture**. 1910. 1 vol. gr. in-8 . . . . 4 fr. »

Historique: Législation. Droit moral. Création de l'œuvre. Saisie-vente. Droits de l'artiste sur l'œuvre vendue. Reproduction. Contrefaçon. Le Domaine public. La plus value des œuvres d'art.

BEAUBOIS (G.). — **La Crise postale et les monopoles d'Etat**. 1909. Un vol. in-18. . . . . 0 fr. 75

☛ Cet ouvrage fait partie des *Editions du mouvement socialiste*, (I).

BERGERON (J.). — **Le Collège libre des Sciences sociales**. Ses origines. Son fonctionnement. Suivi de la liste des professeurs ayant enseigné au Collège depuis sa fondation, avec l'indication, année par année, des sujets traités. 1910. Un petit vol. in-18 . . . . 1 fr. »

BERNARD (M.), *secrétaire général du département de Seine-et-Marne.* — **L'Hygiène publique obligatoire en France**. La lutte administrative contre le choléra et les autres maladies transmissibles. Avec une préface du docteur A. Marie, médecin en chef de l'asile de Villejuif. 1910. 1 vol. in-18 relié toile . . . . 4 fr. »

☛ Cet ouvrage fait partie de l'*Encyclopédie internationale d'assistance, prévoyance, hygiène sociale et de démographie* (Hygiène, 1re série, IV).

La crainte d'épidémies ou de contamination provoquée par les récentes inondations qui ont éprouvé si cruellement le bassin de Paris, donne une singulière actualité au nouvel ouvrage de M. MARCEL BERNARD, le distingué secrétaire général de Seine-et-Marne : *L'Hygiène publique obligatoire en France.*

Ce volume, qui contient toutes les prescriptions du Conseil supérieur d'Hygiène de France et une documentation très complète sur la législation sanitaire, permettra aux simples citoyens de combattre utilement toutes les maladies contagieuses et aux autorités municipales d'établir solidement les arrêtés pris en vue de sauvegarder la santé publique.

BERTHELEMY (H.), *professeur à l'Université de Paris.* — **Les méthodes juridiques.** *Voyez* : Larnaude.

BERTHOD (A.), *agrégé de philosophie, docteur ès-siences politiques et économiques.* — **P.-J. Proudhon et la Propriété. Un socialisme pour les paysans.** 1910. 1 vol. in-18. . . . . 3 fr. »

☞ Cet ouvrage fait partie de la *Bibliothèque socialiste internationale* (XIII).

C'est une étude doublement actuelle que ce livre sur *P.-J. Proudhon et la Propriété*, en un moment où les idées du grand polémiste recommencent à exercer dans les milieux les plus divers une si profonde influence et où la question de la propriété paysanne préoccupe si vivement les partisans comme les adversaires du socialisme.

BILLIA (L. Michelangelo), *professeur de philosophie à l'Université de Turin.* — **Pourquoi le libre-échange n'est pas populaire.** 1910. Une brochure gr. in 8. . . . . 1 fr. »

BOCHARD (A.), *secrétaire de la Société de Sociologie de Paris, membre de la Société d'Economie politique.* — **L'Evolution de la Fortune de l'Etat** (Ouvrage récompensé par l'Institut de France. 1910. 1 vol. in-8 broché.   6 fr. »

— Le même, relié (reliure de la Bibliothèque) . . . . 7 fr. »

☞ Cet ouvrage fait partie de la *Bibliothèque sociologique internationale* (XLIII).

Au moment où l'opinion publique se préoccupe de plus en plus des industries d'Etat, l'auteur a entrepris de démontrer, dans une étude documentée, que les grandes questions d'économie publique sont liées intimement à l'évolution sociale. Il fait voir que les transformations subies par la fortune de l'Etat à travers les époques et les civilisations, dépendent, à un haut degré, des progrès du droit public et des formes juridiques de la propriété publique, aussi bien que des diverses manières de concevoir le rôle économique et social de l'Etat.

On peut donc affirmer que considérée sous cet aspect, l'étude des grands problèmes financiers contemporains est d'ordre sociologique, mais ce livre n'est pas seulement une contribution à la sociologie économique, juridique et financière. En raison de la méthode adoptée, il peut être aussi d'un utile secours pour l'étude d'une des branches les plus importantes de la science des finances.

BONZON (J.), *avocat.* — **La corporation des maîtres-écrivains et l'expertise en écritures sous l'ancien régime.** Avec une préface de M. F. Buisson. 1899. Une brochure in-18. . . . . 1 fr. »

BOULLOCHE (L.). — **Les populations indigènes de l'Annam.** *Voyez* : Maunier.

BRETON (J. L.), *député.* — **Le Plomb.** 1910. Un vol. in 18 relié toile.   4 fr. »

☞ Cet ouvrage fait partie de l'*Encyclopédie internationale d'assistance, prévoyance, hygiène sociale et de démographie* (Hygiène-v).

Actuellement il est scientifiquement établi que le saturnisme peut être considéré comme le type des intoxications professionnelles. A ce point de vue la céruse a en particulier attiré l'attention des hygiénistes et des savants, aussi a t-elle motivé le projet de loi que M. Breton fit adopter au parlement pour entrer en vigueur en janvier 1905. M. Breton a pensé de signaler aussi les mouvements graves et souvent ignorés des composés du plomb même étrangers à la peinture.

Il appartenait en effet à l'Encyclopédie internationale d'Hygiène et de Démographie de vulgariser ces notions et d'attirer l'attention de tous sur toutes les nocivités d'un métal dont l'emploi habituel peut avoir les pires conséquences et peut être rigoureusement écarté.

BRUN (Ch.), *agrégé de l'université*. — **Le Roman Social en France au XIXe siècle.** 1910. Un vol. in-8 broché . . . . 6 fr. »

— **Le même, relié (reliure de la collection)** . . . . 7 fr. »

☞ Cet ouvrage fait partie de la Collection des *Etudes économiques et sociales* (X).

Après deux chapitres préliminaires où les rapports de la littérature et des mœurs sont analysés avec le plus grand soin, l'auteur passe en revue successivement le socialisme littéraire des romantiques, George Sand, E: Sue, V. Hugo, etc., et le travail de l'école naturaliste, Flaubert, E. Zola, etc. Il montre ensuite, dans une série d'attachantes monographies, comment le roman des trente dernières années a traité de la femme, du prêtre, du magistrat, du politique, des foules. Deux chapitres sur le roman régionaliste et le roman colonial terminent cet important ouvrage. Malgré la rigueur de la méthode et l'abondance de la documentation (près de trois cents romanciers y sont cités), le livre garde un tour alerte et vivant. Il intéressera à la fois les Français et les étrangers, les littérateurs, les sociologues et tous ceux qui désirent suivre, sous sa forme attrayante, le mouvement contemporain des idées.

C

CADOUX (G.). — **La politique financière du Conseil municipal de Paris.** 1909. Une brochure grand in-8 . . . . 1 fr. »

CANNAN (Edwin), M. A. L. L. D., *professeur titulaire de théorie économique à l'Université de Londres*. — **Histoire des Théories de la production et de la distribution dans l'Economie politique anglaise de 1776 à 1848.** Traduction sur la 2e édit. par H. E. Barrault et Maurice Alfassa. Un vol. in-8 . . . . 12 fr. »

— **Le même, ouvrage relié (reliure de la Bibliothèque)** . . . . . 13 fr. »

☞ Cet ouvrage fait partie de la *Bibliothèque internationale d'Economie politique.*

CAVAILLON (A.), *juge de paix à Marseille, ancien juge suppléant au tribunal civil, chargé de l'Instruction.* — **Manuel pratique des Lois sociales** (Réglementation et protection du travail ; repos hebdomadaire ; accidents du travail ; assistance médicale ; assistance aux vieillards ; assistance judiciaire ; habitations à bon marché, etc. etc.), 1910. 1 vol. in-18. . 2 fr. »

Ce manuel ne s'adresse ni aux magistrats ni aux gens de loi. Il est écrit pour le public et surtout pour les travailleurs. Une expérience de dix ans dans les parquets, les tribunaux et les justices de paix, a permis à l'auteur de constater que bien des justiciables ignoraient toute l'étendue de leur droit. Souhaitons que ce petit manuel soit pour eux de quelque utilité. Le lecteur ne trouvera donc dans cet ouvrage ni des controverses juridiques ni des phrases académiques. Les lois sont traduites, autant que possible, dans un langage compréhensible, qui est celui de tout le monde, et pour simplifier dans un style parfois un peu télégraphique.

CHAUFFARD (E.) — **Les Populations de l'Annam,** *Voyez* Maunier.

COMPAIN (L. M.). — **La Femme dans les organisations ouvrières.** 1910. 1 vol. in-18. . . . . 2 fr. »

L'auteur a voulu faire œuvre d'information exacte et vécue, en même temps que d'impartiale appréciation, et la lecture de ce petit volume permettra de se convaincre que ce but a été entièrement atteint.

CORNEJO. — **Sociologie pure** . . . . (*Sous presse*)

☞ Cet ouvrage fait partie de la *Bibliothèque sociologique internationale.*

COSENTINI (Fr.). — **Féminisme et Science positive.** 1909. Une brochure gr. in-8 . . . . 1 fr. 50

CROCE (B). — **Ce qui est vivant et ce qui est mort de la Philosophie de Hegel.** Traduit de l'italien avec l'autorisation de l'auteur par H. Buriot, *agrégé de l'Université.* 1910. 1 vol. in-8 . . . . 5 fr. »

M. Croce a mis en pleine lumière aussi bien la valeur que les défauts de la philosophie de Hegel. Il montre d'abord en quoi consiste la grande découverte de ce « géant de la pensée » : la synthèse des contraires ou dialectique ; il en recherche les précédents et fait ressortir la supériorité et l'originalité de Hegel, qui comprend et corrige les points de vue de ses prédécesseurs. Il étudie ensuite sa conception de la réalité, et établit entre le philosophe allemand et l'italien Vico une intéressante comparaison. Puis il expose quelle fut l'erreur philosophique de Hegel, erreur qui n'est pas dans la dialectique elle même, mais dans l'abus de la dialectique appliquée à tort aux concepts distincts.

La bibliographie qui termine le volume, et qui a encore été augmentée dans cette édition française de M. l'étude de Benedetto Croce, est une des plus complètes qui existe.

CROZAT (J. F.), *docteur en droit, avocat à la Cour.* — **Rostoff-sur-le-Don et le Commerce des céréales.** 1910. 1 vol. gr. in-8 . . . . 5 fr. »

D

DEGRULLY (Paul), *docteur en droit, ingénieur agricole, répétiteur d'économie et de législation rurales à l'Ecole nationale d'agriculture de Montpellier.* — **Essai historique et économique sur la production et le marché des vins en France.** 1910. Un vol. gr. in-8 . . . . 8 fr. »

Volumineux et consciencieux travail sur un sujet complexe et délicat entre tous et qui mérite plus qu'une simple mention. Le plan et le programme en sont clairement précisés dans la préface : « Nous nous sommes efforcé de montrer, dit l'auteur, que si les vignerons se trouvent molestés par l'Etat, persécutés par la Régie, exploités par les intermédiaires, concurrencés par les falsificateurs, ce n'est pas là un fait nouveau, mais que de tous temps la culture de la vigne a été soumise à une étroite réglementation, que le vin a, dès l'origine, été grevé de lourds impôts, que les intermédiaires ont toujours été nombreux et que la fraude n'est pas une invention moderne. »

DENIS (M.), *professeur d'économie politique à l'Université libre de Bruxelles.* — **Sur la Prévision en Sociologie.** 1910. Une broch. gr. in-8 av. pl.   1 fr.   »

DOCZI (D. S.), *secrétaire général de l'association des Chambres syndicales industrielles de la Hongrie.* — **Les Expositions borgnes.** Leurs inconvénients et les moyens de les combattre. 1910. Une brochure in-8 . .   1 fr. 50

Etude des moyens de lutter contre la multiplication des soi disant « Expositions internationales » organisées par des gens peu scrupuleux dans le but de soutirer aux commerçants et industriels des fonds en échange de médailles sans valeur.

DUBIEF (F.), *ancien ministre, vice-président de la Chambre des députés.* — **L'apprentissage et l'enseignement technique.** 1910. Un vol. in-18 relié toile . . . . 6 fr. »

☛ Cet ouvrage fait partie de l'*Encyclopédie internationale d'assistance, prévoyance, hygiène sociale et de démographie* (Prévoyance, 1re série, III).

Dans un style clair et précis, l'auteur nous décrit l'organisation actuelle en France de l'instruction professionnelle et avec la compétence d'un ancien grand maître de l'enseignement technique, il en montre tous les rouages et en expose tous les degrés.

Il reconnaît ensuite la supériorité de l'étranger, donne en modèle à ses compatriotes les institutions qui chez nos voisins lui ont paru préférables aux nôtres. L'exposé des réformes accomplies et des progrès réalisés à côté de nous, nous permet de mesurer le chemin qui nous reste à parcourir.

DUPONT (Aug.), *licencié en philosophie, docteur en droit.* — **Gabriel Tarde et l'Economie politique.** (Un essai d'introduction du point de vue psychologique dans le domaine économique). 1910. 1 vol. gr. in-8 . . .   7 fr. 50

Dans cet ouvrage, après avoir exposé brièvement en 85 pages le système philosophique de Tarde et les illustrations qu'il en a faites dans les divers domaines de la science sociale, l'auteur étudie tout spécialement les applications de la théorie de l'imitation dans le domaine économique. Il nous montre que l'originalité du grand théoricien de l'imitation consiste dans le point de vue psychologique sous lequel il envisage les phénomènes économiques et nous présente quelques-uns des aperçus curieux et ingénieux qui font le charme de cette œuvre de Tarde.

DURAS (Victor Hugo). — **La Paix par l'Organisation internationale,** avec préface de M. Émile Arnaud. 1910. Un vol. in-18 . . . . . . 2 fr. 50

DURIEU (J.). — **Les Parisiens d'aujourd'hui, Les types sociaux de simple récolte et d'extraction.** 1910. Un fort vol. in-18 . . . 5 fr. »

 Le public n'a pas oublié les retentissants ouvrages d'Edmond Demolins et notamment « *A quoi tient la supériorité des Anglo-Saxons.* » Demolins est mort prématurément mais voici qu'un de ses élèves, M. Joseph Durieu, continuant son œuvre, nous donne aujourd'hui un livre qui est, en quelque sorte, la suite de celui du maître sur « *Les Français d'aujourd'hui.* »

 C'est une étude des plus documentées où tous, sociologues, moralistes, hygiénistes, administrateurs, hommes d'état, ou simples curieux, trouveront des renseignements du plus haut intérêt.

 Pourquoi le chiffonnier, le mégottier et leurs pareils sont-ils réfractaires au socialisme ? Quelles sont les raisons de l'esprit si démocratique des petits cultivateurs de la banlieue parisienne ? A quoi tient l'invasion du socialisme dans la grande culture ? Toutes ces questions soulèvent de graves problèmes sociaux. Cette étude n'est pas seulement scientifique, le pittoresque y tient aussi une grande place.

E

ESTOURNELLES DE CONSTANT (M. d'), *sénateur, membre de la Cour de La Haye.* — **Le Diplomate.** Communication faite à la Société de sociologie de Paris. 1910. Une brochure gr. in-8 . . . . 1 fr. »

F

FABRE (L. A.). — **L'Etat et la Dépopulation montagneuse en France.** 1909. Une brochure gr. in-8 . . . . 1 fr. »

FEHMI (Youssouf). — **La Révolution ottomane.** 1910. Un vol. petit in-8 avec portrait et documents fac-simile . . . . 5 fr. »

FINOT (L.). — **Les Populations indigènes de l'Annam.** *Voyez :* Maunier.

FONTALIRANT (W.) — **Etude critique du Système électoral actuel. L'Absurde Souverain.** 1910. 2ᵉ édition. Une brochure in-8. . . . 1 fr. »

FOURNIÈRE (Eug.). — **La Sociocratie.** Essai de politique positive. 1910. 1 vol. in-18 broché . . . . 2 fr. 50

— **Le même,** relié (reliure de la Collection) . . . . 3 fr. »

 ☞ Cet ouvrage fait partie de la *Collection des Doctrines politiques* (XVI).

 La crise politique et sociale que nous traversons semble ne nous laisser que deux issues : le césarisme ou l'anarchie. Selon l'auteur, ni la démocratie pure ni le socialisme classique ne peuvent conjurer cette crise et s'achever l'un par l'autre, ayant tous deux épuisé leur vertu. Il faut donc que la démocratie, instrument historique nécessaire du socialisme, se dépasse et se transforme si elle veut s'adapter à la complexité d'une vie sociale, sans cesse enrichie de nouvelles fonctions auxquelles ne suffisent plus les anciens organes publics.

FRANCK (Ch.), *docteur en droit, avocat à la Cour d'appel.* — **Les Bourses du Travail et la Confédération générale du Travail.** 1910. 1 volume gr. in-8 . . . . 10 fr. »

FRÉDÉRIC SIMON (P.). — **Le Gouvernement de M. Thiers** d'après la résolution du 17 février 1871. 1910. Une brochure gr. in-8 . . . . 1 fr. 50

G

GARÇON, *professeur à la Faculté de droit de Paris.* — **Les méthodes juridiques.** *Voyez :* Larnaude.

GASCON Y MARIN (J.), *professeur à la Faculté de droit de Saragosse.* — **La Réforme du régime local en Espagne.** 1909. Une brochure gr. in-8. . . . . 1 fr. 50

GASCON Y MARIN (J.). — **La Juridiction contentieuse administrative en Espagne.** 1906. Une brochure gr. in-8 . . . . 1 fr. »

GAUTIER (L.), *docteur en droit.* — **Les Crédits supplémentaires.** Leur influence sur le résultat final des budgets. 1909. Une brochure gr. in-8 . . . . 1 fr. »

GAUTIER (L.), *docteur en droit. Diplômé de l'Ecole des Sciences politiques.* — **L'Etat financier.** Quelques points de vue. 1910. 1 vol. in-18 . . 2 fr. 50

L'Etat moderne tend à exproprier de plus en plus l'industrie privée. Sans apprécier ce mouvement au point de vue général, on peut se demander ce qu'il vaut au point de vue financier. L'initiative individuelle applique généralement à la gestion financière de ses entreprises des méthodes d'ordre et d'économie. Quels procédés l'Etat peut-il opposer à celles-ci ? Il est facile de relever des exemples nombreux où apparaissent les dangereuses exagérations dont sont souvent victimes nos finances publiques. M. Louis Gautier n'a retenu et développé dans son ouvrage que quelques cas : les crédits additionnels qui sont le véritable écueil où vient se briser l'équilibre des budgets ; les opérations de banque au moins spéciales à l'aide desquelles l'Etat fait face aux déficits de ses budgets et de ses opérations hors budget ; la fonte rapide des excédents budgétaires devant les appétits toujours prêts à les absorber.

GENY. — **Les méthodes juridiques.** *Voyez* : Larnaude.

GERBER (P.), *maître de conférences à la Faculté de droit de Lille.* — **L'Administration en Alsace-Lorraine.** 1909. Une brochure gr. in-8. 1 fr. 50

GILIS (H.), *directeur de l'Institut des Sciences comptables et financières.* — **La Comptabilité rationnelle et pratique en matière commerciale, industrielle et financière.** Un vol. gr. in-8. . . . . 3 fr. »

La méthode préconisée par l'auteur ne constitue pas un procédé ou un système de comptabilité personnelle mais n'est que le résultat d'analyses, d'observations, d'expérimentations desquelles il a dégagé une théorie simple, harmonieuse et bien ordonnée.

GOULUT (L.). — **La Renaissance du Cléricalisme.** 1910. 1 vol. in-18 . . . . 3 fr. 50

Peut-on douter du danger qui menace nos institutions les plus belles, nos conquêtes les plus précieuses ? M. Louis Goulut, en écrivant *La Renaissance du Cléricalisme*, montre que l'alarme n'est pas vaine, et que la prudence devient nécessaire. Par là son ouvrage très documenté appartient à l'actualité la plus immédiate, et l'hommage qu'il en a fait à MM. les Instituteurs français est une approbation publique donnée à ces dignes représentants de la démocratie qui ont compris leur devoir et l'accomplissent.

H

HERVÉ (G.). — **L'Internationalisme.** 1910. 1 vol. in-18 broché . 2 fr. 50

— **Le même,** relié (reliure de la Collection) . . . . 3 fr. »

☛ Cet ouvrage fait partie de la *Collection des Doctrines politiques* (XI).

L'Internationalisme n'est pas une œuvre de combat, l'auteur dépouillant le polémiste, traite en historien cette question passionnante.

Il montre l'évolution des patries à travers les âges et à chaque grande crise de l'humanité, le Christianisme, le Protestantisme, la Révolution française, les grandes passions collectives faisant craquer les frontières en créant un véritable sentiment internationaliste.

HILLERET (G.). — **La Réforme électorale et les partis politiques en France en 1910.** 1910. Une brochure in-8 . . . . 0 fr. 50

Cette brochure sera, croyons-nous, consultée avec fruit par les électeurs soucieux de connaître la grave question sur laquelle ils vont être appelés à se prononcer prochainement.

J

JELLINECK (G.), *professeur à l'Université de Heidelberg*. — **L'Etat moderne et son droit**. Traduit de l'allemand et annoté par G. Fardis. (*Sous presse*)

☛ Cet ouvrage fait partie de la *Bibliothèque internationale de droit public*.

JÈZE (G.), *professeur agrégé à la Faculté de droit de Paris. Directeur de la Revue de Science et de législation financières*. — **Traité de Science des Finances. LE BUDGET. Théorie générale. Les Pouvoirs du Gouvernement et des Chambres législatives en matière de dépenses et de recettes publiques.** 1910. 1 vol. in-8 broché . . . . 12 fr. »

— **Le même ouvrage, relié toile** . . . . 13 fr. »

Ainsi qu'on le verra par la lecture du présent livre consacré à la *Théorie générale du budget* et à l'exposé des *pouvoirs du Gouvernement et des Chambres législatives en matière de dépenses et de recettes publiques*, la méthode adoptée est strictement celle de l'observation des faits. L'auteur étudie, pour chacun des problèmes financiers, les solutions qui ont été données ou qu'on a proposées à différentes époques et dans les principaux pays civilisés. Il rapproche ces solutions des conditions sociales, économiques, financières, politiques dans lesquelles se trouve ou se trouvait l'Etat considéré au moment où telle solution a prévalu. Avec ces matériaux, il s'efforce de construire la théorie générale du problème financier envisagé.

Pour que ce travail de synthèse ait quelque valeur scientifique, il faut que les faits observés soient très nombreux, que les pays considérés soient très divers, enfin que l'analyse des phénomènes ne soit pas superficielle. Quelque difficulté que présente la connaissance approfondie des différents systèmes, des conditions sociales, économiques, financières, politiques dans lesquelles ils ont été élaborés, il convient de ne jamais oublier qu'aucune conclusion sérieuse ne peut être tirée d'un examen sommaire de ces systèmes et de ces conditions.

Voilà pourquoi il n'a pas paru possible au professeur Jèze de ne consacrer aux systèmes étrangers que des développements réduits. C'est chez lui une conviction profonde que rien de solide ne peut être fait en matière financière tant que les solutions imaginées par les différents pays à différentes époques n'auront pas été étudiées avec un très grand détail. C'est par le rapprochement, la comparaison attentive de faits nombreux minutieusement analysés et observés que des théories solides pourront être édifiées.

C'est un ouvrage qui marquera une date dans le développement des études financières en France. Il faut souhaiter que M. Jèze continue bientôt la publication de l'importante série qu'il vient de commencer. On jugera de l'intérêt de cette collection par la liste suivante des ouvrages annoncés :

II. — *La procédure et les méthodes budgétaires. — La période budgétaire.*

III. — *La comptabilité publique. — L'engagement et le paiement des dépenses publiques. — La création et le recouvrement des recettes publiques.*

IV. — *Le service de la Trésorerie.*

V. — *Le contrôle des opérations financières.*

VI. — *Les dépenses publiques.*

VII. — *Le crédit public. La dette publique.*

VIII — *Les revenus publics. — Théorie générale. — Le domaine. — Les Exploitations industrielles et commerciales.*

IX. — *Théorie générale de l'impôt.*

X et XI. — *Etude particulière des différents impôts.*

XII. — *Les finances des administrations locales et spéciales : budget, comptabilité, contrôle, dépenses et recettes.*

☛ Nota : **Chaque volume forme un ouvrage complet et se vend séparément.**

JÈZE (G.), *professeur agrégé à la Faculté de droit de Paris. Chargé du Cours du droit public et administratif*. — **Éléments du droit public et administratif** à l'usage des Etudiants en droit (Capacité) 1910. 1 vol. in-18 broché . . . . 5 fr. »

— **Le même, relié toile.** . . . . 5 fr. 50

Ce petit livre, nous dit l'auteur, a été composé avec les notes dont il s'est servi pour faire, en 1909 et en 1910, à la Faculté de droit de Paris, le cours d'*Eléments du droit public et administratif (capacité)*. On y trouve mises en plein relief les idées générales qui dominent le droit public et administratif français. La réglementation y tient une place très restreinte. C'est pour les étudiants un ouvrage très clair, très simple et pourtant très substantiel. C'est aussi une œuvre scientifique, bien que sommaire. Il suffit pour s'en convaincre de lire les pages consacrées à la théorie générale de la fonction publique et à la théorie du domaine. Elles sont, en partie, nouvelles et très originales.

K

KAUTSKY (Karl). — **Le Chemin du pouvoir.** Traduit de l'allemand par A. P. 1910. 1 vol. in-18 . . . . 2 fr. »

Ainsi que nous l'apprend la préface du traducteur, cet ouvrage a soulevé en Allemagne de violentes polémiques. C'est que les questions qu'il traite sont de première importance. Ce sont aussi des problèmes d'un intérêt général comme le prouvent les traductions anglaise, bulgare, hollandaise parues coup sur coup dans l'espace de quelques mois. La question de savoir si le Parti socialiste doit suivre une politique d'opposition irréconciliable ou une politique d'alliance avec des partis bourgeois se trouve soumise ici à un nouvel examen. C'est pour l'auteur une occasion de dérouler une foule de questions brûlantes de la politique allemande contemporaine qui sollicitent au plus haut degré l'intérêt du public français.

KOVALEVSKY (M.). — **La France économique et sociale à la veille de la Révolution.** Tome second : Les Villes. 1910. Un vol. in-8. (*Sous presse*)

☞ Cet ouvrage fait partie de la *Bibliothèque sociologique internationale.*

KRAWTCHENKO (N.), *privat-docent à l'Université d'Odessa.* — **Quelques mots sur l'importance des théories politiques.** 1910. Une brochure gr. in-8. . . . . 1 fr. ».

L

LAGARDELLE (H.), *directeur du mouvement socialiste.* — **Le Socialisme ouvrier.** Un vol. in-18 broché. . . . . (*Sous presse*)

☞ Cet ouvrage fait partie de la *Collection des Doctrines politiques.*

LA GRASSERIE (R. de), *associé de l'Institut international de Sociologie, Lauréat de l'Institut de France.* — **Du greffage social.** 1909. Une brochure gr. in-8 . . . . 1 fr. 50

LA GRASSERIE (R. de). — **De l'intolérance comme phénomène social.** 1910. Une brochure gr. in-8 . . . . 1 fr. 50

LAMBERT (Alf), *avocat, associé de l'Institut international de Sociologie.* — **Le Mouvement social en France** (août 1908-août 1909). Une brochure gr. in-8 . . . . 1 fr. 50

LAMOUZÈLE (Edm.), *docteur en droit, conseiller de préfecture.* — **Essai sur l'administration de la Ville de Toulouse** à la fin de l'ancien régime (1783-1790) d'après les procès-verbaux du Conseil général, du Conseil politique et des Commissions. 1910. 1 vol. gr. in-8 . . . . 2 fr. 50

Dans cette étude faite d'après des documents originaux et des pièces d'archives, l'auteur a voulu faire revivre la vie financière et administrative d'un diocèse civil de Languedoc. Il a surtout examiné le fonctionnement des petites assemblées locales, Etats particuliers ou assiettes qui, au-dessous des Etats provinciaux, accomplissaient dans chaque subdivision de Languedoc toute la besogne de la répartition de l'impôt et de son recouvrement, des travaux publics, de l'assurance, de la protection des industries et de l'agriculture.

LARNAUDE, H. BERTHÉLEMY, TRUCHY, TISSIER, GENY, THALLER, PILLET, MASSIGLI, GARÇON. — Les Méthodes juridiques, avec préface de PAUL DESCHANEL. 1 vol. in-8 broché . . (*Sous presse*)

☞ Cet ouvrage fait partie de la *Collection des Etudes économiques et sociales.*

LA TORRE (J. Corredor). — L'Eglise romaine dans l'Amérique latine. 1910. Un vol. in-18 . . . . 4 fr. 50

LÉALÉ (H.), *privat-docent à l'Université de Genève.* — **Existe-t-il une Sociologie criminelle ?** 1909. Une brochure gr. in-8 . . . . . . 1 fr. »

LELONG (A.), *juge de paix.* — Commentaire de la loi du 27 décembre 1892 sur la **Conciliation et l'arbitrage facultatifs** en matière de différents collectifs entre patrons, ouvriers ou employés. Manuel pratique AVEC FORMULES à l'usage de MM. les Juges de paix, Greffiers, Patrons, Ouvriers ou employés et Syndicats. 1890. 1 vol. in-18 . . . . 1 fr. 50

☛ Cet ouvrage fait partie de la *Petite Encyclopédie sociale, économique et financière* (VIII.)

LÉOUZON LE DUC, *avocat à la Cour de Paris.* **La Réforme des Sociétés par actions.** Précédée d'une préface de M. Edmond Thaller, professeur à la Faculté de droit de l'Université de Paris. 1910. Un vol gr. in-8 . . 2 fr. »

Cette publication vient à point, au moment où la Chambre va être appelée à reprendre l'examen des projets laissés en souffrance par les Chambres précédentes Ceux que la réforme intéresse devront donner toute leur attention au travail de M. C. Léouzon le Duc. Juriste et praticien, il a traité avec un sens très net des réalités, ces questions depuis longtemps posées par les hommes de loi et dont les hommes d'affaires souhaitent encore la solution.

M. Thaller, l'éminent professeur de droit commercial de la Faculté de Paris, qui est la plus haute autorité qu'on consulte sur la matière des sociétés, a fait précéder l'étude de M. C. Léouzon le Duc d'une *préface* où l'on retrouvera de précieuses observations sur la réforme projetée.

LISZT (Dr F. Von), *professeur ordinaire de droit à Berlin.* — **Traité de droit pénal allemand.** Traduit sur la 17e édition allemande (1908) par M. René Lobstein, docteur en droit.
    Tome I : INTRODUCTION. PARTIE GÉNÉRALE. 1910. Un vol. in-8 broché. (*Sous presse*)

☛ Cet ouvrage fait partie de la *Bibliothèque internationale de droit privé et de droit criminel.*

LOWELL (A. L.), *professeur de Science politique à l'Université Harvard.* — **Le Gouvernement de l'Angleterre.** Traduction française de A. Nerincx, *professeur à l'Université de Louvain.* 1910. 2 vol. in-8 brochés. . 30 fr. »

➤ **Le même ouvrage**, relié (reliure de la Bibliothèque). . . . . 32 fr. »

☛ Cet ouvrage fait partie de la *Bibliothèque internationale de droit public.*

Le livre du professeur A. Lawrence-Lowel sur les institutions politiques et administratives de l'Angleterre laisse loin derrière lui tous les ouvrages parus jusqu'à ce jour. Aussi a-t-il été accueilli en Angleterre avec une très grande faveur Le savant professeur Dicey, d'Oxford, en a fait un éloge sans réserves, admirant en lui à la fois la richesse de la documentation, la précision des détails et la hauteur des vues politiques. Le juriste, l'homme politique peuvent y chercher avec la certitude d'y trouver tout ce qu'ils peuvent désirer connaître sur le développement et le fonctionnement actuel des institutions anglaises Le rôle des partis politiques dans le Parlement et en dehors du Parlement y est analysé avec une ampleur inconnue jusqu'à ce jour.

Le nom du traducteur, le professeur Nerincx de Louvain, est un gage sûr de la fidélité et de l'élégance de l'édition française.

LUZZATTI (Luigi), *professeur à l'Université de Rome.* — **Liberté de Conscience et Liberté de Science.** Traduit par J. Chamard. *Agrégé de l'Université.* 1910. 1 vol. in-8 . . . . 10 fr. »

On sait la place occupée dans le monde économique et financier par M. Luzzatti, actuellement Président du Conseil des ministres en Italie.

Nous sommes heureux de donner la traduction d'un volume de lui, qui se rapporte à son enseignement de droit constitutionnel et qui, paru en Italie, l'an dernier, a fait grand bruit dans ce pays et ailleurs.

Il a voulu rassembler en un volume, diverses études à propos d'événements tout récents chez nous et qui se sont développés ou se développent à travers les nations civilisées du monde entier.

Après avoir examiné, dans l'introduction de son livre, les principes et le mouvement de séparation de l'état et des églises dans de nombreux parlements, il nous donne une étude curieuse sur les précurseurs asiatiques de la liberté de conscience et de culte, sur les initiateurs ignorés de cette même liberté en Europe, à la fin du Moyen Age et avant l'an mille ; il passe de là à la persécution des Juifs à cette époque et à l'action émancipatrice de saint Bernard, nous expose la doctrine de deux autres précurseurs bien différents de la liberté, en Hollande et aux Etats-Unis.

Après avoir consacré une première moitié de son ouvrage à l'histoire de l'origine et de l'évolution de cette grande idée de liberté religieuse, il nous expose les nouveaux problèmes juridiques et moraux auxquels elle peut donner lieu, les rapports qu'elle peut avoir avec l'émancipation des travailleurs, et comme conclusion, à l'aide d'arguments empruntés à la loi d'évolution, à la doctrine du progrès, aux idées philosophiques et religieuses de Darwin et aux doctrines des précurseurs du fatalisme statistique contemporain, il insiste sur ce grand sujet : science et foi dans la liberté.

Tel est cet ouvrage, dont certaines parties nous semblent entièrement neuves, dont les idées sont libérales et les sentiments plutôt favorables à la France.

M

MARTENS (Dr O.). — **Un Caligula contemporain.** Edition française par A. Chazaud des Granges. 1910. Une brochure gr. in-8 . . . . . . 1 fr. »

MARTENS (Dr O.). — **Un grand E^tat socialiste au XVe Siècle.** Constitution historique sociale et politique du Royaume de Tahuantinsuyu. Etat des Incas sur le haut plateau de l'Amérique du Sud. Traduction de A. Chazaud des Granges. 1910. Une brochure gr. in-8 . . . . 1 fr. »

MASSIGLI, *professeur à la Faculté de droit de Paris.* — **Les méthodes juridiques.** *Voyez :* Larnaude.

MAUNIER (R.), *docteur ès-sciences, juridiques, politiques et économiques.* — **L'Economie politique et la Sociologie.** 1910. Un vol. in-18. . 2 fr. 50

☛ Cet ouvrage fait partie de la *Bibliothèque sociologique internationale* Série in-18 (II).

Les sciences sociales, après avoir vécu longtemps tout à fait à part les unes des autres, tendent de plus en plus à se rapprocher et à se fondre, ce livre le démontre en ce qui concerne l'économie politique : il n'est plus possible d'en faire une discipline autonome. L'auteur étudie le développement historique de ce point de vue ; et, dans une série de chapitres, il fait voir comment des rapports étroits sont aujourd'hui reconnus entre l'économique et les diverses sciences sociales.

MAUNIER (R.). — **L'Origine et la fonction économique des villes** (Etude de morphologie sociale). 1910. Un vol. in-8°, broché . . . . 6 fr. »

— Le même, relié de la Bibliothèque) . . . . 7 fr. »

☛ Cet ouvrage fait partie de la *Bibliothèque sociologique internationale* (XLII).

En même temps qu'il a décrit et expliqué l'origine des villes, l'auteur a étudié leur fonction économique. Il a mis en lumière, mieux qu'on n'avait fait jusqu'ici, le caractère profondément agricole des anciennes villes. Il a porté son attention sur la distribution locale des industries à l'intérieur des villes, et notamment sur la tendance des industries à se fixer à la périphérie des groupements urbains. Ce livre intéresse donc à la fois le géographe, l'économiste et le sociologue. Des notes bibliographiques extrêmement riches en font en même temps un très précieux instrument de travail, nécessaire à tous ceux qui étudient ces questions.

MAUNIER (R.). — **Les populations indigènes de l'Annam,** *Etudes de sociologie coloniale.* Une brochure gr. in-8 . . . . 1 fr. »

MAURIVEX (L.). — **De la question sociale.** Tome premier : **Economie politique.** 1909. 1 vol. in-18 . . . . 3 fr. »

Ce volume contient l'exposé des lois de la production et de la répartition des richesses, encore insuffisamment connues, et que l'on doit connaître exactement, pour pouvoir résoudre la question sociale, but de l'ouvrage dont il forme la première partie.

MAY (Sir **Thomas Erskine**. *K. C. B. D. C. L. clerk de la Chambre des Communes et Assesseur de Middle Temple*. — **Traité des Lois. Privilèges. Procédures et usages du Parlement** Traduction française sur la 11e édition, par Joseph Delpech. *professeur de droit international public à l'Université de Dijon*. 1909. 2 vol. in-8, broché . . . . 25 fr. »

— **Le même**, relié (reliure de la Bibliothèque) . . . . 27 fr. »

☞ Cet ouvrage fait partie de la *Bibliothèque internationale de droit public*.

L'œuvre d'Erskine May, tient dans la littérature du droit public une place toute particulière : elle abonde en précédents ; elle fournit des détails d'une extrême précision. C'est le répertoire précieux des prescriptions règlementaires et des traditions constitutionnelles établies et suivies en Angleterre.

Comme source et manuel pratique, sa renommée est bien établie auprès des familiers des choses constitutionnelles et, depuis 1844, elle a sa place non disputée sur la table à la Chambre des Communes : dans ce parlement de Westminster, elle jouit d'une réputation sans pareille.

MERTENS (L.) — **Discours aux prêtres incrédules de l'Eglise romaine. Le renversement de la démonstration chrétienne.** 1909. 1 fort vol. in-8. . . . . 12 fr. »

Réfutation des fondements de la religion chrétienne. Cette réfutation est présentée sous la forme d'une crise, au cours de laquelle on voit un prêtre catholique passer de la foi à l'incrédulité complète.

MERTENS (L.). — Du premier opportun ou unique nécessaire. 1910. Une brochure in-16 . . . . 0 fr. 50

MICHOUD (L.). — La Théorie de la personnalité morale et son application au droit français. 1910. Une brochure gr. in-8. . . . . 1 fr. »

MOUVEMENT SOCIALISTE (Le), directeur HUBERT LAGARDELLE.
Paraît tous les mois depuis 1899, par fascicule de 80 pages, gr. in-8. Chaque année forme un fort volume gr. in-8. Prix . . . . 15 fr. »
Abonnement annuel : France : 15 fr. Etranger : 18 fr. Le numéro . 1 fr. 50

MYRBACH-RHEINFELD (baron **Fr. von**), *professeur d'Economie politique à l'Université d'Innsbruck*. **Précis de droit financier.** Traduction française par M. Bouché-Leclercq, *avocat à la Cour d'appel de Paris*. 1910. Un fort vol. in-8, broché . . . . 15 fr. »

— **Le même**, relié (reliure de la Bibliothèque) . . . . 16 fr. »

☞ Cet ouvrage fait partie de la *Bibliothèque internationale de Science et de Législation financières*.

Ceci est un livre de pure technique juridique financière. Il inaugure un nouveau genre de recherches On a beaucoup étudié les impôts au point de vue financier. On les a longuement décrits, au point de vue de la réglementation On n'a pas consacré les mêmes efforts à la partie *strictement juridique*. Quelle est la nature juridique de la créance d'impôt ? Comment naît elle ? Par quel mécanisme juridique la dette apparaît-elle et à quel moment précis ? Quel est le régime juridique de cette dette ? Quelles sont les règles de droit touchant l'obligation des individus à raison de cette dette ? etc. Voilà les questions que se pose et que s'efforce de résoudre chacune des sources des recettes de l'Etat autrichien et en particulier par chaque impôt, le professeur baron Von Myrbach, Rheinfeld, de l'Université d'Innsbruck.

N

NELLY-ROUSSEL (Mme). — **Quelques lances rompues pour nos libertés.** 1910. Un vol. in-18 avec portrait . . . . 1 fr. 50

Tous ceux qu'intéresse la question si poignante du sort de la femme voudront posséder ce volume où se trouvent résumés, d'une plume éloquente et spirituelle, des arguments d'une logique irrésistible en faveur de l'idée féminite.

Emile Darnaud, l'ami de Letourneau et de Kropotkine, a voulu préfacer ce livre, dont un fort beau portrait de l'auteur augmente encore l'intérêt.

NÉRINCX (Al .), *professeur à l'Université de Louvain*. — **L'organisation judiciaire aux Etats-Unis.** 1909. Un vol. in-8 broché. . . . . 10 fr. »

— **Le même**, relié (reliure de la Bibliothèque) . . . . 11 fr. »

    ☞ Cet ouvrage couronné par l'Académie des Sciences morales et politiques, fait partie de la *Bibliothèque internationale de droit public*.

    Le professeur A. Nerincx, de l'Université de Louvain, est bien connu de tous ceux qui s'occupent de droit constitutionnel. L'ouvrage qu'il publie aujourd'hui a reçu la plus haute récompense scientifique qu'il pût ambitionner : il a été couronné par l'Institut de France qui lui a décerné, en 1901, le prix Odilon Barrot. Ce n'est pas une œuvre purement juridique, b en qu'elle ait été écrite par un juriste qui connaît admirablement la vie judiciaire aux Etat-Unis et un peu les juges en connaissance de cause. Le but de l'auteur a été de faire connaître le *fonctionnement* de l'organisation judiciaire aux Etats-Unis et d'en faire la critique.

NESMES-DESMARETS (M. R. de), *docteur en droit, ès-sciences politiques et économiques, ès-sciences juridiques*. — **De la Responsabilité civile des fonctionnaires de l'Ordre administratif et judiciaire envers les particuliers.** 1910. Un vol. gr. in-8 . . . . 6 fr. »

O

OUALID (W.), *chargé de Conférences à la Faculté de droit de Paris*. — **L'Imposition des plus-values immobilières et ses applications en Allemagne.** 1910. Une brochure gr. in-8 . . . . 1 fr. 50

P

PELLETIER (Madeleine), *docteur en médecine*. Idéologie d'hier. — **Dieu. La Morale. La Patrie.** 1910. Un vol. in-18 . . . . 1 fr. »

    L'ouvrage de Madeleine Pelletier est original et hardi. Alors que la plupart des philosophes n'osent pas aller jusqu'au bout de leur pensée, craignant la désapprobation de la masse des timides, l'auteur a dit nettement, sans emphase comme sans crainte, les conclusions auxquelles ses réflexions l'avaient conduite.

PERREAU-PRADIER (P.), *docteur en droit*. — **La Révision du Régime douanier de 1892.** 1910. Un vol. gr. in-8 . . . . 4 fr. »

PICHOU (Alf), *ingénieur, membre de la Société de Sociologie de Paris*. 1909. Un vol. in-18 . . . . 3 fr. 50

    Ce livre contient en ses diverses parties : *Théorie de l'Elite, la Religion de l'Elite réalisant le bonheur dans la vie présente*, et la *Civilisation de l'Elite*, un exposé complet de la doctrine de l'Elite, telle qu'elle a été conçue par son auteur.

PILLET, *professeur à la Faculté de droit de Paris*. — **Les méthodes juridiques.** *Voyez* : Larnaude.

PITOIS (A.), *répétiteur de droit*. — **Principes de Code civil**, rédigés conformément au Programme officiel. Matières de l'Examen de Première Année. 4e édition. Un vol. gr. in-8 . . . . 5 fr. »

PLATZHOFF-LEJEUNE (Ed.). — **Le Peuple Tessinois**. *Etude sociologique*. 1909. Une brochure gr. in-8. . . . . 1 fr. »

POIRIER (Alb.), *commissaire de police*. — **Droit usuel mis à la portée de tous**, notamment à l'usage de MM. les maires, officiers de police judiciaire, fonctionnaires, employés des administrations et des mairies, conseillers municipaux, etc. Droit civil. Droit pénal. Instruction criminelle. Droit administratif. Droit rural. Droit électoral. 1910. Un vol. in-18 . . . . 3 fr. 50

    Ce volume n'est rien moins qu'un traité savant. C'est un recueil de droit usuel présenté sous une forme très simple, et pouvant être utilement consulté par tous les citoyens.

POIRIER (Alb.). — **Memento de police** à l'usage des différents Officiers

de police judiciaire, Officiers du Ministère public des tribunaux de simple
police, Candidats au concours pour l'emploi de Commissaire de police, Commissaire et Inspecteur spécial de la police des chemins de fer. 1910. Un
fort vol. in-18 . . . . 6 fr. »

Les officiers du ministère public des tribunaux de simple police pourront très avantageusement se servir de ce volume comme Code d'audience.

Les candidats au concours pour l'emploi de commissaire de police, commissaire spécial
ou inspecteur spécial de la police des chemins de fer pourront, à l'aide de ce « Memento »,
se préparer dans des conditions sérieuses.

Ce volume se recommande surtout par son côté pratique : toutes les questions intéressant
le service de la police et recevant une application journalière y sont traitées, il est suivi
d'un formulaire contenant des modèles de rapports administratifs, de procès-verbaux,
d'enquêtes, de réquisitions, d'avertissements et de citations employés pour les poursuites en
simple police.

PRÊTRE (Ch.). — **Les Populations indigènes de l'Annam.** *Voyez :* Maunier.

PUNTOUS (Th.) *docteur en Droit, avocat à la Cour d'appel.* — **Un Diocèse civil de Languedoc. Les Etats particuliers du Diocèse de Toulouse aux XVIIᵉ et XVIIIᵉ siècles.** 1909. Un vol. gr. in-8 . .   10 fr. »

Dans cette étude faite d'après des documents originaux et des pièces d'archives, l'auteur
a voulu faire revivre la vie financière et administrative d'un diocèse civil du Languedoc.

R

RACOVSKI (C.). — **La Roumanie des Boyards.** (Contribution à l'Histoire
d'une oligarchie). I. — La Révolte des paysans. II. — Une expulsion scandaleuse, précédée d'une lettre de M. Fr. de Pressensé, *Président de la Ligue
des Droits de l'homme* et suivie des avis juridiques de M. Emmanuel Lévy,
Professeur à la Faculté de Droit de Lyon. 1909. Un vol. gr. in-8. .   3 fr. 50

REDLICH (J.), *professeur à l'Université de Vienne.* — **Le Gouvernement
local en Angleterre.** (*Sous presse*).

☛ Cet ouvrage fait partie de la *Bibliothèque internationale de droit public.*

REGNAULT (Docteur F.). — **La Genèse des miracles.** 1910. Un vol. in-8
broché. . . . . 6 fr. »

— **Le même ouvrage,** relié (reliure de la Collection). . . . . . .   7 fr. »

☛ Cet ouvrage fait partie de la *Collection des Études Economiques et Sociales* (XI).

Dans la première partie de son livre sur « la Genèse des Miracles », l'auteur explique
les prodiges dus à l'hystérie, aux psychoses, à la suggestion, à l'action du moral sur le
physique, et expose les phénomènes si controversés que prétendent produire les médiums.

Dans la seconde partie, il se sert des données ainsi recueillies pour critiquer les miracles dont foisonne l'histoire. Il étudie successivement ceux que produisirent les sorciers,
les prophètes grecs, les prophètes juifs, Jésus, Mahomet, les apôtres, les saints chrétiens
et musulmans. Un chapitre spécial est consacré aux miracles de Lourdes. Et, dans sa conclusion, l'auteur recherche si le conflit actuel, qui existe entre la religion et la science,
est appelé à disparaître.

REVUE BIBLIOGRAPHIQUE DES OUVRAGES DE DROIT, DE JURISPRUDENCE, D'ÉCONOMIE POLITIQUE, DE SCIENCE FINANCIÈRE ET DE SOCIOLOGIE.

Paraît tous les mois depuis 1894, par fascicule de 16 pages gr. in-8. Les Abonnements partent du 1ᵉʳ janvier de chaque année.

Abonnement annuel :
— France . . . . 1 fr. »
— Etranger . . . . 1 fr. 50
— Le numéro . . . . 0 fr. 10

REVUE INTERNATIONALE DE SOCIOLOGIE. Publiée sous la direction de M. René Worms, *Secrétaire général de l'Institut international de Sociologie et de la Société de Sociologie de Paris.* Avec la collaboration des membres de l'Institut international de Sociologie et des principaux sociologues du monde entier.

Paraît tous les mois depuis 1893, par fascicule de 80 pages gr. in-8. Chaque année forme un très fort volume gr. in-8. Prix . . . . 18 fr. »

Abonnement annuel :
— France. . . . . 18 fr. »
— Etranger. . . . . 20 fr. »
— Le numéro . . . . 2 fr. »

La Collection complète (années 1893 à 1909 inclus, avec abonnement à l'année 1910). Prix réduit . . . . 240 fr. »

REVUE DU DROIT PUBLIC ET DE LA SCIENCE POLITIQUE EN FRANCE ET A L'ETRANGER. Fondée par F Larnaude, publiée sous la direction de M. Gaston Jèze. Avec la collaboration des plus éminents professeurs des Universités de France, Allemagne, Angleterre, Autriche-Hongrie, Australie, Belgique, Canada, Chili, Danemark, Espagne, Etats-Unis, Grèce, Hollande, Italie, Japon, Norvège, Portugal, Roumanie, Russie, Suède, Suisse, Turquie.

Paraît tous les trois mois depuis 1894, par fascicule de plus de 200 pages gr. in-8. Chaque année forme un très fort volume grand in-8, Prix. . . . 20 fr. »

Abonnement annuel :
— France . . . . 20 fr. »
— Etranger . . . . 22 fr. 50
— Le numéro . . . . 5 fr. »

REVUE DE SCIENCE ET DE LÉGISLATION FINANCIÈRES, publiée sous le patronage de MM. Casimir Périer, Ribot, Stourm, Berthélemy, Chavegrin, Esmein et Hauriou, et sous la direction de M. Gaston Jèze. Avec la collaboration des membres les plus éminents du Conseil d'Etat, de la Cour des comptes, de l'Inspection des finances, des Professeurs des Universités de France, Allemagne, Australie, Belgique, Egypte, Etats-Unis, Grèce, Italie, Roumanie, Suisse.

Paraît tous les trois mois depuis 1903, par fascicule de près de 200 pages gr. in-8. Chaque année forme un très fort volume gr. in-8. Prix. . . . . . 18 fr. »

Abonnement annuel :
— France . . . . 18 fr. »
— Etranger . . . . 20 fr. »
— Le numéro . . . . 5 fr. »

RODIET (Dr A.), *médecin en chef des Asiles d'aliénés.* — **Les auxiliaires du médecin d'asile.** *Ouvrage couronné par l'Académie de médecine.* 1910, 1 vol. in-18, relié toile. . . . . 3 fr. 50

 Cet ouvrage fait partie de l'*Encyclopédie internationale d'assistance, prévoyance, hygiène sociale et de démographie* (Assistance, 2e série, IV).

 Dans une courte et substantielle introduction, l'auteur fait ressortir l'importance du rôle de l'infirmier d'asile. L'état actuel n'est pas brillant, M. Rodiet donne un tableau du mouvement du personnel dans un grand asile pris comme type.

ROLLAND (L.), *professeur agrégé à l'Université de Nancy.* — **Les grèves des postes de 1909 et le Droit public.** 1909. Une brochure gr. in-8. . . . . 1 fr. 50

RYAN (G. A.), *professeur au Grand séminaire de Saint-Paul de Meinnesota.* — **Salaire et droit à l'existence.** Traduit de l'anglais par Lazare Collin, *professeur à l'Ecole Saint-François de Sales à Dijon.* 1909. 1 vol. in-8, broché. . . . . 8 fr. »

 Le même, relié (reliure de la Collection). . . . . 9 fr. »

 Cet ouvrage fait partie de la *Collection des études économiques et sociales* publiées avec le concours du Collège libre des Sciences sociales (VIII)

Ce livre écrit par un théologien qui est en même temps un philosophe et un économiste très averti se recommande à tous les catholiques sociaux désireux de lire une étude d'ensemble sur les doctrines de leur école relativement au salaire, il les trouveront exposées avec une grande précision, et adaptées aux conditions de la vie moderne.

Mais le livre de M. Ryan a une portée beaucoup plus large. Il attire l'attention de tous ceux, catholiques ou non, qui s'intéressent à l'histoire des doctrines économiques et au catholicisme social américain.

S

SEEBOHM-ROWNTRÉE (B.), *auteur de « Poverty » a Study of town life.* — **Comment diminuer la misère.** Etudes sur la Belgique, traduit de l'anglais par A. J. A. Hotermans. 1910. Un fort volume in-8 avec planches et diagrammes en noir et en couleurs, relié toile. . . . . 15 fr. »

La première partie de l'ouvrage décrit en détail le système belge de tenure des terres ; elle montre la relation qui existe entre la grande subdivision des propriétés, l'intense fertilité du sol aux mains des petits exploitants et les lois de succession et de transfert des terres. Elle contient également des renseignements très précieux sur le nombres des propriétaires fonciers en Belgique et la dimension de leurs propriétés ; aucun pays d'Europe ne possède de statistique semblable. La seconde partie traite des conditions industrielles et discute longuement les causes des bas salaires. La troisième partie se rapporte à l'agriculture, montrant les avantages respectifs des grandes fermes et des petites exploitations, du faire-valoir direct et du faire-valoir en location. La culture maraîchère, l'enseignement technique, la coopération, le crédit agricole y font l'objet d'une étude spéciale, de même que le boisement des terres incultes. Une quatrième partie traite de trois facteurs qui influencent à la fois l'industrie et l'agriculture, savoir, les facilités de transport, principalement les chemins de fer vicinaux, les finances publiques et l'instruction, en ce qui concerne les finances publiques.

L'ouvrage est illustré de nombreux diagrammes et photographies : il se caractérise par une clarté et une exactitude de méthode qui est familière à l'auteur. Il sera certainement d'un grand intérêt pour ceux qui discutent en ce moment la question de la misère et de la propriété foncière et trouvera place à côté de de l'autre ouvrage de M. Rowntree dans la bibliothèque économique.

SELIGMAN (Edw. R. A.), *professeur d'Economie politique à l'Université de Colombie.* — **Théorie de la Répercussion et de l'Incidence de l'Impôt.** Edition française d'après la troisième édition américaine, par Louis Suret *docteur en droit.* Un vol. in-8 . . . . (*Sous presse*)

☛ Cet ouvrage fait partie de la Bibliothèque internationale de science et de législation financières.

SERRIGNY (B.). — **Les Conséquences économiques et sociales de la prochaine guerre,** d'après les enseignements des campagnes de 1870-71 et de 1904-5 avec une préface de Frédéric Passy. 1909. 1 vol. in-8, broché.   10 fr.

— **Le même,** relié (reliure de la Collection) . . . . 11 fr. »

☛ Cet ouvrage fait partie de la *Collection des Etudes économiques et sociales* (IX.)

L'auteur étudie ce problème en économiste et en historien ; la guerre de 1904, celle de 1870 surtout, servent de bases à son étude, et c'est ainsi une véritable histoire économique et financière de ces luttes, — histoire très détaillée d'ailleurs — qu'il présente d'ailleurs à l'appui de sa thèse. Tour à tour il nous introduit dans les usines, les chantiers, les gares, désorganisés par la lutte ; il nous montre des gouvernements quêtant à travers le monde les subsides nécessaires à la lutte et trouvant un appui précieux auprès de leurs banques d'Etat ; puis, sans arrêter ses investigations au traité de paix, il s'efforce de définir les contre-coups lointains de la guerre en démêlant, dans le chaos du passé, les effets de l'annexion de l'Alsace-Lorraine et du paiement de nos cinq milliards. Rien n'est d'ailleurs plus suggestif que le tableau des ruines accumulées en Allemagne, aussi bien qu'en France et en Alsace, par ces événements où la naïveté des multitudes cherche, aujourd'hui encore, l'origine de l'essor économique de nos voisins !

La guerre de demain rapportera-t-elle davantage ? M. Serrigny affirme que non, et pourtant de combien de souffrances nouvelles ne sera-t-elle pas l'occasion !

SÈVE (**A**.), *chef du bureau de l'Instruction primaire à la préfecture de l'Ain*. — **Cours d'Enseignement pacifiste** (Principes et applications du pacifisme) avec préface de M. Frédéric Passy, *membre de l'Institut*. 1910. Un vol. in-18. . . . . 3 fr. 50

Cet ouvrage, que tous les membres de l'enseignement s'empresseront de se procurer, s'adresse également au grand public ; il y a là, ne craint pas d'ajouter M. Frédéric Passy, « pour tout lecteur sérieux, pour tout homme désireux de se faire une idée juste « de ce programme des pacifistes *si imparfaitement connu et si mal jugé souvent même des* « *gens les plus instruits*, un ensemble de renseignements, de documents et de réflexions « dont ils trouveraient difficilement l'équivalent ailleurs. *C'est un devoir de le signaler*. »

SIGHÈLE (**Scipio**), *associé de l'Institut international de Sociologie*. — **Le Crime à deux**, Essai de psycho-pathologie sociale, deuxième édition revue et augmentée. 1910. 1 vol. in-8, broché. . . . . 4 fr. »

— **Le même**, relié (reliure de la Bibliothèque). . . . . 5 fr. »

☞ Cet ouvrage fait partie de la *Bibliothèque sociologique internationale* (XLIV).

M. Scipio Sighele s'est consacré depuis de longues années à l'étude de la criminalité collective, et ses écrits sur les méfaits des foules, des sectes et des couples sont bien connus. L'ouvrage qu'il publie actuellement est une nouvelle édition de son travail renommé : *Le Crime à Deux*. Il a bénéficié d'améliorations successives au cours des trois éditions italiennes et il est tenu à jour des faits les plus récents.

Cet ouvrage, extrêmement documenté, a un attrait émotif considérable, auquel ne nuit en rien son caractère hautement scientifique.

STEIN. — **Le sens de l'existence**. Excursions d'un optimiste dans la philosophie contemporaine. 1909. 1 vol. in-8, broché. . . . . 12 fr. »

— **Le même**, relié (reliure de la Bibliothèque). . . . . 13 fr. »

☞ Cet ouvrage fait partie de la *Bibliothèque sociologique internationale* (LXI).

Dans ce volume l'auteur a réuni vingt essais portant sur des sujets fondamentaux de philosophie générale, morale ou sociale. On y appréciera notamment l'ingéniosité avec laquelle il explique l'orientation des grandes doctrines philosophiques par le tempérament de leurs auteurs. On y suivra avec intérêt la marche d'une pensée dialectique qui, sur chacune des grandes questions cosmiques, éthiques ou politiques, expose impartialement la thèse et l'antithèse, pour en préparer la conciliation. On verra, appliqués à leur solution, les principes combinés d'un énergétisme tiré de la science moderne et d'un optimisme puisé aux plus hautes sources de la philosophie classique.

STRADELLA. — **Justice fiscale jacobine**. 1910. Une brochure in-8. 1 fr. 50

T

TASCA (**Alb**.), *docteur en droit*. — **Les Conseils du Travail en France**. 1909. 1 vol. gr. in-8. . . . . 8 fr. »

TISSIER, *professeur à la Faculté de droit de Paris*. — **Les méthodes juridiques**. *Voyez* : Larnaude.

THALLER, *professeur à la Faculté de droit de Paris*. — **Les méthodes juridiques**. *Voyez* : Larnaude.

TRUCHY, *professeur à la Faculté de droit de Paris*. — **Les méthodes juridiques**. *Voyez* : Larnaude.

V

VERECQUE (**Ch**.). — **La Conquête socialiste du Pouvoir politique**. 1909. 1 vol. in-18. . . . . 3 fr. 50

Le titre dit suffisamment l'objet traité dans cet ouvrage qui s'adresse à la fois aux amis et aux adversaires du socialisme. C'est la première fois qu'un militant socialiste en un travail spécial, expose le rôle de l'État, et explique *pourquoi* et *comment* les socialistes doivent nécessairement en faire la conquête.

VIGNES (J.-B.), *professeur d'économie politique à la Faculté de droit de Dijon.* — **Histoire des doctrines sur l'Impôt en France**. Les origines et les destinées de la Dixme royale de Vauban. 1909. 1 vol. in-8. . . .   6 fr. »

Dans cet ouvrage, M. Vignes, qui enseigne depuis six ans la science des finances à la Faculté de droit de Dijon, retrace l'origine et l'évolution de quelques-uns des principes fondamentaux de notre système d'impôts modernes.

VIVIANI (R.) *Ministre du Travail.* — **Mutualité et Retraites ouvrières.**
(Sous presse)

VIVANTE (C.), *professeur ordinaire de droit commercial à l'université de Rome.* — **Traité du droit commercial**. Traduit sur la 3ᵉ édition italienne (1907-1909), par Jean Escarra, avec préface de M. Albert Wahl, professeur à la Faculté de droit de l'Université de Paris. Un vol. in-8 :

Tome I : **Les Commerçants**. 1910. Un vol. in-8. . . . .   *(Paru)*
Tomes II, III, IV . . . .   *(Sous presse)*

L'ouvrage complet qui formera quatre volumes est en souscription :
  Prix de l'ouvrage complet : broché . . . .   112 fr. »
  ou relié (reliure de la Bibliothèque) . . . .   116 fr. »
Les tomes II à IV seront fournis franco de port à leur apparition.

☛ Cet ouvrage fait partie de la *Bibliothèque internationale de droit privé et de droit criminel.*

VOUTERS (H.), *docteur en droit.* — **Le Régime des Crédits additionnels en Prusse et dans l'Empire Allemand**. 1909. Une brochure gr. in-8. . . . .   1 fr. »

W

WAGNER (Ad.), *professeur à l'université de Berlin.* — **Traité de la Science des finances** :
PREMIÈRE PARTIE : Théories générales. Le budget. Les besoins financiers. Les recettes d'économie privée. Traduction de M. Vouters. 1909. 1 vol. in 8, broché. . . . .   15 fr. »
— **Le même**, relié (reliure de la Bibliothèque). . . . .   16 fr. »
DEUXIÈME PARTIE : Théorie de l'imposition. Théorie des taxes et Théorie générale des impôts. Traduction par Jules Ronjat. 1909. 1 vol. in-8. br. .   15 fr. »
— **Le même**, relié (reliure de la Bibliothèque) . . . .   16 fr. »
PRIX DES 2 VOLUMES :
  brochés. . . . .   30 fr. »
  reliés. . . . .   32 fr. »
☛ Cet ouvrage fait partie de la *Bibliothèque internationale de science et de législation financières.*

Ce livre est universellement connu. Il est considéré, à juste titre, comme l'un des meilleurs ouvrages qui aient été écrits sur les finances publiques. Mais dans sa langue originale, il était difficilement accessible au public français ; c'est pourquoi l'édition française doit être accueillie avec satisfaction. Ce n'est pas une traduction intégrale des quatre volumes allemands, mais c'est pour suivre les indications du professeur Wagner que l'édition française a été abrégée. Elle contient les parties essentielles de l'ouvrage allemand, celles qui présentent pour le lecteur français le plus d'intérêt, à savoir les doctrines financières ; le tome III donnera l'histoire des systèmes fiscaux des principaux pays jusqu'au début du xıxᵉ siècle.

Dans sa préface, M. Gaston Jèze nous dit sur quoi ont porté les suppressions et abréviations.

WAGNER (Ad.). — **Les Fondements de l'Économie politique**, tome III . . . .   *(Sous presse)*

WAHL (D^r), *médecin en chef des asiles publics d'aliénés*. — **Le Crime devant la Science**. 1910. Un vol. in-8, relié toile. . . . .   4 fr. »

☞ Cet ouvrage fait partie de l'*Encyclopédie internationale d'assistance, prévoyance, hygiène sociale et de démographie* (Démographie, II).

M. le docteur Wahl a traité le côté biologique de la question du crime; après avoir donné les diverses définitions du crime en droit naturel ou pénal et montré l'évolution de l'idée de crime suivant les races, les milieux, les époques, il montre l'évolution corollaire du concept de la pénalité.

La critique des systèmes pénitentiaires actuels et des réformes proposées termine cette étude qui sera suivie d'une étude sur les criminels considérés au point de vue social et en dehors de la pathologie mentale.

WORMS (R.), *agrégé de philosophie, agrégé des Sciences économiques. Directeur de la Revue internationale de Sociologie*. — **Principes biologiques de l'Evolution sociale**. 1910. Un vol. in-18 . . . .   2 fr. »

☞ Cet ouvrage fait partie de la *Bibliothèque sociologique internationale*. Série in-18 (A).

Nul n'était plus qualifié que M. René Worms, par ses études multiples, pour traiter ce sujet. Déjà il lui avait consacré, une quinzaine d'années, un ouvrage étendu, *Organisme et Société*, dont on sait le succès. Cette fois, c'est par une toute autre voie qu'il aborde le même problème. Il cherche à montrer, dans son nouveau travail, comment les principes qui dominent l'existence organique de l'individu déterminent aussi sa vie en société.

WORMS (R.). — **Le Septième Congrès de l'Institut International de Sociologie**. 1909. Une brochure gr. in-8, sans couv. . . . . . .   0 fr. 50

Y

YPRES (Jean d'). — **Un Essai sur l'Individualisme**. — Conférence faite à la loge « La Lumière du Nord ». 1909. 1 vol. in-18. . . . . . .   1 fr. 50

CATALOGUES EN DISTRIBUTION

Catalogue des Ouvrages du fonds (1908), 1re partie : Droit, Législation, Procédure, Assurance, etc. . . . . (gratis)

Catalogue des Ouvrages du fonds (1908), 2e partie : Economie politique, Science financière, Sciences sociales, etc. . . . . (gratis)

Premier supplément au Catalogue des Ouvrages du fonds. (Ouvrages parus en 1908 et 1909) . . . . (gratis)

Catalogue des Thèses de doctorat en droit. N° 1. Thèses jusqu'à 1900   . 1 fr. »

Catalogue des Thèses de doctorat en droit. N° 2. Thèses de 1900 à 1903.   0 fr. 50

Catalogue des Thèses de doctorat en droit. N° 3. Thèses de 1904 à 1910.   0 fr. 50

Bibliographie générale et complète des Livres de droit . . . . . . 1 fr. 50

Catalogue des Ouvrages et Collections en occasion . . . . (gratis)

Bulletin périodique des Collections et ouvrages en occasion. . . . (gratis)

Revue bibliographique des ouvrages de droit, de jurisprudence, d'économie politique, de science financière et de sociologie (mensuelle). Abonnement annuel : France : 1 fr. Union postale. . . . . 1 fr. 50

BIBLIOTHÈQUES
COLLECTIONS ET REVUES

ÉDITÉES PAR LA

Librairie V. GIARD et E. BRIÈRE

BIBLIOTHÈQUE INTERNATIONALE DE DROIT PUBLIC

Honorée de souscriptions du Ministère de l'Instruction publique

PUBLIÉE SOUS LA DIRECTION DE Gaston Jèze

☞ Les volumes de cette Bibliothèque se vendent aussi reliés avec une augmentation
de 1 fr. pour la série in-8 et de o fr. 5o pour la série in-18

BRYCE (J) — **La République américaine.** Préface de E. Chavegrin, 4 vol.
in 8. Tome I : Le Gouvernement national. Trad. Müller. Tome II. Le Gouvernement des Etats. Trad. Lestang. Tome III : Le Système des partis ; l'Opinion
publique. Trad. de Lestang. Tome IV : Les Institutions sociales. Trad. Bouyssy.
L'ouvrage complet 1901-1902. 4 vol. in-8, broché. . . . . 50 fr. »

LABAND (P.). — **Le Droit public de l'Empire allemand.** Préface de
F. Larnaude. Edition française. Trad. de Gandilhon, Lacuire, Vulliod, Jadot et
Bouyssy. L'ouvrage complet 1900-1904. 6 vol. in-8, broché . . . . 60 fr. »

DICEY (A.-V.). — **Introduction à l'Etude du droit constitutionnel.** Préface de A. Ribot. Trad. A. Batut et G. Jèze. 1902. 1 vol. in-8, broché. 10 fr. »

WILSON (W.). — **L'Etat,** avec une préface de L. Duguit. Trad. de J. Wilhelm.
1902. 2 vol. in-8, broché . . . . 20 fr. »

HAMILTON (A.), JAY, MADISON. — **Le Fédéraliste,** nouvelle édition française, par G. Jèze, avec une préface de A. Esmein. 1902. 1 vol. in-8, br. 14 fr. »

KORKOUNOV. — **Cours de théorie générale du droit.** Traduction française de J. Tchernoff. 1903. 1 vol. in-8, broché . . . . 10 fr. »

KOVALEWSKY. — **Les Institutions politiques de la Russie.** Traduction française, par Me Derocquigny. 1903. 1 vol. in-8, broché. . . 7 fr. 50

ANSON (Sir R.). — **Loi et pratique constitutionnelles de l'Angleterre.**
2 vol. in-8 :

    Tome I : *Le Parlement.* 1903. 1 vol. in-8, broché . . . . . . 16 fr. »
    Tome II : *La Couronne.* 1905. 1 vol. in-8, broché . . . . . . 10 fr. »

OTTO MAYER. — **Le droit administratif allemand,** édition française par
l'auteur. 1903 1906. 4 vol. in-8 . . . . 32 fr. »

NITTI (F.-S.). — **Principes de Science des finances,** avec une préface de
A. Wahl, traduction de J. Chamard. 1904. 1 vol. in-8, broché. . . 12 fr. »

CURTI (Th.). — **Le referendum,** histoire de la législation populaire en Suisse.
Traduction J. Ronjat, 1905, 1 vol. in-8, broché . . . . 10 fr. »

DICEY (A.-V.) — **Leçons sur les rapports entre le droit et l'opinion
publique en Angleterre au cours du XXe siècle.** Préface de A. Ribot,
trad. de A. Batut et G. Jèze. 1906. 1 vol. in-8, broché, ... 30 fr. »

MOREAU (F.) et DELPECH (J.). — **Les Règlements des Assemblées
législatives.** Préface de Ch. Benoist. 1906-1907. 2 vol. in-8, broché. 30 fr. »

GOODNOW (F.-G.). — **Les Principes du droit administratif des Etats-Unis.** Traduction A. et G. Jèze. 1907. 1 vol. in-8 broché . . . . 12 fr. »

STUBBS (W.). — **Histoire constitutionnelle de l'Angleterre,** avec introduction, notes et études de Ch. Petit-Dutaillis. Traduction par G. Lefebvre. Tome 1. 1907. 1 vol. in-8, broché . . . . 16 fr. »

ERRERA (P.). — **Traité de droit public belge.** 1909. 1 fort vol. in-8, broché . . . . 12 fr. 50

NERINCX (Alf.). — **L'organisation judiciaire aux Etats-Unis.** 1909. 1 vol. in-8, broché . . . . 10 fr. »

ERSKINE MAY. — **Traité des Lois, Privilèges Procédures et Usages du Parlement.** 2 vol. in-8 . . . . 25 fr. »

LOWELL (A.-L.). — **Le Gouvernement de l'Angleterre.** Traduction de A. Nerincx. 2 vol. in-8 :
— Tome I. 1910. Un vol. in-8, broché . . . . 15 fr. »
— Tome II. 1910. Un vol. in-8, broché . . . . 15 fr. »

SÉRIE IN-18 :

TODD (A.). — **Le Gouvernement parlementaire en Angleterre.** Traduit sur l'édition anglaise de Spencer Walpole, avec une préface de Casimir-Périer. 1900. 2 vol. in-18, broché . . . . 12 fr. »

WILSON (W.). — **Le Gouvernement congressionnel,** avec une préface de Henri Wallon. 1900. 1 vol. in-18, broché. . . . . 5 fr. »

JENKS (Edward). — **Esquisse du Gouvernement local en Angleterre.** Trad. J. Wilhelm, préfce de H. Barthélemy. 1902. 1 vol. in 18, broché 5 fr. »

DICKINSON (G.-L.). — **Le développement du Parlement pendant le XIXe siècle.** Trad. et préface de M. Deslandres. 1906. 1 vol. in-18, br. 5 fr. »

SOUS PRESSE :

JELLINECK (G.) — **L'Etat moderne et son droit.**

REDLICH (J.). — **Le Gouvernement local en Angleterre.**

ENCYCLOPÉDIE INTERNATIONALE D'ASSISTANCE, DE PRÉVOYANCE,

D'HYGIÈNE SOCIALE ET DE DÉMOGRAPHIE

Honorée de souscriptions du Ministère de l'Instruction publique

PUBLIÉE SOUS LA DIRECTION DU Dr A. Marie

ASSISTANCE :

I. — **MARIE (Dr)** et **(R.) MEUNIER.** — **Les Vagabonds.** Avec un avant-propos, par Henry Maret. 1908. 1 vol. in-18 relié toile . . . 4 fr. »

II. — **MARIE (Dr)** et **DECANTE (R.)** — **Les accidents du travail.** Etude critique des améliorations à apporter au régime du risque professionnel en France. 1 vol. in-18 relié toile . . . . 4 fr. »

IV. — **RODIET (Dr A.).** — **Les auxiliaires des médecins d'asile** (ouvrage couronné par l'Académie de médecine). 1910. 1 vol. in 18 relié toile . . . . 3 fr. 50

PRÉVOYANCE :

I. — **SICARD DE PLAUZOLES (Dr).** — **La maternité et la défense nationale contre la dépopulation.** 1909. 1 vol. in-18 relié toile . 4 fr. »

II. — **DECANTE (R.).** — **La lutte contre la prostitution.** Avec préface par Henri Turot. 1909. 1 vol. in-18 relié toile . . . . . 4 fr. »

III. — **DUBIEF (Dr).** — **L'apprentissage et l'enseignement technique.** 1 vol. 6 fr. »

HYGIÈNE :

i. — **MARTIAL** (Dr R.) — **Hygiène individuelle du travailleur.** Avec préface de M. le sénateur Strauss. 1907. 1 vol. in-18 relié toile   4 fr. »

ii. — **MARIE** (Dr A.). — **La Pellagre.** Avec une préface de M. le professeur Lombroso 1908. 1 vol. in-18 relié toile. . . . .   4 fr. »

iii. — **BERNARD** (M.). — **Pour protéger la santé publique.** Avec une préface du Dr Fernand Dubief, *ancien ministre de l'Intérieur.* 1909. 1 vol. in-18 relié toile. . . . .   4 fr. »

iv. — **BERNARD** (M.). — **L'Hygiène publique obligatoire en France.** La lutte administrative contre le choléra et les autres maladies **transmissibles,** avec préface du Dr A. Marie. 1910. 1 vol. in-18 relié toile. . . . .   4 fr. »

v. — **BRETON** (J.-L.), *député.* — **Le Plomb.** 1910. 1 vol. in-18 relié toile. . . . .   4 fr. »

DÉMOGRAPHIE :

i. — **BRON** (Dr G.). — **Les origines sociales de la maladie.** Avec préface du Dr A. Marie. 1908. 1 vol. . . . .   3 fr. 50

ii. — **Wahl** (Dr). — **Le Crime devant la science.** 1910. 1 vol. in-18 relié toile . . . .   4 fr. »

SOUS PRESSE :

VIVIANI (R.) *Ministre du Travail.* — **Mutualité et Retraites ouvrières.**

BIBLIOTHÈQUE INTERNATIONALE
DE SCIENCE ET DE LÉGISLATION FINANCIÈRES

Honorée de souscriptions du Ministère de l'Instruction publique

DIRECTION DE Gaston Jèze

SELIGMAN (Edw. R.-A.). — **L'impôt progressif en théorie et en pratique.** Edition française revue et augmentée par l'auteur. Traduction de A. Marcaggi. 1909. 1 vol. in-8, br. 10 fr. ; relié . . . . 11 fr. »

WAGNER (Ad.), *professeur à l'Université de Berlin.* — **Traité de la Science des finances.** Traduction de M. Vouters. 2 vol. :
   Première partie : **Théories générales Le Budget. Les Besoins financiers. Les Recettes d'Economie privée.** 1909. 1 vol. in-8 broché 15 fr. ; relié toile . . . . 16 fr. »
   Deuxième partie : **Théorie de l'Imposition. Théorie des taxes et Théorie générale des Impôts.** Traduction de Jules Ronjat. 1909. 1 vol. in-8, broché 15 fr. ; relié . . . . 16 fr. »

MYRBACH-RHEINFELD (Baron Fr. Von), *professeur à l'Université d'Innsbruck.* — **Précis de droit financier.** Traduction française de Bouché-Leclercq. 1910. 1 fort vol. in-8, broché 15 fr. ; relié toile . . . . 16 fr. »

SELIGMAN (Edw. R.-A.). — **Théorie de la Répercussion et de l'Incidence de l'Impôt.** Edition française d'après la 3e édition américaine. Traduction par Louis Suret . . . . *(Sous presse)*

ÉTUDES ÉCONOMIQUES ET SOCIALES

Honorée de souscriptions du Ministère de l'Instruction publique

PUBLIÉES AVEC LE CONCOURS DU COLLÈGE LIBRE DES SCIENCES SOCIALES

i. — **FARJENEL** (F.). — **La morale chinoise.** Fondement des sociétés d'Extrême-Orient. 1906. 1 vol. in-8, br., 5 fr. ; relié toile . 6 fr. »

ii. — **MARIE** (Dr A.). — **Mysticisme et folie** (Etude de psychologie normale et de pathologique comparées. 1907. 1 vol. in-8, broché, 6 fr ; relié toile . . . .   7 fr. »

III. — **LEROY (M.).** — **La transformation de la puissance publique.** Les syndicats de fonctionnaires. 1907. 1 vol. in-8, broché, 5 fr. ; relié toile . . . . 6 fr. »

IV. — **BONNET (H.).** — **Paris qui souffre. La misère à Paris. Les agents de l'assistance à domicile.** Avec une préface de M. Ch. Benoist. 1908. 1 vol. in-8, broché, 5 fr. ; relié toile. . . . 6 fr. »

V. — **SICARD DE PLAUZOLES (Dr).** — **La fonction sexuelle.** 1908. 1 vol., in-8, broché, 6 fr. ; relié . . . . 7 fr. »

VI. — **LEROY (M.).** — **La loi.** Essai sur la théorie de l'autorité dans la démocratie. 1908. 1 vol. in-8, broché, 6 fr., relié . . . . . 7 fr. »

VII. — **RECLUS (Elie).** — **Les croyances populaires.** La Survie des Ombres. Avec avant-propos, par Maurice Vernes. 1908. 1 vol. broché, 5 fr. ; relié toile. . . . . 6 fr. »

VIII. — **RYAN (G.-A.).** — **Salaire et droit à l'existence**, traduction de L. Collin. 1909. 1 vol. in-8, broché, 8 fr. ; relié . . . . . 9 fr. »

IX. — **SERRIGNY.** — **Conséquences économiques et sociales de la prochaine guerre** avec préface de Frédéric Passy. 1909. 1 vol. in-8, broché, 10 fr. ; relié. . . . . 11 fr. »

X. — **BRUN (Ch.).** — **Le Roman social en France au XIXe siècle.** 1910. 1 vol. in-8, broché, 6 fr. ; relié. . . . . 7 fr. »

XI. — **REGNAULT (Dr F.).** — **La Genèse des miracles.** 1910. 1 vol. in 8, broché, 6 fr. ; relié . . . . 7 fr. »

SÉRIE IN-18 :

ATGER (F.). — **La crise viticole et la viticulture méridionale** (1900-1907). 1907. 1 vol. in-18, broché, 2 fr. ; relié toile. . . . 2 fr. 50

SOUS PRESSE :

LARNAUDE, H. BERTHELEMY, TRUCHY, TISSIER, GÉNY, THALLER, PILLET, MASSIGLI, GARÇON. — **Les Méthodes juridiques**, avec préface de Paul Deschanel. 1 vol. in-8.

BIBLIOTHÈQUE INTERNATIONALE DE DROIT PRIVÉ
ET DE DROIT CRIMINEL

Honorée de souscriptions du Ministère de l'Instruction publique

PUBLIÉE SOUS LA DIRECTION DE

H. Lévy-Ullmann | P. Lerebourg-Pigeonnière
Professeurs aux Universités de Lille et de Rennes

COSACK (C.), *professeur à l'Université de Bonn.* — **Traité de droit commercial.** Avec préface de Ed. Thaller, traduction de Léon Mis. 1905-7 :

TOME I : **Théorie générale.** 1905. 1 vol. in-8, broché . . . . . 8 fr. »

— Le même, relié (reliure de la Bibliothèque) . . . . 9 fr. »

TOME II : **Opérations.** 1905. 1 vol. in-8 broché . . . . 8 fr. »

— Le même, relié (reliure de la Bibliothèque) . . . . 9 fr. »

TOME III : **Sociétés, assurances terrestres et maritimes** 1907. 1 vol. in-8 broché . . . . 10 fr. »

— Le même, relié (reliure de la Bibliothèque) . . . . 11 fr. »

L'OUVRAGE COMPLET : 3 vol. in-8 broché . . . . 26 fr. »

— Le même, relié (reliure de la Bibliothèque) . . . . 29 fr. »

STEVENS (E. M.). D. C. L. de Christ Church (Oxford). — **Eléments de droit commercial anglais**, revus et corrigés par Herbert Jacobs, traduit par L. Escarti, avec introduction, par P. Lerebours-Pigeonnière. 1909. 1 vol. in-8, broché. . . . . 10 fr. »

— **Le même**, relié (reliure de la Bibliothèque) . . . .   11 fr. »

LISZT (Dr **F. Von**), *professeur ordinaire de droit à Berlin*. — **Traité de droit pénal allemand**. Traduit sur la 17e édition allemande (1908) par R. Lobstein. Tome premier : Partie générale. 1910. Un vol. in-8.   *(Sous presse)*

VIVANTE (C.), *professeur ordinaire de droit commercial à l'Université de Rome*. — **Traité de droit commercial**. avec préface de M. Albert Wahl. Traduction par Jean Escarra. 4 volumes in-8 :

Tome premier : **Les Commerçants**. 1910. 1 vol. in-8 . . . . .   *(Paru)*
Tomes II, III et IV . . . .   *(Sous presse)*

☛ Cet ouvrage formera 4 volumes qui paraîtront très rapidement et est en souscription au prix de : broché, 112 fr.; relié . . . .   116 fr. »

Les Tomes II, III et IV seront livrés franco de port, aux Souscripteurs, à leur apparition.

COLLECTION DES DOCTRINES POLITIQUES

PUBLIÉE SOUS LA DIRECTION DE **A. Mater.**

II. — **CHEVALIER, LEGENDRE** et **LABERTHONNIÈRE**. — **Le catholicisme et la société**. 1907. 1 v. in-18, br. 3 fr. 50 ; rel. toile.   4 fr. »

III. — **SABATIER** (C.). — **Le morcellisme**. Avec introduction, par M. Faure. 1907. 1 vol. in-18, br. 2 fr. ; relié toile . . . .   2 fr. 50

IV. — **BOUGLÉ** (G.). — **Le solidarisme**. 1907. 1 vol. in-18. broché, 3 fr. 50 ; relié toile. . . . .   4 fr. »

V. — **BUISSON** (F.). — **La politique radicale**. 1908. 1 vol. in-18, broché, 4 fr. 50 ; relié. . . . .   5 fr. »

VI. — **AVRIL DE SAINTE CROIX** (Mme). — **Le féminisme**. Préface de V. Marguerite. 1907. 1 vol. in-18, broché, 2 fr. 50 ; relié toile. . . . .   3 fr. »

VII. — **GUYOT** (Yves). — **La démocratie individualiste**. 1907. 1 vol. in-18, broché, 3 fr. ; relié toile. . . . .   3 fr. 50

X. — **VANDERVELDE** (E.). — **Le socialisme agraire**. 1908. 1 vol. in-18, broché 5 fr. ; relié toile. . . . .   5 fr. 50

XI. — **HERVÉ** (G.). — **L'Internationalisme**. 1910. 1 vol. in-18, broché 2 fr. 50 ; relié toile. . . . . ,   3 fr. »

XIV. — **MATER** (André). — **Le socialisme conservateur ou municipal**. 1909. 1 vol. in-18, broché, 6 fr. ; relié toile. . . . . .   6 fr. 50

XVI. — **FOURNIÈRE** (Eug.). — **La Sociocratie** (Essai de politique positive. 1910. 1 vol. in-18, broché 2 fr. 50 ; relié toile. . .   3 fr. »

XVII. — **MAYBON** (A.). — **La politique chinoise**. Etude sur les doctrines des partis en Chine. 1900. 1 vol. in-18, broché, 4 fr. ; relié toile. . . . .   4 fr. 50

SOUS PRESSE :

LAGARDELLE (H.). — **Le socialisme ouvrier**. 1 vol. in-18.

PRESSENSÉ (F. de). — **L'impérialisme**.

BIBLIOTHÈQUE SOCIALISTE INTERNATIONALE

PUBLIÉE SOUS LA DIRECTION DE **Alfred Bonnet.**

SÉRIE IN-18 :

DEVILLE (G.). — **Principes socialistes**. 1898. 2e édit. 1 vol in-18.   3 fr. 50

MARX (Karl). — **Misère de la philosophie**. Réponse à la philosophie de la misère de M. Proudhon. 1908. Nouvelle édition. 1 vol. in-18. . . .   3 fr. 50

LABRIOLA (Antonio). — **Essais sur la conception matérialiste de l'histoire.** 2e édit. 1902. 1 vol. in-18 . . . . 3 fr. 50

DESTRÉE (J.) et **VANDERVELDE** (E.). — Le socialisme en Belgique 2e édit. 1903. 1 vol. in 18. . . . . 3 fr. 50

LABRIOLA (Antonio). — **Socialisme et philosophie.** 1899. 1 vol. in-18 . . . . 2 fr. 50

MARX (Karl). — **Révolution et contre-révolution en Allemagne.** Traduit par Laura Lafargue. 1900. 1 vol. in-18 . . . . 2 fr. 50

GATTI (G.). — **Le socialisme et l'agriculture.** Préface de G. Sorel, 1902. 1 vol. in-18. . . . . 3 fr. 50

LASSALLE (F.). — **Discours et pamphlets.** 1903. 1 vol. in-18. . . 3 fr. 50

TARBOURIECH (E.). — **Essai sur la propriété.** 1905. 1 v. in-18. 3 fr. 50

LAFARGUE (P.). — **Le Déterminisme économique de Karl Marx.** 1909. 1 vol. in-18. 4 fr. »

MARX (Karl). — **Critique de l'Economie politique,** traduction Laura Lafargue. 1909. 1 vol. in-18. . . . . 3 fr 50

BERTHOD (A.). — **P.-J. Proudhon et la propriété.** 1910. 1 vol. in-18. . . . . 3 fr. »

SÉRIE IN-8 :

WEBB (Béatrix et Sydney). — **Histoire du trade-unionisme.** 1897. Traduit par Albert Métin, 1 vol. in-8. . . . . 10 fr. »

KAUTSKY (Karl). — **La question agraire.** Etude sur les tendances de l'agriculture moderne. Traduit par Edgard Milhaud et Camille Polack. 1 vol. in-8 . . . . 8 fr. »

MARX (Karl). — **Le capital.** Traduit à l'Institut des sciences sociales de Bruxelles, par J. Borchardt et H. Vanderrydt :
    Livre II. — **Le procès de circulation du capital.** 1900. 1 vol. in-8. . . . . 10 fr. »
    Livre III. — **Le processus d'ensemble de la production capitaliste.** 1901-1902, 2 vol. in-8. . . . . 20 fr. »

KAUTSKY (K.). — **La politique agraire du parti socialiste.** Trad. C. Polack, 1903, 1 vol. in-8 . . . . 4 fr. »

AUGÉ-LARIBÉ (M.). — **Le problème agraire du socialisme.** La viticulture industrielle du midi de la France. 1907. 1 vol. in-8. . . . . 6 fr. »

BIBLIOTHÈQUE INTERNATIONALE D'ÉCONOMIE POLITIQUE

Honorée de souscriptions du Ministère de l'Instruction publique

PUBLIÉE SOUS LA DIRECTION DE **Alfred Bonnet**

☛ Les volumes de cette bibliothèque se vendent aussi reliés avec une augmentation

de 1 fr. pour la série in-8 et de 0 fr. 50 pour la série in-18

COSSA (Luigi). — **Histoire des doctrines économiques.** Trad. Alfred Bonnet. Préface de A. Deschamps. 1899. 1 vol., br. (I) . . . . . 10 fr. »

ASHLEY (W.-J.). — **Histoire et doctrines économiques de l'Angleterre.** 1900. 2 vol., br. (II-III) . . . . 15 fr. »

SEE (H.). — **Les classes rurales et le régime domanial au Moyen Age en France.** 1901. 1 vol. br. (IV) . . . . 12 fr. »

WRIGHT (C.-D.). — **L'évolution industrielle des Etats-Unis.** Trad. F. Lepelletier. Préface de E. Levasseur. 1901. 1 vol., br. (V) . . . 7 fr. »

CAIRNES (J.-E.). — **Le caractère et la méthode logique de l'économie politique.** Trad. par G. Valran. 1902. 1 vol. br. (VI) . . . . 5 fr. »

SMART (W.). — **La répartition du revenu national.** Trad. G. Guéroult. Préface de P. Leroy-Beaulieu. 1902. 1 vol. br. (VII) . . . . 7 fr. »

SCHLOSS (David). — **Les modes de rémunération du travail.** Trad. Charles Rist. 1002. 1 vol., br. (VIII) . . . . 7 fr. 50

SCHMOLLER (G.). — **Questions fondamentales d'économie politique et de politique sociale.** 1902. 1 vol. br. (IX) . . . . 7 fr. 50

BOHM-BAWERK (E.). — **Histoire critique des théories de l'intérêt du capital.** Trad. par Bernard. 1902. 2 vol. br. (X-XI) . . . . . 14 fr. »

PARETO (Vilfredo). — **Les systèmes socialistes.** 1902. 2 vol. br. (XII-XIII) . . . . 14 fr. »

LASSALLE (F.). — **Théorie systématique des droits acquis.** Avec préface de Ch. Andler. 1904. 2 vol. br. (XIV-XV) . . . . 20 fr. »

RODBERTUS JAGETZOW (C.) — **Le capital.** Trad. Chatelain. 1904. 1 vol. (XVI) . . . . 6 fr. »

LANDRY (A.) — **L'intérêt du capital.** 1904. 1 vol. br. (XVII) . . 7 fr. »

PHILIPPOVICH (Eugène von). — **La politique agraire.** Trad. par S. Bouyssy, avec préface de A. Souchon. 1904. 1 vol., br. (XVIII). . 6 fr. »

DENIS (Hector). — **Histoire des systèmes économiques et socialistes :**
Tome I : *Les Fondateurs*, 1904. 1 vol. br. (XIX) . . . . 7 fr. »
Tome II : *Les Fondateurs*, 1907. 1 vol. br. (XX) . . . . 10 fr. »

WAGNER (Ad.). — **Les fondements de l'économie politique.**
Tome I. 1904. 1 vol. br. (XXII) . . . . 10 fr. »
Tome II. 1909. 1 vol. br. (XXIII) . . . . 12 fr. »

SCHMOLLER (G.). — **Principes d'économie politique.** Traduit par G. Platon et L. Polack. 5 vol. 1905-8 (XXVI à XXX) . . . . 50 fr. »

PETTY (Sir W.). — **Œuvres économiques.** 1905. 2 vol. br. (XXXI-II) 15 fr. »

SALVIOLI. — **Le capitalisme dans le monde antique.** 1906. 1 vol. br. (XXXIII) . . . . 7 fr. »

EFFERTZ (O). — **Les antagonismes économiques.** Introduction de Ch. Andler. 1906. 1 vol. br. (XXXIV) . . . . 12 fr. »

MARSHALL (A.). — **Principes d'économie politique.** 2 vol. in-8.
Tome I. 1907. 1 vol. br. (XXXV) . . . . 10 fr. »
Tome II. 1909. 1 vol. br. (XXXVI) . . . . 12 fr. »

FONTANA-RUSSO (L.). — **Traité de politique commerciale.** 1908. 1 vol. in-8 br. (XXXVII) . . . . 14 fr. »

CORNELISSEN (C). — **Théorie du salaire et du travail salarié.** 1909. 1 fort vol. in-8, br. (XXXVIII) . . . . 14 fr. »

JEVONS (W. Stanley). — **La théorie de l'économie politique.** Trad. H.-E. Barrault et M. Alfassa. 1909. 1 vol. in-8, br. (XXXIX) . . . . 8 fr. »

PARETO (Vilfredo). — **Manuel d'économie politique.** Trad. de A. Bonnet. 1909. 1 vol, br. (XL) . . . . 12 fr. 50

CANNAN (Edwin). — **Histoire des théories de la production et de la distribution dans l'Économie politique anglaise de 1776 à 1848.** Trad. E. Barrault et M. Alfassa. 1910. Un vol. in-8 (LXI) . . . . . 12 fr. »

SÉRIE IN-18 :

MENGER (Anton). — **Le droit au produit intégral du travail.** Trad. A. Bonnet. Préface de Ch. Andler. 1900. 1 vol br. (I). . . . . . 3 fr. 50

PATTEN (S.-N.). — **Les fondements économiques de la protection.** Trad. F. Lepelletier. Préface de P. Cauwès. 1889. 1 vol., br. (II) . . 2 fr. 50

BASTABLE (C.-F.). — **La théorie du commerce international.** Trad. avec introd. par Sauvaire Jourdan. 1900. 1 vol. (III) . . . . 3 fr. »

WILLOUGHBY (W.-F.). — **Essais sur la législation ouvrière aux Etats-Unis.** Trad. Chaboseau. 1903. 1 vol. br. (IV) . . . . 3 fr. 50

BIBLIOTHÈQUE PACIFISTE INTERNATIONALE

Honorée de la souscription des Ministères de l'Instruction publique et du Commerce.

PUBLIÉE SOUS LA DIRECTION DE Stéfane-Pol

Ont paru :

BEAUQUIER (Ch.) Ed **GIRETTI** et **STÉFANE POL**. — France et Italie, avec préface de M. Berthelot *de l'Institut.* 1904. 1 vol. in-18 . . . 1 fr. »

DUMAS (J.). — La colonisation (Essai de doctrine pacifiste). avec préface de Ch. Gide, 1904, 1 vol. in-18. . . . . 1 fr. 25

ESTOURNELLES DE CONSTANT (D'). — France et Angleterre. 1904. 1 vol. in-18 . . . . 1 fr. » ,

FINOT (J.). — Français et Anglais devant l'anarchie européenne, 1904. 1 vol. in-18 . . . . 1 fr. »

FOLLIN (H.). — La marche vers la paix. 1903. 1 vol. in-18 . . 0 fr. 75

FONTANES (E.) — La guerre, avec préface de F. Passy. 1904. 1 vol. in-18 . . . . 0 fr. 50

JACOBSON (J.-A.). — Le premier grand procès international de la Haye (notes d'un témoin. 1904. 1 vol. in-18 . . . . 0 fr. 50

LAFARGUE (A.). — L'orientation humaine. 1904. 1 vol. in-18 . 1 fr. »

LA GRASSERIE (R. de). — De l'ensemble des moyens de la solution pacifiste. 1905. 1 vol. in-18 . . . . 1 fr. »

MESSIMY. — La paix armée (La France peut en alléger le poids). 1903. 1 vol. in-18 . . . . 0 fr. 75

MOCH (G). — Vers la fédération d'Occident. Désarmons les Alpes. 1905. 1 vol. in-18, avec 6 graphiques. . . . . 0 fr. 50

NATTAN-LARRIER. — Les menaces des guerres futures. 1904. 1 vol. in-18 . . . . 1 fr. »

NOVICOW (J.). — La possibilité du bonheur. 1904. 1 vol. in-18. 2 fr. »

PASSY (Fr.). — Historique du mouvement de la paix. 1904. 1 vol. in-18 . . . . 0 fr. 75

PRUDHOMMEAUX (J.). — Coopération et pacification. 1904. 1 vol. in-18 . . . . 1 fr. »

RICHET (Ch.). — Fables et récits pacifistes, avec une préface de Sully-Prudhomme. 1904. 1 vol. in-18 . . . . 1 fr. »

RUYSSEN (Th.). — La philosophie de la paix. 1904. 1 vol. in-18. 0 fr. 75

SEVERINE. — A Sainte-Hélène, pièce en 2 actes. 1904, 1 vol. in-18. 1 fr. »

SPALIKOWSKI (Ed.). — Mortalité et paix armée, avec une préface de C. Flammarion. 1904. 1 vol. in-18 . . . . 0 fr. 50

STÉFANE-POL. — L'esprit militaire (Histoire sentimentale). 1904. 1 vol. in-18 . . . . 2 fr. »

STEFANE-POL. — Vers l'avenir. Histoire dramatique. 1903. 1 vol. in-18 . . . . 1 fr. »

STÉFANE-POL. — Les deux évangiles, considérations sur la peine de mort, le duel, la guerre, etc. 1903. 1 vol. in-18 . . . . 0 fr. 50

SUTTNER (B^he de). — Souvenirs de guerre. 1904. 1 vol. in-18 . 0 fr. 50

PETITE ENCYCLOPÉDIE
SOCIALE ÉCONOMIQUE ET FINANCIÈRE

i. — **Leçons d'économie politique**, par André Liesse, avec une préface de Courcelle-Seneuil, de l'Institut. Un volume in-18, 1892.   3 fr. »

ii. — **La Réforme des frais de justice**, par E. Manuel et R. Louis, docteurs en droit. 2ᵉ édition. Un volume in-18. 1892. . . .   3 fr. »

Code manuel de droit industriel, par M. Dufourmantelle, 3 v. in-18 :

iii. — **Législation ouvrière** en France et à l'Étranger. 2ᵉ édition. Un volume in-18. 1893. . . . .   3 fr. »

iv. — **Brevets d'invention**, contrefaçon, etc. Un vol. in-18. 1893   3 fr. »

v. — **Dessins et marques de fabrique**, nom commercial, concurrence déloyale, etc. Un volume in-18. 1894 . . . .   3 fr. »

vi. — **Code manuel des électeurs et des éligibles**, avec formules, par A. Maugras, avocat publiciste. 2ᵉ édition. Un volume in-18. 1898.   3 fr. »

vii. — **Législation générale des cultes protestants** en France, en Algérie et dans les colonies, par Penel-Beaufin. Un volume in-18 1894. . . . .   3 fr. »

viii. — **Commentaire de la loi du 27 décembre 1892 sur la conciliation et l'arbitrage** facultatifs, par A. Lelong. Un volume in-12 1894. . . . .   1 fr. 50

ix. — **Législation générale du culte israélite** en France, en Algérie et dans les colonies, par Penel-Beaufin. Un vol. in-18. 1894 .   3 fr. »

x. — **Code manuel du propriétaire-agriculteur**, par Daniel Zolla, prof. à l'École nationale d'agriculture de Grignon. 2ᵉ éd. Un volume in-18. 1902 . . . .   3 fr. 50

xi. — **Les questions ouvrières**, p. Léon Milhaud. Un vol. in-18. 1894 . . . .   2 fr. 50

xii. — **Cours de droit professé dans les lycées de jeunes filles de Paris**, par Jeanne Chauvin, 2ᵉ édition. Un volume in-18, relié toile. 1908. . . . .   3 fr. 50

xiii. — **Guide théorique et pratique, général et complet des Clercs de notaire et des aspirants au notariat**, par Jean Martin, notaire. Un volume in-18. 1895 . . . .   3 fr. »

xiv. — **La question monétaire considérée dans ses rapports avec la condition sociale des divers pays et avec les crises économiques**, par Léon Poinsard Un volume in-18. 1895. . . . .   3 fr. »

Les budgets français: Étude analytique et pratique de législation financière, par MM. P. Bidoire et A. Simonin. Trois volumes :

xv. — **Projet de budget 1895**. Un volume in-18. 1895. . . .   3 fr. »

xviii. — **Budget de 1895 et Projet de budget de 1896**. Un volume in-18. 1896 . . . .   3 fr. »

xxii. — **Budget de 1896 et Projet de budget de 1897**. Un volume in-18. 1897. . . . .   3 fr. »

xvi. — **La saisie-arrêt sur les salaires et petits traitements**. 2ᵉ édition revue et augmentée par V. Emion. Un volume in-18. 1896.   3 fr. »

xvii. — **La question sanitaire**, dans ses rapports avec les intérêts et les droits de l'individu et de la société, par le Dʳ J. Pioger. Un vol. in-18. 1895 . . . .   3 fr. »

xix. — **Les banques d'émission**, par G. François. Un vol. in-18. 1896.   3 fr. »

xx. — **La science et l'art en économie politique**, par René Worms. Un volume in-18. 1896 . . . .   2 fr. »

xxi. — **Code de l'abordage**, par Robert Frémont. Un vol. in-18. 1897   3 fr. »

xxiii. — **L'éducation nationale**, par Maurice Wolff. Un volume in-18. 1897.   3 fr. »

xxiv. — **Mélanges féministes**, par L. Bridel. Un volume in-18. 1897 .   3 fr. »

xxv. — **La justice gratuite et rapide par l'arbitrage amiable**, par A. Charmolu. 2e édition. Un volume in-18. 1902 . . . . . 1 fr. »

xxvi. — **Petit manuel pratique du Juré d'assises**, par J. Poncet. Un volume in-18. 1898 . . . . 2 fr. »

xxvii. — **Finances communales**, par R. Acollas. Un vol. in-18. 1898.   3 fr. »

xxvii. — **Esquisse d'un tableau raisonné des causes de la production**, de la circulation, de la distribution et de la consommation de la richesse, par M. Tessonneau. Un volume in-18. 1898 . . . 2 fr. »

xxix. — **Code manuel du chasseur**, par G. Lecouffe, 3e éd. Un volume in-18. 1909 . . . . 12 fr. »

xxx. — **Code Manuel du pêcheur**, par G. Lecouffe. 2e éd. Un volume in-18. 1900 . . . . 1 fr. »

xxxi. — **Manuel pratique des Sociétés de commerce et par actions**. Participations coopératives. Syndicats professionnels. Sociétés de Secours mutuels. Associations et Congrégations, par A. Lambert. Un volume in-18. 1902 . . . . 1 fr. 50

xxxii. — **Manuel de la propriété industrielle et commerciale**, par A. Lambert. Un volume in-18. 1903 . . . . 3 fr. »

xxxiii. — **Etudes d'Economie et de Législation rurales**, par R. Worms. Un volume in-18. 1906 . . . . 4 fr. »

xxxiv. — **Code manuel du Cycliste.** Un volume in-18. in-18 . . . 2 fr. »

BIBLIOTHÈQUE SOCIOLOGIQUE INTERNATIONALE

Honorée de souscriptions du Ministère de l'Instruction publique

PUBLIÉE SOUS LA DIRECTION DE **René Worms**

Les volumes I à XXX de la Collection peuvent aussi être achetés reliés avec une augmentation de 2 fr. et XXXI et suite avec une augmentation de 1 fr. seulement

---

SÉRIE IN-8 :

WORMS (René). — Organisme et société. 1896. 1 vol. in-8. (I) . 6 fr. »

LILIENFELD (Paul de). — La pathologie sociale. 1896. 1 vol. in-8 (II) . . . . 6 fr. »

NITTI (Francesco S.). — La population et le système social. 1897. 1 vol. in-8 (III) . . . . 5 fr. »

POSADA (A.). — Théories modernes sur les origines de la Famille, de la Société et de l'Etat. 1896. 1 vol. in-8 (IV) . . . . 4 fr. »

BALICKI (S.). — L'Etat comme organisation coercitive de la société politique. 1896. 1 vol. in-8 (V) . . . . *(épuisé).*

NOVICOW (J.). — Conscience et volonté sociales. 1897. 1 vol. in-8 (VI) . . . . 6 fr. »

GIDDINGS (Franklin H.). — Principes de sociologie. 1897. 1 vol. in-8 (VII) . . . . 6 fr. »

LORIA (A.). — Problèmes sociaux contemporains. 1897. 1 vol. in-8 (VIII) . . . . 4 fr. »

VIGNES (M.). — La science sociale d'après les principes de Le Play et de ses continuateurs. 1897. 2 vol. in-8 (IX-X) . . . . 16 fr. »

VACCARO (M.-A.). — Les bases sociologiques du droit et de l'Etat. 1898. 1 vol. in-8 (XI) . . . . 8 fr. »

GUMPLOWICZ (L.). — Sociologie et politique. 1898. 1 vol. in-8 (XII) . . . . 6 fr. »

SIGHÈLE (Scipio). — Psychologie des sectes. 1898. 1 vol. in-8 (XIII) . . . . 5 fr. »

TARDE (G.). — Etudes de psychologie sociale. 1898. 1 vol. in-8 (XIV). . . . . 7 fr. »

KOVALEWSKY (M.). — Le régime économique de la Russie. 1898. 1 vol. in-8 (XV) . . . . 7 fr. »

STARCKE (C.). — La famille dans les diverses sociétés. 1899. 1 vol. in-8 (XVI). . . . . 5 fr. »

LA GRASSERIE (Raoul de). — Des religions comparées au point de vue sociologique. 1899. 1 vol. in-8 (XVII) . . . . 7 fr. »

BALDWIN (J.-M.). — Interprétation sociale et morale des principes du développement mental. 1899. 1 vol. in-8 (XVIII). . . . . 10 fr. »

DUPRAT (G.-L.). — Science sociale et démocratie. 1900. 1 vol. in-8 (XIX). . . . . 6 fr. »

LAPLAIGNE (H.). — La morale d'un égoïste ; essai de morale sociale. 1 vol. in-8 (XX) . . . . 5 fr. »

LOURBET (Jacques). — Le problèmee des sexes. 1900. 1 vol. in-8 (XXI) . . . . 5 fr. »

BOMBARD (E.). — La marche de l'humanité et les grands hommes d'après la doctrine positive. 1900. 1 vol. in-8 (XXII). . . . . 6 fr. »

LA GRASSERIE (Raoul de). — Les principes sociologiques de la criminologie. 1901. 1 vol. in-8 (XXIII) . . . . 8 fr. »

POUZOL (Abel). — La recherche de la paternité. 1902. 1 vol. in-8 (XXIV) . . . . 10 fr. »

BAUER (A.). — Les classes sociales. 1902. 1 vol. in-8 (XXV). . . 7 fr. »

LETOURNEAU (Ch.). — La condition de la femme dans les diverses races et civilisations. 1903. 1 vol. in-8 (XXVI). . . . . . . 9 fr. »

WORMS (René). — Philosophie des sciences sociales. 3 vol. in-8 :
    Tome I. Objet des sciences sociales. 1903. un vol. (XXVII). . . . 4 fr. »
    Tome II. Méthode des sciences sociales. 1903. 1 vol. (XXVIII). . . 4 fr. »
    Tome III. Conclusion des sciences sociales, 1907. 1 vol. (XXIX) . . 4 fr. »

RIGNANO (E.). — Un socialisme en harmonie avec la doctrine économique libérale. 1904. 1 vol. in-8 (XXX) . . . . 7 fr. »

NICEFORO (A.). — Les classes pauvres. Recherches anthropologiques et sociales. 1905. 1 vol. in-8 (XXXI). . . . . 8 fr. »

LESTER-WARD (F.). — Sociologie pure. 1906, 2 vol. in-8 (XXXII-III). 16 fr. »

LA GRASSERIE (R. de). — Les principes sociologiques du droit civil. 1906. 1 vol. in-8 (XXXIV). . . . . 10 fr. *

CAIRD (Edw.). — Philosophie sociale et religion d'Auguste Comte. 1907. 1 vol. in-8 (XXXV). . . . . 4 fr. »

BAUER (A.). — Essai sur les révolutions. 1908. 1 vol. in-8 (XXXVI). 6 fr. »

SIGHÈLE (S.). — Littérature et criminalité. 1908. 1 vol. in-8 (XXXVII) 4 fr. »

LACOMBE (P.). — Taine historien et sociologue. 1909. 1 vol. in-8 (XXXVIII) . . . . 5 fr. »

KOVALEWSKY (M.). — La France économique et sociale à la veille de la Révolution :
Les Campagnes. 1909. 1 vol. in-8 (XXXIX) . . . . 8 fr. »
Les Villes. 1910. 1 vol. in-8 (XL). . . . . (Sous presse)

STEIN. — Le sens de l'existence. 1909. 1 vol. in-8 (XLI). . . . 12 fr. »

MAUNIER (R.). — L'Origine et la fonction économique des villes. 1910. 1 vol. in-8 (XLII) . . . . 6 fr. »

BOCHARD (A.). — L'Evolution de la Fortune de l'Etat. 1910. 1 vol. in-8 (XLIII). . . . . 6 fr. »

SIGHÈLE (S.). — Le crime à deux. 1909. 1 vol. in-8 (XLIV) . . . 4 fr. »

SÉRIE IN-18 (volumes brochés) :

WORMS (René). — Principes biologiques de l'évolution sociale. 1910 1 vol. in-18 (A). . . . . 2 fr. »

BALDWIN (J.-Mark). — Psychologie et Sociologie. 1 vol. in-18 (B) 2 fr. »

MAUNIER (R.). — L'Economie politique et la Sociologie. 1910. 1 vol. in-18 (D) . . . . 2 fr. 50

REVUE DU DROIT PUBLIC ET DE LA SCIENCE POLITIQUE
EN FRANCE ET A L'ÉTRANGER

FONDÉE PAR **F. Larnaude**

PUBLIÉE SOUS LA DIRECTION DE **MM. Max Boucard et Gaston Jèze**

Avec la collaboration des plus éminents professeurs des Universités de France, Allemagne, Angleterre, Autriche-Hongrie, Australie, Belgique, Canada, Chili, Danemark, Espagne, Etats-Unis, Grèce, Hollande, Italie, Japon, Norvège, Portugal, Roumanie, Russie, Suède, Suisse, Turquie.

Paraît tous les trois mois depuis 1894, par fascicule de plus de 200 pages gr. in-8. Chaque année forme un très fort volume grand in-8 Prix . . . . 20 fr. »

Abonnement annuel : France : 20 fr. Etranger : 22 fr. 50. Le numéro . .   5 fr. »

REVUE DE SCIENCE ET DE LÉGISLATION FINANCIÈRES

PUBLIÉE SOUS LE PATRONAGE DE

MM. Casimir Périer, Ribot, Stourm, Berthélemy,
Chavegrin, Esmein et Hauriou

ET SOUS LA DIRECTION DE **MM. Max Boucard et Gaston Jèze**

Avec la collaboration des membres les plus éminents du Conseil d'Etat, de la Cour des comptes, de l'Inspection des finances, des Professeurs des Universités de France, Allemagne, Australie, Belgique, Egypte, Etats-Unis, Grèce, Italie, Roumanie, Suisse.

Paraît tous les trois mois depuis 1903, par fascicule de près de 200 pages gr. in-8. Chaque année forme un très fort volume gr. in-8. Prix . . . . 18 fr. »

Abonnement annuel : France : 18 fr. Etranger : 20 fr. Le numéro . . .   5 fr. »

REVUE INTERNATIONALE DE SOCIOLOGIE

PUBLIÉE SOUS LA DIRECTION DE **M. René Worms**

Secrétaire général de l'Institut international de Sociologie et de la Société de Sociologie de Paris

Avec la collaboration des membres de l'Institut international de Sociologie et des principaux sociologues du monde entier.

Paraît tous les mois depuis 1893, par fascicule de 80 pages gr. in-8. Chaque année forme un très fort volume gr. in-8. Prix . . . . 18 fr. »

Abonnement annuel : France : 18 fr. Etranger : 20 fr. Le numéro. . . .   2 fr. »

La Collection complète (année 1893 à 1909 inclus, avec abonnement à l'année 1910). Prix réduit . . . . 240 fr.

REVUE BIBLIOGRAPHIQUE
Des ouvrages de Droit, de Jurisprudence, d'Économie politique,
de Science Financière et de Sociologie

Paraît tous les mois depuis 1894, par fascicule de 16 pages gr. in-8. Les Abonnements partent du 1er janvier de chaque année.

Abonnement annuel : France : 1 fr. Etranger : 1 fr. 50. Le numéro . . .   0 fr. 10

Le MOUVEMENT SOCIALISTE

DIRECTEUR : **Hubert Lagardelle**

Paraît tous les mois depuis 1899, par fascicule de 80 pages. gr. in-8 Chaque année forme un fort volume gr. in-8. Prix . . . . 15 fr. »

Abonnement annuel : France : 15 fr. Etranger : 18 fr. Le numéro . . .   1 fr. 50

LE DEVENIR SOCIAL

(*Revue internationale d'économie, d'histoire et de philosophie*). La collection complète (1895 à 1898) . . . . 50 fr. »

ANNALES DE L'INSTITUT INTERNATIONAL DE SOCIOLOGIE
(Volumes in-8, brochés). Voir Catalogue 2e partie

IMPRIMERIE DE LA LIBRAIRIE V. GIARD & E. BRIÈRE, PARIS (V°)

ÉTUDES ÉCONOMIQUES ET SOCIALES

Publiées avec le concours du Collège libre des Sciences sociales

(SÉRIE in-8)

I. — **FARJENEL** (Fr.). — **La Morale Chinoise.** Fondement des sociétés d'extrême Orient, 1906. Un vol. broché 5 fr. ; relié toile . . . . 6 fr. »»

II. — **MARIE** (Dr A.). — **Mysticisme et folie.** 1907. Un vol. broché 6 fr. ; relié toile. . . . . 7 fr. »»

III. — **LEROY** (Maxime). — **La Transformation de la puissance publique.** Les Syndicats de fonctionnaires, 1907. Un vol. broché 5 fr. ; relié toile . . . . 6 fr. »»

IV. — **BONNET** (H.). — **Paris qui souffre.** La Misère à Paris. Préface de Ch. Benoist, 1908. Un vol. broché 5 fr. ; relié . 6 fr. »»

V. — **SICARD DE PLAUZOLES.** — **La Fonction sexuelle,** 1908. Un vol. broché 6 fr. ; relié . . . . 7 fr. »»

VI. — **LEROY** (Maxime). — **La Loi.** Essai sur la Théorie de l'autorité dans la démocratie, 1908. Un vol. in-8° br. 6 fr. ; rel. . 7 fr. »»

VII. — **RECLUS** (Élie). — **Les Croyances populaires.** La Survie des Ombres, 1908. Un vol. broché 5 fr. ; relié toile . . . 6 fr. »»

VIII. — **RYAN** (J.-A.). — **Salaire et droit à l'existence,** avec préface de L. Brocard, 1910. Un vol. br. 8 fr. ; relié toile 9 fr. »»

IX. — **SERRIGNY** (Bernard). — **Les Conséquences économiques et sociales de la prochaine guerre.** Préface de Frédéric Passy. 1910. Un vol. broché 10 fr. ; relié . . . . . 11 fr. »»

X. — **CHARLES-BRUN.** — **Le Roman social en France au XIX**e siècle, 1910. Un vol. broché 6 fr. ; relié toile . . 7 fr. »»

XI. — **REGNAULT** (Dr F.). — **La Genèse des Miracles,** 1910. Un vol. broché 6 fr. ; relié . . . . 7 fr. »»

XII. — **VERNES** (M.). — **Histoire sociale des Religions,** I, 1911. Un vol. broché, 10 fr. ; relié . . . . 11 fr. »»

(SÉRIE in-18)

I. — **ATGER** (Fr.). — **La Crise viticole et la Viticulture méridionale,** 1907. Un vol. in-18 broché 2 fr., relié toile . . 2 fr. 50

BIBLIOTHÈQUE SOCIALISTE INTERNATIONALE

Publiée sous la direction de Alfred Bonnet

(SÉRIE in-18)

DEVILLE (Gabriel). — **Principes socialistes,** 1896, 2e édition. Un vol. in-18. . . . . 3 fr. 50

MARX (Karl). — **Misère de la Philosophie.** Réponse à la Philosophie de la Misère de M. Proudhon, 1908, 2e édit. Un volume in-18. 3 fr. 50

LABRIOLA (Antonio). — **Essais sur la conception matérialiste de l'histoire,** trad. par Alfred Bonnet, 2e édit., 1902. Un vol. 3 fr. 50

DESTRÉE (J.) et **VANDERVELDE** (E.). — **Le socialisme en Belgique,** 2e édition, 1902. Un volume in-18 . . . . . 3 fr. 50

LABRIOLA (Antonio). — **Socialisme et Philosophie,** 1899. Un vol. in-18. . . . . 2 fr. 50

MARX (Karl). — **Révolution et Contre-révolution en Allemagne,** traduit par Laura Lafargue, 1900. Un vol. in-18 . 2 fr. 50

GATTI (G.). — **Le Socialisme et l'Agriculture,** préface de G. Sorel, 1902. Un volume in-18 . . . . 3 fr. 50

LASSALLE (Ferdinand). — **Discours et Pamphlets,** 1902. Un volume in-18 . . . . 3 fr. 50

LASSALLE (F.). — **Capital et Travail,** 1904. Un vol. in-18 3 fr. 50

TARBOURIECH (E.). — **Essai sur la Propriété,** 1904. Un vol. in-18. . . . . 3 fr. 50

LAFARGUE (Paul). — **Le Déterminisme économique,** 1909. Un vol. in-18. . . . . 4 fr. »»

MARX (Karl). — **Contribution à la Critique de l'économie politique.** 1909. Un vol. in-18. . . . . 3 fr. 50

BERTHOD (A.). — **P.-J. Proudhon et la Propriété.** Un Socialisme pour les Paysans, 1910. Un vol. in-18 . . . . . . 3 fr. »»